설교 부흥의 열쇠는
그리스도 완성 설교다

설교 부흥의 열쇠는 그리스도 완성 설교다

저자 한광수

초판 1쇄 발행 2023. 11. 20.

발행처 도서출판 브니엘
발행인 권혁선

책임편집 김지연
책임교정 조은경
책임영업 기태훈

등록번호 서울 제2006-50호
등록일자 2006. 9. 11.

서울특별시 송파구 백제고분로28길 25 B101호 (05590)
마케팅부 02)421-3436
편집부 02)421-3487
팩시밀리 02)421-3438

ISBN 979-11-93092-12-5 03230

독자의견 02)421-3487
이메일 editorkhs@empal.com

북카페 주소 cafe.naver.com/penielpub.cafe
인스타그램 @peniel_books

도서출판 브니엘은 독자들의 원고를 설레는 마음으로 기다리고 있습니다.
위의 이메일로 간단한 기획 내용 및 원고, 연락처 등을 보내주십시오.

도서출판 브니엘은 갓구운 빵처럼 항상 신선한 책만을 고집합니다.

[능력 있는 그리스도 완성 설교로 강단의 부흥을 열어가라]

설교 부흥의 열쇠는
그리스도 완성 설교다

한광수 | 지음

브니엘

모든 인간의 근원은 말씀뿐이다. 하지만 사람들은 자신의 근원을 근원지, 즉 말씀에서 찾는 대신 자꾸 바깥세상으로 시선을 돌린다. 그 시선을 다시 말씀의 근원으로 돌리기 위해서는 기존의 틀에서 벗어나 그리스도 중심으로 구성하는 기적이 일어나야 한다. 그 중심에 복음이 존재한다.

복음이란 무엇인가? 기쁜 소식이다. 예수님의 나라에 참여하는 것이다. 거친 세상살이를 통해 절망을 경험한 이들이 그의 나라를 소망하고 그의 가치를 사모함으로 참여는 시작된다. 인간은 십자가로 인하여 구원받으며 더 나아가 십자가를 위하여 구원이 일어난다. 마찬가지로 복음 또한 기독교를 위한 복음에서 복음을 위한 기독교가 되어야 한다. 교회 역시 교회 그 자체를 위한 복음이 아니라 복음을 위한 교회여야 한다.

사도들이 전한 메시지의 처음과 끝은 그리스도로 모든 메시지는 예수 그리스도를 담고 있다. 하지만 오늘날 설교의 문제는 그리스도를 말하면서도 예수 그리스도가 부재하다는 것에 있다. 교회가 소리치는 메시지에 그리스도는 부재한다. 그리스도는 소리침으로써 나타나는 것이 아니라 증거됨으로써 드러나기 때문이다. 그러므로 설교에 예수 그리스도가 없으면 실패한 것이다. 설교자는 복음을 아주 단순하고 선명하게 반복적으로 외쳐야 한다. 단순함과 선명함을 통해 십자가의 도는 명확히 선포될 수 있기 때문이다. 또한 십자가 복음의 메시지를 복음의 십자가로 전해야 한다. 설교에서 그리스도의 십자가를 놓치면 인간이 무수히 내뱉는 허망한 말과 다를 바 없을 것이기 때문이다. 그러므로 반드시 예수 그리스도를 설교해야 한다.

　그리스도 설교하기! 모든 성경에서 예수 그리스도를 설교하라! 설교를 통해 그리스도의 영광에 압도된다면 성경의 모든 본문이 지시하는 구원 역사의 사건에서 하나님의 아들 예수 그리스도에 대해 증언하시는 성령님의 음성에 귀 기울이려는 열정을 느낄 수 있을 것이다. 또한 설교자는 성경의 모든 부분에서 그리스도의 계시를 확인하고 예수 그리스도가 이루신 구원의 업적을 널리 전하기 원한다. 하나님이 역사하시는 구원 행동에 대한 증언과 해석은 성경에 기록된 하나님의 말씀이 일관되게 관통하기 때문에 가능하다. 그래서 성경에 나타난 구원 역사의 구조를 근거로 그리스도 중심적인 설교를 해야 한다.

　예수 그리스도는 한 분이시고 은혜의 복음도 하나이지만 만왕의 왕이신 그리스도가 자신의 승리를 공표하기 위해 보내시는 사자는 무수히 많다. 진정한 사자라면, 진정한 설교자라면 성경이 시종일관 예수님과 그리스도의 사역에 초점을 맞추고 있다는 사실로부터 출발해야 한다. 본서는 복음의 본질 내용을 1부에서 다루었고, 이어서 전달 부분을 2부에서 하나의 방법론으로 제시하였다. 이제 설교자는 그리스도의 도래를 약속으로 예언하는 성경 말씀과 예수 그리스도께서 성취하신 '그리스도 완성의 십자가'를 증언하고, 그 일의 의미를 찾아내 알려야 할 것이다.

글쓴이 한광수

C·O·N·T·E·N·T·S
차 례

| Part 2 | 　설교를 그리스도 완성키로 작동하라

"	우리가 항상 예수의 죽음을 몸에 짊어짐은 예수의 생명이 또한 우리 몸에 나타나게 하려 함이라. 우리 살아 있는 자가 항상 예수를 위하여 죽음에 넘겨짐은 예수의 생명이 또한 우리 죽을 육체에 나타나게 하려 함이라. 그런즉 사망은 우리 안에서 역사하고 생명은 너희 안에서 역사하느니라"(고후 4:10-12).	"

P·a·r·t·01

:
:

언약 완성자
그리스도를 설교하라

CHAPTER 01

강단 위에 계신 그리스도

그리스도를 전하는

이유를 알라

      왜 그리스도를 전해야 하는가? 그리스도는 하나님의 말씀을 전적으로 온전히 살아낸 유일한 분이다. 그리스도는 하나님이 무엇을 어떤 이유로 말씀하셨는지를 육신으로, 삶으로 구현하셨다. 설교의 목적이 도덕적 교훈의 전파가 아니라 그리스도를 전하여 생명을 얻는 것에 있어야 하는 이유가 바로 여기에 있다.

    성경의 주인공은 예수 그리스도이시다. 복음으로 오신 그리스도를 중심으로 말씀이 선포되며 계시가 완성된다. 따라서 설교자는 그리스도를 어떻게 전할 수 있는지 잘 보여주어야 한다. 그리스도가 설교의 주인공이 아니라 감동을 불러일으키기 위한 조연으로 전락하는 순간 설교는 그 본질을 잃게 되기 때문이다. 이처럼 그리스도를 설교해야 할 이유는 이미 성경 자체가 요구하고 있다(고전 2:2, 요 5:39, 눅 24:27).

침례교 설교자 찰스 스펄전(Charles F. Spurgeon)은 "언제 어디서나 그리스도를 설교하라. 그는 복음의 전부이시며, 그의 인성과 직분들, 그리고 그의 사역만이 우리의 유일하고도 위대한, 그리고 모든 것을 포괄하는 주제다"라고 주장하여 그리스도를 설교해야 할 필요성을 피력하였다.

더 나아가 십자가에 못 박힌 그리스도를 전해야 하는 이유는 무엇일까? 인간은 피조물이다. 피조물로서의 인간은 예수 그리스도를 위해 하나님께서 생명의 숨을 불어넣어 만드신 존재이다(골 1:16). 따라서 성도라면 마땅히 예수 그리스도로 인해 거듭난 자아가 예수 그리스도로 돌아가는 과정을 인식하게 된다. 이러한 깨달음은 로마서 11장 36절에 나오는 사도 바울의 원칙과도 일치한다. "이는 만물이 주에게서 나오고 주로 말미암고 주에게도 돌아감이라. 그에게 영광이 세세에 있으리로다. 아멘."

그러나 부족한 자아가 예수 그리스도를 믿어 거듭난 자아로 진행되는 과정은 완전히 비복음적이다. 이러한 인식의 과정은 예수 그리스도를 증거하는 것이 아니라 예수를 믿는 자기 자신을 증거하는 것이 되기 때문이다. 즉 예수님의 십자가가 자아를 절대 자아로 변화하기 위한 이용 수단으로 전락해 버린 것과 같다. 예수님의 십자가를 증거하는 것이 아니라 자신이 거듭나서 구원에 성공한 것을 증거하는 '자아 절대성 증거'가 되어 버린다. 인본주의에서 주의해야 할 부분이 바로 여기에 있다.

"그러나 내게는 우리 주 예수 그리스도의 십자가 외에 결코 자랑할 것이 없으니 그리스도로 말미암아 세상이 나를 대하여 십자가에 못 박히고 내가 또한 세상을 대하여 그러하니라"(갈 6:14).

예수님의 십자가 사건은 인간이 어떤 방식으로 죄와 마귀의 지배를 받아 왜곡된 상태에 놓이게 되었는지를 밝히고 있다. 스스로 자신의 죄를 깨닫지 못하는 인간에게 예수님은 "내가 와서 그들에게 말하지 아니하였더라면 죄가 없었으려니와 지금은 그 죄를 핑계할 수 없느니라"(요 15:22)고 말씀하셨다. 이는 인간이 일반적으로 자기 죄를 완벽하게 알 수 없음을 가리킨다. 인간 실존이 죄의 지배하에 조종당하고 있음을 깨닫지 못하는 무지의 상태는 죄의 권세 때문이다. 하지만 십자가 사건을 맞닥뜨리게 되면 비로소 인간은 자신이 죄의 지배 아래 있다는 사실을 발견하고 그 지배적 예속 상태가 예수님을 죽음으로 몰아넣었음을 깨닫는다. 이것을 사도 바울은 한마디로 "행함을 의지했다"고 정의하였다(롬 9:32-33). 즉 그리스도의 십자가가 배척받을 수밖에 없는 유일한 이유는 바로 인간이 '행위에 의지해서' 모든 진리와 죄와 구원을 이야기하기 때문이다.

인간은 자신의 행함에서 '죄의 권세'가 나온다는 사실을 미처 깨닫지 못한 상태에서 예수님 혹은 그의 모든 말씀을 함부로 판단한다. 그러한 교만이 절정에 이르러 발생한 사건이 십자가 사건이다. 따라서 십자가 사건을 직시하지 않는다면 인간이 죄의 권세 아래 태어났다는 사실을 인정할 수 없게 된다. 그저 하나님이나 예수님을 위해 자신의 거듭난 의로움이나 양심, 착실함이나 성실함으로 최선을 다하면 죄의 권세 정도는 충분히 이길 수 있으리라는 기대를 품게 될 것이다. 인간이 얼마나 자기 행위에 의지해서 죄를 이겨보려고 애쓰는지는 그리스도마저 인간의 본성에 의해서 떠밀려 죽게 되는 십자가 사건 외에 다른 방식으로는 밝혀낼 도리가 없다.

그렇다면 십자가 위에서 무슨 일이 벌어졌는가? 그것은 하나님의 저주였다. 예수님의 저주받음은 이미 모든 인간이 저주 아래 놓여 있음을 분명히 하시겠다는 뜻이다. 율법의 개입은 인간이 이미 저주 아래 오랫동안 지내온 존재라는 사실을 확실시해주고 있다. 갈라디아서 3장 13절에 "그리스도께서 우리를 위하여 저주를 받은 바 되사 율법의 저주에서 우리를 속량하셨으니 기록된바 나무에 달린 자마다 저주 아래에 있는 자라 하였음이라"고 하셨다. 예수님께서 받은 저주는 예수님만이 아니라 우리 인간도 함께 받은 저주이다. 이는 인간이 하나님으로부터 저주받아 마땅한 존재라는 사실을 전제한다. 이미 저주받아 마땅한 자에게는 오로지 예수님의 십자가 공로만을 증거하기 위하여 긍휼과 용서가 주어질 뿐이다.

언약의 관심사는 오직 예수 그리스도의 행하심이고 그 행하심은 십자가 사건으로 다가온다. 십자가 사건 앞이 아니면 자기 행함을 의지하는 인간의 죄와 교만, 목의 곧음이 드러나지 않기 때문이다.

"이는 너희가 죽었고 너희 생명이 그리스도와 함께 하나님 안에 감추어졌음이라"(골 3:3).

사도가 '죽었다'는 표현을 성도에 대해서 사용하는 이유는 하나님의 모든 일이 결코 우리를 '살려냄'에 초점을 둔 것이 아니며, '그리스도'의 위대함을 증거하기 위하여 우리를 사용하심을 말씀하기 위해서다. 같은 취지의 말씀이 고린도후서에도 등장한다.

"우리가 항상 예수의 죽음을 몸에 짊어짐은 예수의 생명이 또한 우리 몸에 나타나게 하려 함이라. 우리 살아 있는 자가 항상 예수를 위하여 죽음에 넘겨짐은 예수의 생명이 또한 우리 죽을 육체에 나타나게 하려 함이라. 그런즉 사망은 우리 안에서 역사하고 생명은 너희 안에서 역사하느니라"(고후 4:10-12).

성령 안에서 드러나는 사도의 능력을 말하는 이 말씀은 "죽음이 우리 성도 안에서 활발히 작렬하게 된다"는 사실을 지적한다. 즉 '새 언약→성도에게 찾아듦→새 언약(십자가 완성)만 증거됨'의 과정이 완성된다. 이 과정에서 성도는 일 한 것도 없이 죄만 짓고 있음에도 새 언약(예수님의 살과 피)의 능력으로만 구원받았기에 날마다 십자가 안에서 죽고 또 죽는 것이 참으로 당연한 사실임을 증거한다.

"나는 날마다 죽노라"(고전 15:31).

그렇다면 하나님께서 성도를 날마다 죽이시는 이유가 어디 있는가? 그것은 날마다 주님께서 분주하게 일하시기 때문이다. 어떤 식으로 일하시는가? 말씀이 성도 안에서 살아나게 하려고 늘 성도를 죽이시면서 예수님 생명의 능력만이 증거되는 방식으로 일하신다. 하나님이 일하시니 예수님도 일하신다(요 5:17). 예수님이 일하시니 성령님도 일하신다. 성령님이 일하시니 성도도 복음을 위하여 일하게 된다(롬 10:14). 먹든지 마시든지 모두 다 주님을 위하여 쉬지 않고 일하게 되어있다. 함께 계시는 성령께서 일하는 자를 나태나 방종에 빠지지 않게 하신다. 이렇게 쉬지 않고 일하는 자의 입에서 쏟아지고 쏟아져 나오는 말은 오직 하나뿐이다.

"나의 형제 곧 골육의 친척을 위하여 내 자신이 저주를 받아 그리스도에게서 끊어질지라도 원하는 바로라"(롬 9:3).

이것이 언약이다. 이 언약의 성취로 오신 분이 그리스도이시다. 언약은 무한히 확장하는 인간의 죄를 은혜로 덮어준다. 언약의 주인공은 예수 그리스도시며 언약을 십자가에서 모두 이루셨다. 그러므로 설교자는 이러한 그리스도의 십자가 완성을 설교해야 한다.

언약의 완성자
그리스도를 설교하라

1) 설교는 그리스도를 전하는 것이다.

기독교 역사상 가장 위대했던 설교자로서 '황금의 입'이라는 별칭을 가진 요한 크리소스톰(John Chrysostom)은 설교자의 임무 중에 가장 중요한 것이 설교임을 강조했다. 설교란 무엇인가? 설교와 연결된 가장 중요한 두 단어는 '케루소'와 '유앙겔리조'이다. '케루소'는 신약 전반에서 설교의 행위를 나타내는 동사로 쓰인다. 한글 성경에서는 주로 '전하다' 혹은 '전파하다'로 번역되며, 영어성경에서는 대체로 '설교하다'(to preach)로 번역되었다. '유앙겔리조'는 신약성경에서 케루소와 더불어 '설교하다' 라는 의미로 쓰인 또 다른 대표적인 단어이다.

'케루소' 가 설교의 '행위' 를 강조한다면 '유앙겔리조' 는 특별히 설교의 '내용' 을 강조하는 단어이다. '유앙겔리조' 는 주로 '복음을 전파하다' (to preach the Gospel)라는 의미로 쓰였다. 다시 말해 '케루소' 는 설교자가 하나님의 전령으로서 메시지를 있는 그대로 외쳐야 할 임무를 가지고 있음을 강조한 동사라면, '유앙겔리조' 는 설교자가 전달해야 할 내용이 기쁜 소식, 즉 복음이라는 것을 말하는 동사이다. 따라서 설교자는 설교라는 '행위' 를 통해 강단의 주인공인 그리스도의 '내용' 을 전해야 한다.

이는 미국 웨스트민스터 신학교 총장을 역임한 에드먼드 클리우니(Edmund Clowney) 교수가 지적한 대로 신약의 설교, 즉 케리그마(kerygma)는 설교가 왕의 칙령을 선포하는 것임을 암시한다. 설교자는 왕의 칙령을 선포하는 왕의 공식적인 '전령' 이고 설교는 공식적인 '메시지'이다. 설교자가 유쾌한 경박성, 과장된 사변, 과장된 감성, 도덕주의적인 잔소리 등과 대조되는 진지한 태도로 복음을 전해야 할 이유가 여기에 있다.

그러면 복음을 설교한다는 것은 무엇일까? 바울에 의하면 설교의 내용은 "십자가에 못 박힌 그리스도(고전 1:18 이하)를 전하는 것이다. 이는 하나님의 능력이자 하나님의 지혜"라고 했다(고전 1:24, 롬 1:16). 이 복음은 하나님의 큰일(행 2:11)인 비밀(증거)이다. 하지만 그리스도의 십자가는 유대인에게는 거리끼는 것이었으며 이방인에게는 미련한 것이었다(고전 1:23). 이러한 이유로 유대인과 이방인에게 복음을 전하는 것은 매우 어려웠다.

그러나 바울은 왕 되신 하나님과 그리스도에게서 보냄을 받은 전령으로서 메시지를 듣는 사람들의 반응에 좌우되지 않았다. 그는 자신을 보낸 하나님을 생각하며 그분의 뜻과 '메시지'를 충실하게 전했다. 이 단어의 배경을 알면 사도 바울이 믿음의 아들인 디모데에게 어떤 환경에서든지 말씀을 전해야 한다고 강조했던 이유 또한 알 수 있다. 이처럼 전령은 왕의 메시지를 전달하기 위해 온갖 어려운 환경을 극복해야 했다.

그리스도를 전하고 설교한다는 것은 그분의 십자가 메시지와 그 메시지가 함축하는 모든 것을 설교하는 것이다. 즉 그리스도를 선포하고 하나님께서 그리스도를 말씀하신 것임을 설명해야 한다. 설교는 단지 그리스도에 대하여 말하는 것이 아니라 그분을 보여주고, 그분의 위대함을 증명하며, 영광을 받으시기에 합당한 분으로 그분을 나타내는 것이다. 성경의 핵심에는 예수 그리스도의 십자가가 있다. 구원의 능력은 그리스도의 십자가로부터 나타난다. 따라서 십자가의 공로로 나타난 결과를 십자가에 달리신 그리스도보다 더 중요하게 여길 수는 없다. 바울이 "예수 그리스도를 아는 지식이 가장 고상하다고 하며, 그 외에는 배설물로 여기고 아무것도 알지 아니하기로 작정하였다"고 말한 이유가 바로 여기에 있다(빌 3:7-9 참조). 그래서 사도 바울은 자신이 주 예수 그리스도께 받은 복음을 '십자가의 도'라고 부를 수 있었다.

> "십자가의 도가 멸망하는 자들에게는 미련한 것이요 구원을 받는 우리에게는 하나님의 능력이라"(고전 1:18).

사도 바울이 복음을 '부활의 도'나 '승천의 도', '성육신의 도'라 부르지 않고 있다는 점에 주목할 필요가 있다. 바울은 복음을 '십자가의 메시지'라고 부른다. 복음의 핵심이 바로 예수님의 십자가라는 것을 천명하는 것에 있기 때문이다. 예수님은 십자가로 구원의 근거를 만드셨다. 십자가는 '부활', '승천' 더 나아가 '재림'까지 포함한다. 십자가를 통해 언약이 완성된 세계는 풍족한 모든 것이 유일하게 존재하는 곳이다. 그러므로 십자가는 복음의 완성이다. 십자가 없이 부활은 존재할 수 없으며 재림은 도래할 수 없다. 인간은 부활이나 재림을 통해 구원받는 것이 아니다. 십자가와 부활은 그리스도 안에서 하나로 연결되어 있되 부활은 십자가를 확증한다. 즉 십자가를 강조하는 역할이 부활이다.

이처럼 바울에게 그리스도는 성경의 모든 본문을 이해하는 열쇠이자 말씀을 듣는 이의 마음과 삶에 생동감 있게 새기는 열쇠였다. 그래서 바울은 어떤 본문을 설교하든 예외 없이 예수 그리스도에 관해 설교했고, 그리스도를 단지 본보기가 되는 존재가 아니라 구주로 선포했다. 장신대 김운용 교수는 설교에 대해서, 모든 시대에 동일하게 선포되는 말씀이지만 오늘의 청중들에게 적절하게 해석되고 선포됨으로써 설교는 하나님의 말씀이 된다. 이것은 과거에 기록된 성경을 통해 드러나는 하나님의 계시 말씀이 오늘의 청중들을 위해 적절하게 해석되고, 그것이 연관성(relevance)을 가지고 적절하게 선포될 때 하나님의 말씀 사건이 된다. 그러므로 설교란 참 설교자인 예수 그리스도가 설교에 의하여 자신을 선포하기를 원하시는 말씀에 설교자가 의존한다.

이제 강단의 주인공이자 설교 자체인 '십자가에 못 박힌 예수 그리스도'의 구체적 내용과 하나님의 약속 성취에 대해 살펴보자.

2) 성경은 그리스도 중심의 언약이다.

하나님은 약속을 주셨다. 언약은 하나님의 약속을 실행하는 방식을 말한다. 이제 약속의 실행에서 완성까지의 놀라운 여정이 시작된다. 언약은 하나님과 인간 사이의 소통과 사랑의 결속 관계를 위하여 체결되었다. 그러므로 언약은 하나님의 계시에 있어서 소통을 위한 필수적인 기초를 이룬다. 하나님은 구속사에서 여러 언약을 통해 자신의 말씀과 계획을 계시하신다. 하나님의 언약에 기초한 구속사는 연속성이 있다. 즉 줄거리가 존재한다. 이러한 줄거리를 부인한 채 시대별로만 분리하는 것은 점진적 계시의 진행과 역사적이고 통일적인 그리스도의 완성을 부인하는 것이다.

구속사의 연속성은 인간의 타락으로 인한 죄의 발생 때부터 시작된다. 엄격히 말해 타락으로부터 시작되는 옛 언약은 구약 전체 역사를 포함하지 않는다. 언약은 타락 이전에 시작되지 않았기 때문이다. 옛 언약은 타락 이후에 하나님이 약속하신 바를 언급한다. 또한 새 언약의 시작은 다락방에서 제자들과 새 언약을 맺으신 시점으로 보는 것이 타당하다. 물론 새 언약의 효력은 예수님의 십자가 이후에 나타난다고 기록하고 있다(히 9:15-17).

성경은 구속사적으로 언약에 기초하여 하나님이 자신을 점진적으로 계시해 오셨음을 보여주는 계시의 '보편성'을 드러낸다. 계시와 언약은 연관된 개념이기에 언약에 기초한 시대구분은 계시의 다양성 혹은 점진성을 파악하는 데 도움이 된다. 그러나 시대구분의 경계가 영원한 하나님의 언약 성취를 위한 연속성의 걸림돌이 되는 것은 아니다. 하나님의 지속적이고 점진적인 계시는 새로운 계시가 잘못되었기 때문에 옛것을 교정하고 갱신하는 것이 아니기 때문이다. 하나님은 실수가 없으신 분이기에 그의 의도는 이전 것을 흡수, 통합하는 방식을 취하신다. 시간이 지나면 하나님의 계시 내용은 보강되거나 추가된다.

성경에 근거한 최초의 언약은 어디에 근거하는가? 최초의 언약은 삼위 하나님 간의 '창세전 협약'으로서 영원부터 존재해 온 협약이다. 이 협약에 내포된 은혜에 기초한 '무조건적'인 요소는 그리스도 안에서 인간을 향해 있다. 예수 그리스도는 영원 안에서 계획과 역사 안에서 계시를 연결하는 중보자이시며, 삼위 하나님은 궁극적으로 예수 그리스도를 중심으로 자신의 언약이 성취되도록 역사하신다.

노아 언약은 하나님이 인류와 맺으신 최초의 언약이다. 만약 언약을 아담까지 소급하여 확장한다면 아담 언약도 은혜언약에 포함할 수 있다. 은혜언약은 역사적 경륜 속에서 옛 언약과 새 언약 간의 구분을 통해 실행된다. 어떤 이들은 행위언약과 은혜언약이라는 이분법적 구도를 통하여 구속사를 전개하고자 한다. 그러나 은혜의 주 하나님이 먼저 앞선다는 것을 전제한다면 '옛 언약과 새 언약'으로 은혜언약을 구분하는 것은 지극히 당연한 결과이다. 만약 행위언약이 앞선다면 인간 행위에 따라 주 하나님의 개입 여부가 결정된다. 이는 지극히 인간 중심의 구원론적 접근이며 인본주의 신학이다. 그러므로 모든 것이 주로 인하고 주로 말미암고 주께로 돌아간다(롬 11:36)는 사도의 입장을 따르는 것이 성경적이다.

창세기 3장 15절의 약속은 분명 무조건적이며 선포적이기 때문에 조건적 행위언약과 관련이 없다. 그러나 이 약속은 '창세전 협약'

에 의해 역사 속에서 예수 그리스도를 통해서 실행해 나가야 할 약속이기에 이 약속을 실행하는 방안으로 언약을 계시하고 성취하신다(롬 16:20).

노아 언약은 홍수 심판과 노아 가족의 구원, 창조 질서의 보존을 위한 언약이다. 노아 언약은 하나님의 약속이 성취될 때까지 세상을 보존하시겠다는 뜻이다. 이는 창조 질서의 보존과 그 후에 펼쳐질 모든 언약에 대한 성경적이며 신학적인 발판을 제공한다. 노아 언약은 하나님의 목적과 구속이 성취될 때까지 자연 질서의 혼란 중에도 세상이 지속될 것이라는 약속으로서 그 자체로 구속적이다. 정결한 짐승의 희생으로 땅이 보존되고 있음을 믿는 자들은 창조 세계 속에서도 신성을 볼 수 있다(롬 1:20).

홍수는 인간이 악하기 때문에 처벌받아 마땅함을 증언하는 일종의 다가올 최종 심판이다(마 24:36-41, 벧후 2:5). 하나님은 노아와 그의 가족에게 아담과 같이 생육하고 번성하라고 명령하며 축복하셨다. 하지만 노아시대 이후에도 악의 지배는 지속되었다. 바벨탑 이야기에서 확인할 수 있듯 세상은 노아와 더불어 새롭게 시작한 후에도 계속 타락의 길로 나아갔다. 홍수는 인간의 참된 특성을 드러냈으며 하나님을 버린 것에 대한 합당한 심판임을 강조했다. 이러한 이야기의 줄거리는 구원이 어디서 올 것인지에 대한 질문을 던지게 한다. 특히 홍수 이후에도 변하지 않는 인간의 모습을 보면 이 질문으로부터 결코 벗어날 수 없다. 깊은 존재의 부패가 여전히 마음 깊숙이 똬리를 틀고 있다. 이번에도 구원은 인간이 아닌 하나님의 은혜에서 시작되었다. 하나님은 아브라함을 부르심으로 다시 인간사에 개입하셨다.

하나님과 아브라함 사이 언약의 주도권자는 아브라함이 아니었다. 여전히 아브라함의 부르심과 순종의 토대는 하나님의 은혜에 기초한 선택이었다(느 9:7, 수 24:2-3). 바울은 로마서 4장 5절에서 아브라함의 불경건함을 확인한다. 그러나 하나님은 그를 선택하시어 가나안으로 이끄셨다. 아브라함 이야기에서 하나님이 경건하지 않은 자를 의롭게 하신다는 진리를 확인할 수 있다. 이는 아브라함이 은혜 받을 자격이 되지 않을지라도 창세기 3장 15절의 약속은 아브라함 가족을 통해 성취될 것임을 나타내신 것이다.

하나님의 구속은 예수 그리스도 중심으로 자격 없는 인간에게 주어진 은혜언약에 기초한다. 하나님의 계획은 변경 없이 진행되는 영원한 언약이기 때문에 시대와 상황에 따라 달라지지 않고 연속적이다. 인류의 조상, 아담을 통해 세상에 임한 저주들은 아브라함과 그의 가족을 통해 새로운 모습을 갖게 되었다. 아브라함 가족은 그리스도 중심의 언약에 기초한 하나님의 은혜를 보여주고 있다. 특히 창세기 15장에서 타는 횃불이 쪼갠 고기 사이로 지나갔다. 이것은 하나님께서 만약 아브라함과 그의 상속자에게 하신 약속을 성취하지 못한다면 자신이 쪼개지는 저주를 받겠다는 의미로 신실하게 언약 조건을 지키겠다는 맹세를 보여주신 것이다.

아브라함 언약이 궁극적으로 무조건적이라면 그 언약의 조건들을 어떻게 설명할 수 있을까? 아브라함이 순종을 통해 언약의 조건들을 충족시킬 수 있었던 까닭은 하나님께서 언약의 조건이 충족되도록 조처하셨기 때문이다. 하나님은 주관적으로 어떤 자가 믿고 순종할지를 보장하신다. 아브라함의 자녀들이 예수 그리스도를 믿는 이유는 하나님이 그들에게 믿음을 허락하셨기 때문이다(엡 2:8-9). 더 나아가 아브라함의 유일한 참된 자녀는 그리스도뿐이다(갈 3:16).

예수 그리스도만이 완벽하게 하나님께 순종한 자녀이다.

결론적으로 언약의 조건적 요소와 무조건적 요소 사이의 긴장은 예수 그리스도를 통해 해결된다. 따라서 예수는 아브라함의 참된 아들이자 마지막 아담이 되신다. 어떤 이들은 시내산에서 십계명을 핵심으로 하여 맺어진 모세 언약을 하나님이 구약시대에 세우신 구원의 방도로 본다. 그들은 구약 율법에 순종하는 자들에게 영생이 주어진다고 믿었다. 이는 앞에서 언급한 바와 같이 하나님의 구속사를 '행위언약'과 '은혜언약'이라는 구도로 보는 것과 같은 입장이다. 시대마다 구원의 방식이 다르다고 주장하는 이 구도에서 구원은 은혜를 통해서 혹은 행위언약을 통해 십계명을 지킴으로써 이루어진다.

그러나 정통 기독교는 모든 역사에서 구원의 방도는 단 하나뿐임을 인정한다. 로마서 1~3장에서 바울은 구약에서 구원을 얻는 방식이 신약에서와같이 '믿음으로' 얻는 것임을 강조한다. 궁극적으로 구속사의 어느 때에서도 구원의 근거는 그리스도의 사역에 있다. 그렇다면 모세 언약 또한 은혜언약이나 아브라함 언약의 연장으로 볼 필요가 있다. 하나님은 먼저 율법을 주신 후에 율법에 따른 순종을 근거로 백성을 구속하신 것이 아니다. 십계명을 주시기 전에 그들을 이미 속박으로부터 구원하셨다.

그러므로 〈표1〉에서처럼 복과 구원이 먼저 주어진 후에 계명이 주어진 것은 하나님의 은혜인 복과 구원이 얼마나 크고 놀라운지 계명을 통해 알려주시려는 하나님의 의도가 포함된 것이다. 따라서 계명을 지킴으로써 복과 구원을 획득할 수는 없다. 일방적인 하나님의 은혜가 계명을 소통의 도구로 삼아 인간의 실존을 통찰하게 하고, 그 실존적 한계를 떠나 새로운 주님의 나라에서 하나님 약속의 실재 속

【 표 1 】 언약과 계명

구 분	언약 관계		계명 수여
창조 계시	창조 복	창조계시 에덴동산	계명 (선악과 금지)
시내산 언약	출애굽 구원	언약 시내산	계명 (십계명)
새 언약	그리스도의 구원	새 언약 시온산	계명 (새 계명)

에 함께 거하게 하겠다는 뜻을 알린 것이다. 한 마디로 처소를 정하고 함께 사시려는 것이다.

모든 언약에는 조항과 요구사항이 있다. 조항을 어겼다 하더라도 노아 언약은 지속되었다. 모든 상황에도 불구하고 아브라함 언약이 성취될 것이라는 하나님의 분명한 맹세가 있었다. 하지만 모세 언약의 경우 궁극적인 성취에 대한 어떤 약속도 찾을 수 없다. 하나님이 모세를 통해 이스라엘과 언약하신 것은 이미 쇠퇴를 내포하고 있다. 모세 언약은 영원히 지속되도록 의도하지 않았다. 이 언약이 일시적 특성을 갖는 이유는 이스라엘을 하나의 민족으로 바라보는 관점 때문이다. 그들은 하나님의 아들로서 세상에 하나님의 은혜를 드러내야 하는 구체적인 역할을 감당해야 했다. 하나님은 이스라엘이 신실하게 순종하지 않는다면 언약의 저주를 경험하게 될 것이라고 경고했다(레 26:14-44, 신 27:15-26, 신 28:15-69). 실제로 이스라엘은 언약에 불충실함으로써 새 언약(렘 31:31-34)을 기다리는 근거를 갖게 된다.

모세 이후 하나님이 언약의 중보자로 세우시는 인물은 다윗이다. 이 언약의 뿌리는 다윗 이전의 족장 시대로까지 거슬러 올라가 임종을 앞둔 야곱이 아들들에게 마지막으로 축복했던 때와 닿아 있다. 야곱은 열두 아들 중에 유다를 사자로 지칭했다(창 49:8-9). 여기서 '유다의 사자'는 궁극적으로 예수 그리스도와 연관된다(계 5:5). 또한 야곱은 유다 지파에서 왕이 나올 것을 예언했다(창 49:10). 족장의 축복이 유다에게 넘어간 것이다(창 49:10-12). 다윗이 유다 지파 출신의 왕이라는 사실을 고려한다면 이는 다윗 언약과 밀접한 연관성을 드러낸다. 위대한 왕조의 마중물이 된 다윗은 왕국의 전성기를 이루어 낼 그의 후손에 관한 여러 약속과 결부되어 있다. 물론 다윗의 후손은 예수 그리스도를 가리킨다. 따라서 구약성경에서 다윗은 언약의 중보자로 등장할 뿐만 아니라 앞으로 오실 예수 그리스도와 밀접하게 연관된 인물이기도 하다.

다윗 언약의 배경은 사무엘하 7장과 역대상 17장에 제시되어 있다. 여호와의 집을 짓고자 했던 다윗은 마치 하나님이 성전 건축을 위해 자신에게 의존하시는 것처럼 여기는 듯하다. 하지만 여호와는 그의 이름을 위해 건축되는 어떤 집도 초월하신다. 그런데도 성전은 다윗이 아니라 솔로몬에 의해 완성된다. 이 이야기의 독특한 특징은 여호와께서 다윗에게 집을 짓겠다고 약속하셨다는 사실이다. 다윗은 여호와를 위해 집(성전)을 짓기를 원했지만 여호와 하나님께서는 다윗에게 영원한 집, 즉 영원한 왕조를 약속하셨다. 여호와는 다윗 왕국을 영원히 세우겠다고 약속하셨다(삼하 7:13,16,26).

이는 다윗의 집을 향한 신실한 사랑을 절대 거두지 않으실 것임을 의미한다. 다윗 언약 역시 조건과 조항이 있다(삼하 7:14). 이는 왕조가 다윗의 집에서 제거되지 않을 것이며 언약은 결국 성취되겠지만 죄를 범한 개별적인 왕들은 복을 경험하지 못할 것을 가리킨다. 하나님의 계명에서 벗어난 왕들은 질책받고 훈계를 받으며 심지어 제거될 것이다. 이는 아브라함 언약과도 비슷한 특성을 보인다. 궁극적으로 아브라함 언약 역시 성취되겠지만 불순종한 자들은 언약의 축복을 누리지 못한다. 언약의 축복은 여호와께 순종하는 자들에 의해서만 실현될 뿐이다.

창세기 3장 15절은 다윗 후손 가운데 하나인 예수 그리스도의 순종을 통해 최종적으로 성취된다. 여기에서도 여지없이 언약의 조건적 요소와 무조건적 요소는 예수 그리스도의 인격 안에서 해결된다. 이후 주전 750~550년에 걸쳐 예언자들은 이스라엘 백성이 언약을 지키지 않는 것에 대한 주의를 촉구한다. 이들이 예언한 사건 중에는 조만간 성취될 것도 있었지만 먼 훗날 성취될 것도 있었다.

예언자들은 이스라엘 백성들이 언약을 깨뜨렸기에 하나님 자신뿐 아니라 자기 백성도 신실하게 지켜야 하는 '새 언약'이 마련된 것임을 선언했다(사 54:1-10, 55:1-5, 61:8-9, 렘 32:36-44, 50:2-5, 겔 11:18-21, 16:59-63, 18:3-32, 34:20-31, 36:24-32, 37:15-28). 시내산에서 돌판에 새겨진 율법(출 31:18)과 달리 하나님은 새 언약에서의 율법은 마음속에 기록될 것이라고 약속하신다(렘 31:33). 이전에 하나님께서는 이스라엘 백성에게 하나님의 법을 마음에 두고 새기라고 명령하셨다.

그러나 이스라엘 백성은 이 명령의 이행을 반복적으로 실패하고 만다. 새 언약의 경우 하나님의 법을 순종하기 위한 엄청난 노력이 요구되지 않는다. 하나님이 자기 백성에게 깨끗한 마음과 새롭고 옳은 영을 약속하셨기 때문이다. 또한 새 언약은 하나님의 모든 백성이 하나님을 아는 것을 특징으로 한다(렘 31:34). 새 시대에는 하나님의 백성이 율법 자체를 알 뿐만 아니라 하나님을 알게 될 것이다. 이는 하나님과 깊은 인격적 관계에 들어가게 됨을 의미한다. 그동안 이스라엘의 죄와 불순종이 언약 관계를 계속 방해해 왔기에 하나님의 용서만이 새 언약을 가능하게 만들 수 있다.

그렇다면 새 언약의 중보자는 누구인가? 모든 언약의 궁극적인 중보자이신 예수 그리스도이시다. 새 언약은 갑자기 생겨난 것이 아니라 이전의 언약들과 긴밀하게 연관되어 있다. 새 언약에는 분명 이전 언약들과 대조되는 새로운 요소들이 있지만 그 자체를 넘어 약속이 실현될 미래를 펼쳐 보여준다. 새 언약은 다른 모든 언약이 지향하는 '완료'의 언약이자 '완성'의 언약이다.

구약성경의 모든 언약은 궁극적으로 하나의 언약, 곧 새 언약을 향해 있다. 이 언약의 핵심은 하나님과 하나 되는 교제 관계, 즉 사랑의 사귐에 있다고 할 수 있다. 이는 지식이 아닌 하나님을 인격적으로 아는 것을 의미한다. 이를 위해 필요한 것은 죄 문제의 해결이다. 거룩하고 의로우신 하나님께서는 자신의 임재 속에 죄를 용납하실 수 없기 때문이다. 이에 대한 해결책으로 제시되는 새 언약은 그리스도 속죄의 죽음으로부터 분명하게 시작되고 있다(눅 22:20, 고전 11:25). 하나님께서는 새 언약 아래에서 성령을 통해 자기 백성을 거듭나게 하시며 하나님께 순종하도록 그들의 마음을 새롭게 하신다. 새롭게 함의 근거는 예수 그리스도의 십자가이다.

예수님은 아담이 실패한 곳에서 순종하는 마지막 (둘째) 아담이다. 속죄에 이르는 그의 죽음과 부활로 죄의 완전한 용서가 이루어지는 길이 열렸다. 그로 인해 이전 언약에서는 허락되지 않았던 하나님을 향한 새롭고도 담대한 접근이 가능해졌다. 하나님 구속의 핵심에는 그리스도의 무죄함에 있다. 속죄를 위한 희생제물의 자격을 갖추기 위해서는 죄가 없어야 하기 때문이다. 여기서 무죄하다는 것은 완전한 순종을 의미한다. 성경에서 죽음의 문제는 죄와 결부되어 있다. 모두가 죽는 이유는 불순종한 죄인이기 때문이다.

그러나 죄 없는 순종의 삶을 살아냄으로써 죽음의 문제를 해결한 예수님께 죽음은 더 이상 자신을 주장하지 못한다. 하나님 아버지께서 그 아들을 죽은 자 가운데서 다시 살리심으로써 그의 완전함과 속죄의 분명한 근거를 드러내셨다. 죽음에 대한 승리는 옛 아담에 대한 새 아담의 승리를 보여준다. 오직 예수 그리스도만이 하나님과 인간의 온전한 중재자가 되신다. '완전한' 중보자는 '완전한' 구속주이시며 자기 백성의 구원에 필요한 모든 사역을 완성하신다. 하나님의 백성은 새 언약을 완성하신 그리스도 안에 참여하기 위하여 부르심을 받은 자들이다.

따라서 설교자는 언약의 중보자에 관한 본문을 그리스도 중심으로 해석하는 과정에서 언약에 기초하여 그들이 어떠한 위치에 있는지 구속사적으로 파악할 필요가 있다. 구약성경에 언급된 모든 언약이 그들이 속해 있는 새 언약과 어떠한 관계가 있는지 알아야 한다. 새 언약의 중심에는 예수 그리스도가 있으므로 죄인 된 인간이 더는 언약의 중보자로 필요하지 않다는 것을 분명히 전할 필요가 있다.

3) 그리스도는 약속의 성취이다.

성경은 하나님이 어떠한 분이시며 어떻게 우주 만물과 사람을 창조하셨는지 말씀하신다. 그 창조 사역에서 예수 그리스도의 중보적 사역 또한 언급된다.

> "그는 보이지 아니하는 하나님의 형상이시요 모든 피조물보다 먼저 나신 이시니 만물이 그에게서 창조되되 하늘과 땅에서 보이는 것들과 보이지 않는 것들과 혹은 왕권들이나 주권들이나 통치자들이나 권세들이나 만물이 다 그로 말미암고 그를 위하여 창조되었고 또한 그가 만물보다 먼저 계시고 만물이 그 안에 함께 섰느니라"(골 1:15-17).

삼위 하나님께서는 자신의 형상을 따라 인간을 창조하시고 복을 선언하셨다. 생육 번성, 정복, 다스림의 3대 복을 주셨다.

> "하나님이 자기 형상 곧 하나님의 형상대로 사람을 창조하시되 남자와 여자를 창조하시고 하나님이 그들에게 복을 주시며 하나님이 그들에게 이르시되 생육하고 번성하여 땅에 충만하라, 땅을 정복하라, 바다의 물고기와 하늘의 새와 땅에 움직이는 모든 생물을 다스리라 하시니라"(창 1:27-28).

하나님께서는 모든 피조세계와 사람을 완벽하게 창조하셨다. "하나님이 그 창조하시며 만드시던 모든 일을 마치고 그날에 안식"하셨다(창 2:3). 어떠한 부족함도 없는 창조의 완전성은 '마치고'와 '안식'이라는 두 단어 속에 온전히 내포되어 있다. 더 하실 일이 없을 정도로 완벽하게 창조하셨기에 안식하셨다. 쉼을 얻었다.

그러나 인간은 하나님 말씀에 불순종하는 죄를 범하여 하나님의 저주라는 형벌을 받았다. 하나님께서는 자기 백성을 저주의 형벌로부터 구원하시는 일을 행하셨다. 죄로 인해 타락한 인간을 구속하시고 하나님과 올바른 관계를 맺기 위한 하나님의 말씀이 구약부터 신약에 이르기까지 약속과 성취라는 패턴으로 주어졌다.

예수님 또한 안식을 이루기 위해 다음과 같이 말씀하신다. "예수께서 그들에게 이르시되 내 아버지께서 이제까지 일하시니 나도 일한다 하시매"(요 5:17). 이 말씀은 예수님이 안식일에 병자를 고쳐주신 사건에서 등장한다. 유대인들은 병자를 고쳐주신 예수님이 안식일에 일하지 말아야 한다는 율법을 범했노라고 주장하며 박해의 근거로 삼는다. "안식일에 이러한 일을 행하신다 하여 유대인들이 예수를 박해하게 된지라"(요 5:16).

하지만 예수님은 하나님을 친아버지라고 칭하며 "내 아버지께서 이제까지 일하시니 나도 일한다"라고 말씀하시고 자신과 하나님이 동등하다는 사실을 암시하신다. 하나님과 마찬가지로 예수님도 병을 고쳐주심으로 진정한 안식이 있도록 일하고 계신 것이다. 이 일로 유대인들은 예수를 신성모독 죄를 범한 죄인이라고 비난하며 죽이려 한다(요 5:18). 안식일을 범했을 뿐만 아니라 하나님을 친아버지라고 칭했으며 하나님과 동등하다고까지 했다는 것이 그 이유였다. 이 계시에 따른 신학의 대전제는 하나님 보시기에 인간의 어떠한 행위도 거룩하지 않으며 하나님의 영광에 이를 수 없다는 사실이다.

하나님께서는 구속사 속에서 약속을 주시고 성취하시기 때문에 약속과 성취는 신구약의 주요 주제이다. 하나님께서 이스라엘 백성에게 하신 약속이 구약과 신약 곳곳에서 하나님 백성들의 존재를 보여주는 토대가 된다. 이는 성경에서 단순히 예언을 성취하는 문제가 아니다. 이에 관하여 신약학 교수인 도리아니는 "예수께서 예언 때문에 일을 하신 것이 아니다. 그 일들은 하나님이 예수께서 그 일을 하도록 정하셨기 때문에 예언되었다. 예언이 행동을 발생시켰다기보다는 미래의 행동이 예언을 유발했다. 그 행동은 시간의 밖에서 하나님이 예정하신 것으로 그 시간이 되기 전에 하나님이 선지자의 마음에 계시해 주셨다. 그래서 때가 이르면 그 행동이 하나님의 뜻으로 인정될 것"이라고 말했다.

이는 예언을 단순히 문자적 성취의 의미를 넘어 연속적인 구속사적 관점에서 성취되는 하나님의 계획으로 봐야 한다는 것을 뜻한다. 신학자 크리스토퍼 라이트는 예언과 약속의 개념을 구분한다. 그에 따르면 예언과 달리 약속은 상황을 바꾸며 장기적인 헌신과 의지가 담겨 있다. 예언은 단지 성취 여부가 전부이지만 약속은 긴 시간 동안 다양한 새로운 방식과 환경에서 계속 성취된다. 이 약속들은 하나님이 구속 사역의 단계별(노아-아브라함-모세-다윗)로 하신 언약을 구성한다.

따라서 약속은 신약과의 관계에서 구약의 주요 측면을 표현하며 예견이나 예언보다 더 광범위하다고 할 수 있다. '약속-성취'는 성경의 모형론과 긴밀하게 연계되어 있으며 구속사 전체에 성경의 언약들을 분석하는 또 다른 방법이다. 성경 저자들은 하나님이 과거에 맺으신 약속들에 신실하셨고 미래에도 변함없이 신실하실 것이라는 주장을 성경의 뼈대로 삼는다.

모형론은 역사에 근거하며 성경 자체에서 유래한다. 따라서 역사에 근거하지 않은 알레고리와 구분된다. 모형론을 다루는 6개의 신약 본문들(롬 5:14, 고전 10:6,11, 벧전 3:21, 히 8:5, 히 9:24)에는 모형론과 알레고리를 분명히 구별하는 일관된 방식이 등장한다. 모형론은 그리스도를 미리 지시하며 그리스도 안에서 궁극적으로 성취될 순환적 패턴을 보여준다. 모형론은 말로 하는 예언의 의미와 구분되지만 나중에 그리스도 안에서 성취될 것을 예견하기 위한 목표를 가지고 있다. 즉 하나님 자신이 세우신 모형을 강화하면서 점진적으로 알려지는 예견이라는 의미에서 예언의 한 부분으로 간주할 수 있다.

그러나 그리스도 중심으로 약속과 성취를 이해하기 위해서는 예언과 모형론적 접근을 개념적으로 구분할 필요가 있다. 직접적인 예언의 성취와 간접적인 모형론적 성취의 주된 차이점은 직접적인 성취는 선지자의 '말'을 통해 명시적으로 예언된 일을 성취하는 반면, 간접적인 성취는 진술된 역사적 '사건'을 통해 암묵적으로 예고된 일을 성취한다는 것이다. 둘 다 궁극적으로 미래에 대해 예언하지만 서로 다른 방식을 취하고 있으며, 전자는 '말'을 통해서 후자는 '사건'을 통해 예언한다.

사도 마태는 구약성경 전체를 하나님이 주신 하나의 큰 약속으로 본다. 이는 마태가 제시한 구약성경 본문의 대부분을 단순한 문자적 성취 여부에 관한 예언이 아니라 하나님의 일관된 열심의 역사가 반복되는 모형론적 성취로 보아야 함을 의미한다. 즉 마태복음에서 예수 그리스도 안에서의 성취는 단순히 문자적 예언이 아니다. 약속이 처음 주어질 당시의 상황과 문맥을 고려하여 하나님의 일관(반복)된 열심에 기초한 약속들의 궁극적인 성취로 보아야 한다.

라이트는 마태가 다섯 번에 걸쳐 예수 그리스도가 아기였을 때의 이야기에서 구약성경 구절들을 언급하고 있다고 한다. 그 다섯 사례로 예수의 탄생과 이름의 선언(사 7:14), 베들레헴에서의 탄생(미 5:2-4), 애굽으로의 피난(호 11:1), 베들레헴 사내 아기들의 죽음(렘 31:15), 나사렛에서의 성장을 제시한다. 따라서 미가의 예언을 제외하고는 구약 당시의 상황과 문맥을 고려하지 않고 예수 그리스도의 약속 성취를 해석할 수 없다.

성경신학과 교수인 그레이엄 골즈워디(Graeme Goldsworthy)는 '하나님의 아들'이 모형론적으로 반복되는 역사에 대해 논한다. 여기에서 '하나님의 아들'이란 아담에서부터 예수 그리스도까지 하나님이 맡기신 소명과 요구를 성취해야 하는 하나님의 백성에게 주어진 칭호이다. 그에 따르면 하나님 백성의 최종적인 참 아들은 예수 그리스도이시다. 마태는 '아들'(마 2:15)로서의 예수와 호세아서의 '아들'(호 11:1)을 대조한다. 애굽에서 탈출한 후자는 불순종하여 심판을 받았지만 회복될 것이다(호 11:2-11). 반면에 전자는 이스라엘이 행했어야 할 일을 행하셨다. 호세아 11장 1절에 등장하는 율법으로서의 출애굽 패턴은 마태와 다른 신약성경 저자들이 예수와 교회의 사명을 이해하는 데 중요한 사례가 된다.

여기서 주의해야 할 것은 약속과 성취의 본문을 해석할 때 성경 저자가 구약의 역사적 내용을 신약의 성취로 적용한다 해도 그 당시 역사적 배경을 고려하지 않고 단순히 결과론적이며 문자적인 성취에만 초점을 두어서는 안 된다는 점이다. 왜냐하면 역사적 사실을 기초로 하는 모형론적 성취가 아니라 단순히 일대일 대응을 적용하는 알레고리적 해석에 바탕을 둔 비유 풀이로 전락할 수 있기 때문이다.

'약속 성취'는 예수 그리스도의 십자가에서 단번에 완전히 이루셨다. 그 사례로서 구약의 핵심 본문을 살펴보면 아브라함의 소명(창 12:1-3)에 등장하는 약속의 핵심 요소로 땅(보여줄 땅)과 후손(큰 민족), 하나님과의 관계(복)가 제시된다. 이 모든 것이 예수 그리스도에게서 완벽하게 성취되었고 완성되었다. 따라서 온전한 복음은 만유에 충만하게 적용된다. 구체적으로 후손에 대한 약속은 믿음을 통해 기독교 공동체인 그리스도 안에서 성취되었다(롬 4:13-25). 관계(복)에 대한 약속은 예수께서 가능하게 하신 새 언약(눅 22:20, 고전 11:25)과 새 생명(요 3장, 롬 5-6장)에서 새로운 방식으로 성취되었다(히 10:19-22, 엡 1:13, 요 10:27-29). 땅에 대한 약속은 영적 개념으로 성취되었다(롬 4:13, 엡 6:2-3, 마 5:5).

어떤 본문을 설교하든 그것의 주제가 그리스도 안에서 성취됨을 보여주지 않는 한, 우리는 그 본문을 제대로 설교할 수 없다. 즉 그 본문을 전체 성경 안에 정당한 위치에 놓고 설교할 수 없다는 말이다. 마찬가지로 성경적 원리를 통해 예수님의 아름다움을 가리킬 수 없거나, 그 본문의 특정한 진리가 오직 그리스도의 사역에 대한 믿음으로만 실현될 수 있음을 보여주지 않는 한, 진정한 의미에서 청중의 변화와는 무관한 설교가 된다. 모든 성경 본문에서 그리스도를 풍성하게 설교할 때 그 일은 현실이 된다.

성경 전체를 관통하는 원리는 약속의 원리이며 하나님께서는 이 약속을 지키는 주체이시다. 더불어 예수 그리스도와 그의 십자가는 하나님께서 자기 약속을 지키시는 확실한 증거이다. 구약의 등장인물들이 겪는 잡다한 인생행로와 이스라엘의 수많은 전쟁사를 통해서 하나님께서는 자기 약속을 구체화하시고 더욱 명확하게 차별화하신다. 여기에서 '언약' 혹은 '약속'이라는 표현은 선악과로 시작된 죄를 심판하시는 여호와의 열심을 담은 내용으로 등장한다. 그 언약을 담을 그릇으로 아브라함, 이삭, 야곱이라는 개인에서부터 이스라엘이라는 민족 단위까지 확장되어 등장한다. 죄의 해결은 언약의 기능 중에서 가장 중요하다. 따라서 죄를 해결하시는 언약의 완성자인 예수 그리스도가 성경의 중심이라고 할 수 있다.

>>> CHAPTER · 02

그리스도 중심 설교에 집중하라

그리스도 중심 설교는 부흥의 출발이다

　　그리스도 중심의 설교는 그리스도 완성을 향한 설교이다. 성경 계시의 역사를 염두에 두고 구약 본문을 해석할 때 일차적으로는 그 시대에 주어진 계시의 빛을 통해 해당 본문을 해석해야 한다. 후대에 주어질 계시를 소급하여 무리하게 해석하지 말아야 한다. 다시 말해 일차적인 문맥을 무시한 채 예수 그리스도라는 이름으로만 엮어나가는 성급한 오류에서 벗어나야 한다. 이를 위해서는 본문의 정황을 무시하지 말고 무엇보다 먼저 본문 자체에 충실해야 한다. 언제나 그리스도나 십자가 사건에 대한 언급을 억지로 끼워 넣으려는 무리한 시도는 바람직하지 않다. "묻지 마! 그리스도!" 식으로 무조건 그리스도를 갖다 붙여서는 안 된다. 본문 내용을 구속사적으로 이해해야 비로소 그리스도 중심이 될 수 있다. 나아가 하나님의 구체적인 언약 목표가 그리스도의 십자가로 구현될 때 그리스도 완성으로 연결된다.

설교 부흥은 기독교 본질을 드러내는 것을 말하는 것이며, 단지 양적 팽창을 의미하는 인본주의적 부흥주의 개념이 아니다. 오로지 그리스도께서 완성하신 사건을 말한다. 성경은 궁극적으로 하나님의 구속 사역을 증거하는 목적이 있으므로 설교에서 그리스도를 통한 하나님의 구속적 은혜를 증거하지 못한다면 성경의 복음을 온전히 설교했다고 할 수 없다. 성경 해석과 설교는 철저히 그리스도 중심적이어야 한다. 그리스도가 없는 설교는 설교라 할 수 없으며 모든 설교의 절정은 그리스도의 십자가 구속의 은혜가 되어야 한다.

1) 그리스도 중심 설교의 의미

그리스도 중심의 설교란 성경 전체의 주제를 예수 그리스도의 주 되심을 전하는 것이다. 교회도 구원도 천국도 모두 예수가 만왕의 왕이며 만유의 주이심을 위해 존재하는 것이기에 각 본문에서 예수 그리스도와 직간접적으로 연결되는 메시지를 찾고 설교해야 한다. 신약에서 드러난 그리스도뿐 아니라 구약에서 감추어진 그리스도의 이미지를 찾아 신약의 그리스도와 연결하여 설교하는 것이다. 이와 관련하여 고신대학교 총장을 역임한 황창기 박사는 "그리스도 중심의 성경 이해를 위해서는 무엇보다도 그리스도의 인격이 온 교회적 인격이요, 만유적 인격이심을 먼저 이해해야 한다"라고 하였다.

구약시대의 하나님께서는 여러 선지자를 통해 자신을 계시하셨지만 신약시대에는 그의 아들 예수 그리스도를 통해 계시하셨다. 그리스도는 과거의 모든 것을 완성하시고 다가올 모든 것을 조명하시는 하나님을 최종적으로 계시하신다. 그리스도는 계시의 절정이다.

신학의 장엄한 주제는 그리스도이다. 이러한 그리스도를 전파해야 하는 이유는 성경 전체의 최고 주제가 그리스도라는 사실에 있다. 구약은 오실 그리스도를 예언하고 신약은 오신 그리스도를 선포한다. 신구약의 주체가 그리스도이다. 예수 그리스도께서 친히 "모세와 모든 선지자의 글로 시작하여 모든 성경(구약)에 쓴바 자기에 관한 것을 자세히 설명"하셨다. 그러므로 설교자는 그리스도를 전파해야 한다.

이제 '그리스도 중심 설교'(Christ-centered Preaching)의 범위와 함께 성경 본문에서 그리스도를 증거한다는 것이 무엇을 말하는지, 그리스도 중심 설교의 의미가 어느 정도 다양하게 받아들여질 수 있는지에 대해 기술하고자 한다.

먼저 협의적인 측면에서 그리스도 중심 설교는 십자가에 죽으신 그리스도에서부터 부활하신 그리스도까지 설교하고, 나아가 하나님 왕국의 복음을 설교했던 사도들의 발자취를 따르는 것이다. 그러나 광의적인 측면에서 그리스도 중심 설교의 의미는 옛 언약의 성취로서 성육신하신 그리스도를 구속사의 전 영역이라는 문맥에서 전파하는 것을 의미한다. 따라서 후자는 광범위한 영역에 걸쳐 있다고 할 수 있다. 이러한 의미에서 볼 때 '기독론적 해석 설교' 또는 '그리스도 중심 설교'는 설교의 한 유형이나 모델을 지칭하는 일반적인 용어가 아니라 기독교 설교가 가진 본래의 '그리스도 중심성'을 의미하는 것이다. 이것은 기독교 설교의 근거가 그리스도에게 있음을 의미한다. 즉 설교가 존재하고 또 가능하게 하는 신학적 근거가 그리스도에게 있다는 뜻이다.

성경주석가인 제임스 조던(James B. Jordan)은 "진정한 성경적 세계관은 이 세상 만물의 존재 자체와 역사의 진행이 그리스도 중심적임"을 주장한다. 구속사적이며 언약적 안목으로 성경을 바라보는 그의 이론은 변증학자 코넬리우스 반틸(Cornelius Van Til)의 전제주의적 신학사상과 보스(G. Vos)를 원조로 한 클라인(M. G. Kline)의 개혁주의 성경신학에 그 바탕을 두고 있다. 따라서 구약의 그리스도 중심적 해석의 범위를 설정하기 위해 기독론적 해석의 범위를 간결하고 단순하게 설정하기는 여전히 어려워 보인다.

그리스도 중심 설교의 범위는 예수의 십자가, 부활, 하나님 왕국에 이르기까지 기독론적 해석의 범위를 설정한 것이다. '그리스도 중심 설교' 또는 '기독론적 해석 설교'란 설교 메시지의 핵심이 그리스도 중심적일 뿐 아니라 성경 본문의 해석 원리가 역시 그리스도 중심이어야 한다는 것을 의미한다. 성경은 하나님의 구속 역사의 기록이다. 그리고 구속 역사의 주인공은 그리스도이시다. 이러한 성경의 그리스도 중심적 성격은 예수님의 증언에서 확인된다. 부활하신 예수님께서 엠마오로 가는 제자들에게 다가가셔서 성경을 풀어주신 사건(눅 24:26-27)의 기록에서 구약 전체를 그리스도 중심적 방법으로 해석하셨다는 것은 확실하다.

그리스도 중심 설교는 다양한 기독교 전통에 서 있는 설교학자들로부터 지지를 받고 있다. 설교신학자인 류(Reu)는 "설교는 그리스도 중심적이어야 하며, 그리스도 이외는 누구도, 그리고 어느 것도 설교의 중심에 서서는 안 되며, 또한 설교의 내용이 되어서도 안 된다"고 강조하였다. 훅스트라(H. Hoekstra) 박사 역시 "성도를 위해 성경을 강론한 경우, 설교자는 변두리의 먼 지점으로부터도 중심에 이르는 길이 있다는 것을 보여줄 수 있어야 한다. 그 이유는 그리스도 없는 설교는 설교가 아니기 때문이다"라고 하였다.

설교학자인 토마스 존스(Thomas F. Jones)는 "진정한 기독교 설교는 예수 그리스도의 십자가에 초점을 맞추어야 한다. 십자가는 거룩한 성경의 중심 교리이다. 다른 모든 진리는 십자가 안에서 성취되거나 반드시 십자가 위에 기초해 있다. 따라서 성경의 어떤 교리도 십자가와 연결되지 않고 철저하게 사람 앞에 주어져서는 안 된다. 따라서 설교로 부름을 받은 사람은 반드시 그리스도를 설교해야 한다. 하나님으로부터 주어진 메시지는 이밖에 다른 것이 없기 때문이다"라고 하였다. 이처럼 다양한 전통에 서 있는 설교학자들이 그리스도 중심 설교의 의미와 방향을 제시하고 있다.

류응렬 교수는 예수 그리스도를 중심으로 전하는 설교에 "반드시 예수 그리스도가 언급되는가?" 혹은 "삼위일체 하나님의 구속사건이 언급되는가?"를 말하는 것은 아니다. 본문을 통해 예수 그리스도로 연결되는 메시지를 확인하고 전하고자 하는 해석학과 설교학을 가리킨다고 하였다.

그러나 여기서 주의해야 할 점은 '그리스도 중심 설교'를 설교 때마다 나사렛 예수의 탄생과 생애, 죽으심과 부활, 승천에 관해 언급하는 것으로 여겨서는 안 된다. 그리스도 중심의 설교는 인간을 위해서(영생, 축복, 교회 부흥 등)가 아닌 예수님의 영광과 기쁨, 그리고 하나님의 뜻에 따라 세상만사가 운행되고 있음을 본문 말씀을 통해서 제대로 드러내는 것이다.

2) 그리스도 중심 설교의 특징

그리스도 중심적인 설교는 어떠한 특징을 가지고 있으며, 어떠한 설교가 그리스도 중심적인 설교라고 할 수 있는가?

그리스도 중심 설교는 교훈과 도덕적 행위 그 이상을 선포하는 설교이다. 설교자가 설교를 통해 성경이 제시하는 도덕성을 주장한다고 해도 하나님의 구원에 대한 뜻을 밝히지 못한다면, 그의 설교는 반(半)기독교적 설교로서 전적으로 잘못된 설교라고 할 수 있다. 황창기 목사는 이에 대하여 "구약의 어떤 부분도 언약적-구속사적 그리스도 중심의 해석 없이는 단순한 윤리 도덕적 교훈에 지나지 않는다"고 충고하였다. 인간은 부족한 존재로서 하나님의 용서와 사랑이 없으면 온전히 구원받을 수 없기 때문이다. 오직 이러한 메시지만이 우리가 주 예수 그리스도를 통해 하나님과 화목을 누리게 되었다는 확신을 줄 수 있다. 또한 성경 본문에 나타난 행동을 자세히 설명하는 것만으로 설교를 마친다면 복음보다 행위를 강조하는 우를 범할 수 있다.

그리스도 중심 설교는 하나님의 은혜에 초점을 맞춘 설교로 인간적인 노력과 수고에 집중하지 않는다. '누구처럼 되어라'는 메시지는 '선한 사람이 되어라'는 설교와 함께 청중이 하나님의 은혜보다 자신의 행동에 소망을 두게 한다. 또한 '도덕과 모범을 실천하라'는 말과 같이 인간의 행위에 따라 하나님의 특권을 얻을 수 있다고 강조함으로써 하나님의 은혜를 무의미한 것으로 만든다. 이는 결국 행위로 완성하지 못한 빚진 자가 되게 하며 청중을 영원히 무가치한 자로 규정하게 만든다. 따라서 그리스도 중심의 설교는 인간 행위의 뛰어남을 설교하는 것이 아니라 하나님의 은혜와 그리스도께 항상 초점을 맞추는 설교라고 할 수 있다.

신학자 채펠(Bryan Chapell)은 그리스도 중심의 설교에 대해서 "하나님의 뜻을 실천하는 능력과 동기가 그리스도의 구원 사역에 기초를 두는 설교"라고 하였다. 기독교 설교는 신앙인이 아니어도 누구나 인정하는 도덕적 선 그 이상을 제시하는 것이어야 하며 그리스도의 구원과 성령의 능력이 설교의 곳곳에 나타나야 한다. 교훈적이거나 복음적인 설교라 할지라도 그 중심에는 예수 그리스도가 있어야 한다. 이에 대하여 신학자 골즈워디 또한 "모든 설교의 주제에서 그리스도의 죽으심과 부활이 분명하게 나타나야 한다"고 하였다. 그러면서 "성경 전체를 부분들에 비추어 검토하는 일은 반드시 그 부분들을 전체에 비추어 검토하는 일과 병행해야 함을 기억해야 한다"고 강조하였다.

그리스도 중심 설교는 설교의 중심에 하나님 아버지와의 관계 속에서 그리스도가 증거되는 설교이다. 성경의 중심은 예수 그리스도이다. "너희가 성경에서 영생을 얻는 줄 생각하고 성경을 연구하거니와 이 성경이 곧 내게 대하여 증언하는 것이니라"(요 5:39). "모세를 믿었더라면 또 나를 믿었으리니 이는 그가 내게 대하여 기록하였음이라"(요 5:46).

예수님과 사도들이 구약 전체를 예수님에 대한 증거로 간주한다는 사실은 분명하다. 구약 전체가 예수님을 증거하는 책이다. 따라서 구약 메시지는 어떤 경우에도 그리스도를 보여주지 않는 것은 없다고 결론 내릴 수 있다. 성경 '본문'이라는 말은 성경과 성경의 전체 메시지 중에서 의미 있는 일부분을 뜻한다. 따라서 몇 가지 단어나 문장을 직접적인 문맥과 별개로 떼어 놓는다면 본문을 이루지 못한다. 본문의 의미를 알기 위해서는 본문이 놓인 문학적 문맥을 살펴보거나 본문이 더 넓은 문맥 안에서 어떻게 자리매김하고 있는지 파악할 필요가 있다.

구약 본문이 그리스도에 대한 것이라는 사실은 정경의 역동성을 말하는 것이지 문자적인 전제를 지시하는 것이 아니다. 골즈워디는 구약과 신약 사이에 불연속성이라는 요소가 항상 존재하면서도 통일성 또한 존재한다고 하였다. 창조와 구속의 모든 요소가 그리스도에게 초점을 맞추고 있다는 점을 고려하면 성경의 통일성은 기독론으로부터 나오는 교리적인 구성개념이다. 통일성은 경험에 근거한 구성개념이 아니라 신학적인 전제이다. 성경 신학자들이 성경 내에서의 불일치를 파악하지 못하거나 전반적인 통일성을 발견하지 못하는 것은 신학자들의 주관적인 연구의 한계일 뿐 성경 자체가 문제시되는 것은 아니다.

그리스도 중심 설교는 성경의 모든 본문이 그리스도를 통한 하나님의 구속 행위와 관련되어 있음을 설교하는 것이다. 하나님께서는 자신을 어떤 특정 본문에서 단번에 계시하시지 않고 성경 역사를 통해 점진적으로 계시하셨다. 따라서 성경 본문에서 하나님의 구속적 내용이 아주 작은 씨앗처럼 나타날지라도 그리스도 중심의 설교에서는 완벽한 구속의 열매 형태로 설교해야 한다. 하나님께서는 자신을 계시하는 방도로 예수 그리스도를 하나님의 아들로 보내셨다. 예수님 또한 이 사실을 "자기를 본 자는 아버지를 본 자"(요 14:9)라는 말씀을 통해 드러내시고 있다. 따라서 성경을 읽을 때는 성경의 중심인 그리스도에게 초점을 두고 읽어야 하고, 예수 그리스도를 통해 하나님이 어떠한 분으로 드러나시는지에 생각을 집중해야 한다.

그리스도 중심 설교는 인간의 타락한 상황에 관심을 두는 설교이다. 성령은 우리를 중생하게 하여 진리 가운데로 인도함으로써 성경의 올바른 의미를 발견할 수 있도록 돕는다. 그런데도 인간은 여전히 죄인이며 역사에 갇혀있는 존재이다. 따라서 해석자는 실존론적 딜레마인 인간의 죄성과 편견, 한계(인간의 전적인 타락)를 깊이 인식해야 한다. 복음이 해석의 열쇠라는 말은 성경의 어떤 부분을 적절하게 해석하기 위해서 예수 그리스도라는 인물 및 그분의 사역과의 연결이 필수라는 뜻이다. 그리스도 중심의 설교에서는 모든 성경 본문이 지시하는 인간의 타락한 상황에 초점을 맞춰 설교의 주제와 내용을 결정한다. 이때 성경 본문의 정황이 현재 상황에 공통점이 있음을 근거로 하여 그리스도를 통한 구원을 위한 설교를 하게 된다.

결론적으로 그리스도 중심 설교는 성경 전체의 맥락, 즉 거시적인 구원 역사의 맥락에서 구속사적인 성경 해석에 근거한 설교이다. 따라서 하나님의 구원 파노라마를 거대 담론이라는 거시적 시각에서 해석하고, 성경 일부분에만 집착하는 고집에서 벗어나게 함으로써 통일적인 시각으로 설교할 수 있도록 돕는 특징이 있다.

3) 그리스도 중심 설교의 동의어

구속사적 설교(Redemptive Historical Preaching)는 구원을 이루는 중심인 예수 그리스도에게 집중하기 때문에 '그리스도 중심 설교', 혹은 기독론적 설교(Christological Preaching)라고 자주 표현된다. 구속사적 설교는 구원을 이루는 중심인 예수 그리스도에게 집중하지만 실제로는 삼위의 하나님이 구원 역사를 다루기 때문에 하나님 중심 설교(Theocentric Preaching)라고 할 수 있다. 또한 성령에 의해 기록된 말씀을 설교한다는 측면에서는 성령님 중심 설교(권성수 목사는 '성령 설교'라고 표현했다)라고 해도 크게 문제 되지 않는다. 구속사적 설교는 하나님이 예수 그리스도를 통하여 이루는 구원 역사를 성경 전체를 배경으로 해석하고 설교하는 것이다. 따라서 성경 전체의 계시가 타락한 인류를 구원하는 하나님의 말씀을 유기적이고 점진적으로 보여준다는 점에서 성경신학에 근거를 두기 때문에 성경 신학적 설교(Biblical Theological Preaching)라고도 할 수 있다. 다만 구속사적 설교가 하나님의 구원 역사를 강조한다면 성경 신학적 설교는 성경의 점진적이고 통일적인 계시를 부각한다.

그리스도 중심 설교 혹은 기독론적 설교는 구원과 계시의 핵심인 예수 그리스도를 강조할 때 약간의 차이를 보인다. 성경이 삼위 하나님의 구속을 중심으로 펼쳐지는 장대한 역사를 증언한다는 사실을 고려한다면 구속사적 설교, 즉 그리스도 중심의 설교는 설교의 방법론이 아니라 성경 자체가 말하는 '설교 철학'이라 해야 할 것이다. 그리스도 중심의 설교는 성경을 바라보는 시각이며 성경 해석의 중요한 원리이고 성경적 설교의 궁극적 목적이기도 하다. 따라서 루터의 '기독론적 설교', 칼빈의 '하나님 중심적 설교', 그리고 채펠의 '그리스도 중심의 설교'는 그리스도 중심 설교에 있어서 같은 축에 위치한다고 볼 수 있다. 왜냐하면 이 모두가 삼위 하나님께서 중심되는 설교로서 그 중심에 예수 그리스도를 통한 하나님의 구원과 구원받은 성도의 삶을 다루기 때문이다.

그러나 성경에 등장하는 용어를 동원하여 설교를 정의한다고 할지라도 삼위 하나님께서 그리스도를 통하여 계시하였으며 계시의 내용은 그리스도라는 사실은 변하지 않는다. 그리스도의 본질(기능)은 인격과 사역이며 하나님의 말씀을 이루는 열심이 그리스도 십자가로 완성되었다는 사실은 설교의 내용이 그리스도 중심적이어야 한다는 필연성을 보여준다. 즉 하나님 중심이나 성령 중심이 아니라 그리스도 중심이 되어야 한다는 뜻이다. 이는 삼위 하나님 간에 그리스도 중심(중보자)으로 약속하셨기 때문이다. 하나님의 약속을 믿는 것이 그리스도인이다. 약속의 실체는 그리스도이시다. 그리스도인이 아닌 사람들도 하나님을 강론한다. 특히 유대교는 철저히 하나님 중심의 설교를 강론하지만 그리스도 중심이 아니라는 점에 유의해야 한다. 성령은 그리스도를 나타내는 증거자이다. 따라서 성령이 아닌 그리스도를 높이는 것을 아버지께서 기뻐하신다.

그리스도 중심으로 성경을 해석하라

설교자가 강해할 본문의 범위를 정했다면 일차적으로 본문의 원래 문맥을 이해하기 위해 본문 이해에 영향을 미치는 역사적 해석 과정을 거쳐야 한다. 또한 해당 본문에 대한 깊은 문학적 해석과 더불어 구약과 신약의 전체 정경 안에서 본문의 의미가 차지하는 위치를 살펴보아야 한다. 이를 통해 구속사의 거대한 흐름이 담아내는 성경의 정경적, 신학적 의미를 자의적이거나 편협하지 않은 문맥 안에서 해석할 수 있다.

오늘날의 강단은 신구약 본문을 해석할 때 전통적이고 폭넓은 '종합적 관심'을 두기보다는 '분석적 관심'을 갖는 경향을 보인다.

이러한 분석적인 경향은 궁극적으로는 지식에 대한 과학적 사고에 바탕을 두고 있다. 이것은 지식 축적의 관점으로서 성경 본문을 보다 작고 독립적인 단위들로 쪼개어 연구하는 것으로 성경 본문을 올바로 다루는 것이 가능하지 않다는 사실이 밝혀지고 있다.

여기에 대한 대안으로 제시된 '총체적 해석 방법'(Holistic Interpretation) 또는 '정경적 접근 방법'(The Canonical Approach)은 성경 본문의 의미를 형성하는 데 이바지하는 모든 세부적 요소를 총체적이며 전체적인 관점에서 비추어 언제라도 수정할 준비를 하고 있다. 하지만 해석이란 최종적인 결론을 지향한다는 점에서 의미를 탐구하는 해석의 궁극적인 소망은 해당 본문의 본질과 메시지, 기능 및 목적을 찾는 것에 있다. 따라서 그리스도 중심적 해석 방법으로서의 총체적 해석은 세 영역, 즉 역사적, 문학적, 그리고 신학적 해석 방법의 모든 요소를 종합적이고 통일된 층위 안에서 다루어야 한다.

1) 역사적 해석

에드먼드 클라우니는 "성경신학은 본질에서 성경의 역사를 하나님께서 앞으로 움직여 나가는 그분 자신의 사역으로 간주하고 그 역사를 해석해 놓은 서술"이라고 정의하였다. 또한 시드니 그레이다누스(Sidney Greidanus)는 "성경이 쓰인 때의 문화적, 종교적, 정치적, 문학적 환경을 정확히 파악하여 그 기록의 메시지를 그 원래의 맥락 속에서 이해하기 위하여 그 기록에 대해 역사적인 조사를 하는 것"이라고 하였다.

이와 같은 역사적 해석이 설교에 얼마나 필요한가? 그레이다누스에 따르면 역사적 해석은 성경 말씀을 그 원래의 의도와 의미에 맞춰

'더 나은 이해'를 하려는 것이기에 원래 청중들의 관점에서 해당 말씀을 그대로 들을 수 있도록 도와준다. 설교신학자 린더 켁(Leander Keck)은 역사적 해석의 필요성에 대해 "성경 본문은 그 시대적 상황에 대한 기록자의 응답으로서 문학적 형태를 띤, 선별된 진리이며 그 사회의 상황에 초점을 맞춘 진리"라고 하였다. 그레이다누스 역시 "오직 역사적 해석만이 특정한 구절에 대한 의미가 맞는지를 확인할 수 있는 '객관적 통제 수단'을 제공할 수 있다"라고 강조하였다.

따라서 설교자가 역사적 해석을 하지 않는다면 본문의 역사적 측면을 놓치게 될 뿐만 아니라 본문이 의도한 의미를 증거할 수 있는 방편을 잃게 된다. 그런 의미에서 역사적 해석은 주관적이거나 독단적인 해석을 방지하는 객관적 수단을 제공할 뿐 아니라 설교자가 본문이 제시하는 특정 관점, 즉 구속사적 관점을 계속 좇아갈 수 있도록 하는 적극적인 역할도 담당한다. 결과적으로 성경 본문의 역사적 해석은 설교자가 본문의 직접적인 역사적 문화적 맥락과 더불어 가장 넓고 가능한 맥락, 즉 역사 전체에 관한 성경의 가르침 안에서 메시지를 살펴보도록 한다. 따라서 이 해석은 창조에서 완성의 때로 나아가는 피조세계의 과거와 현재, 미래의 모든 실재를 포괄하는 하나님 나라의 구속사, 곧 그리스도 중심의 메시지를 가리킨다.

성경 시대의 이스라엘 백성이 살았던 역사를 우리 또한 살고 있다는 해석은 '그때와 지금' 사이에 막을 수 없는 틈새가 있는 것이 아니며 오히려 분명한 연속성이 있음을 역설한다. 따라서 오늘날 우리가 그러하듯이 옛 구약의 이스라엘 백성도 하나님 나라의 도래를 위해 같은 싸움에 참여했다는 사실을 증거한다. 나아가 그때 그들의 역사 속에서 일하셨던 바로 그 동일한 하나님께서 오늘날 우리 역사 속에서도 하나님 나라의 최종적 완성을 위해 일하신다는 사실은 성경에서 구속사적 중심의 이해를 제공한다.

2) 문학적 해석

시드니 그레이다누스는 "일반적으로 해석자가 성경 본문의 문학 장르, 수사학적 장치, 말의 표현, 문법, 구문 등에 대한 문제를 제기하는데 그 목적은 본문이 속한 문맥에서, 그리고 궁극적으로는 그 본문이 속한 성경책의 문맥과 나아가서는 성경 전체의 문맥에서, 단어들의 의미를 결정하려는 것"이라고 하였다.

싱경 해석과 설교에 상당한 공헌을 하는 문학적 해석 방법은 본문 형성 이전의 자료나 문학적 형태, 저자의 의도, 본문의 구조적 패턴과 주제, 정경적 규범의 맥락 등을 연구하는 하나님 중심적 연구 방법(Theocentric Method)이다. 이는 성경의 통일성을 강조하며 하나님의 점진적 계시에 비추어 특별계시의 진리들이 갖는 유기적 성장을 잘 보여준다. 결과적으로 설교자는 구약과 신약을 연결 짓는 주제들을 부각시켜 도덕주의적 설교를 극복하고 그리스도 중심의 설교의 구속적인 강해 '흐름'을 진행할 수 있게 된다. 따라서 정경적 해석을 하려면 문학적 영역을 합당하게 다루어야 한다.

문학적 해석의 또 다른 형태는 정경적 접근 방법으로 성경을 그 자체 안에서 해석하는 것이다. 정경을 해석의 맥락으로 선택하는 이유는 정경만이 성경의 최종적인 형태를 갖춘 규범적인 문서이며 현재와 연관성을 찾을 수 있는 채널의 기능을 하기 때문이다.

그레이다누스는 정경적 접근 방법과 설교와의 관계가 갖는 중요성을 세 가지 측면에서 강조하였다. 첫째, 정경 이전의 문서가 아닌 정경을 해석의 대상으로 삼기 때문에 인간 역사를 해석할 때만큼 많은 상상력이 요구되지 않는다. 둘째, 정경의 독특한 권위를 인정하고 하나님 말씀을 선포하기를 염원하는 설교자들이 정경의 맥락 안에서 이해된 본문에 자신들 메시지의 기초를 두게 된다. 즉 정경만이 유일한 권위를 갖기 때문에 설교자는 설교 내용이 자신의 기발한 생각이나 가설적인 근거에서 재구성한 학문적 내용이 아니라 하나님의 권위 있는 말씀임을 확신하게 된다. 셋째, 본문 또한 정경에 속하는 일부분이기 때문에 오늘날의 신앙공동체 및 세상과 연관되어 새로운 세대에게 전해야 하는 하나님의 영원한 말씀이라는 사실을 보증한다. 왜냐하면 이 채널은 장래의 모든 세대에게 하나님의 복음을 선포하기 위한 특별한 목적으로 만들어졌기 때문이다.

3) 신학적 해석

신학적 해석(Theological Interpretation)은 성경 본문이 정경에 포함된 이유를 찾는 과정을 통해 하나님이 무엇을 어떻게 계시하는지, 본문 메시지가 성경 전체의 맥락 안에서 무엇을 의미하는지를 해석한다. 이는 단순한 역사적 재구성과 어구적 의미를 넘어 성경에 담긴 하나님의 메시지를 분별해 내고자 한다. 신학적 해석은 예언적이고 케리그마적 차원에 집중하며 하나님 중심적인 초점을 갖고 있다.

따라서 설교자의 해석 작업은 본문의 신학적 의도나 신학적 목적을 파악하는 것에 있다. 성경 저자의 목적을 알기 위해서는 무엇보다 먼저 '저자가 이 메시지를 왜 기록했는가?' 라는 기본적인 질문을 던지는 것부터 시작한다. 신학적 해석은 설교자 자신의 주관적 목적을 성경 본문에 부과하려는 경향으로 인해 설교자의 목적이 성경 본문의 목적을 누르고 그 본문을 침묵하도록 만드는 결과를 초래할 위험과 교묘한 유혹을 피할 수 있도록 한다. 때문에 그레이다누스는 저자의 목적을 찾아야 할 중요한 이유가 "의식적으로 자신으로부터 성경으로, 우리의 관심으로부터 그 저자의 관심으로, 우리의 목적들로부터 그 저자의 목적으로 시선을 돌리는 데 있다. 즉 저자의 목적을 찾는 것은 모든 주관적인 방해물을 제거함으로써 성경 말씀을 순수하게 들으려는 시도인 것"이라고 하였다.

그레이엄 골즈워디는 "성경신학은 성경이 전체로서 말하게 하는 것, 구원의 유일한 길에 대해 한 분 하나님의 말씀으로서 말하게 하는 것 그 이상도 그 이하도 아니다"라고 하였다. 성경신학은 성경을 '인간 중심적'이며 '도덕주의적'으로 이해하고 설교하는 것을 가장 잘 막아낼 수 있다. 더욱이 성경신학은 성경의 통일성을 강조하며 구약과 신약을 연결 짓는 주제들을 드러내주기에 설교자가 구약에서 신약으로 설교의 흐름을 진행할 수 있도록 안내해주며 현재의 청중을 향해 전달되어야 할 말씀의 방향을 올바로 설정해준다.

신학적 해석 방법은 성경에 등장하는 인물 중심이 아닌 하나님의 계시를 파악하는 것이다. 그러므로 설교자는 본문을 성경 전체의 맥락에서 이해하고 본문 중심으로 성경 전체를 통찰해야 한다. 또한 본문의 구속사적 위치도 파악해야 한다.

본문을 역사적, 문법적으로 해석하고 전체 구조의 문학적 특징을 살피는 것은 표면적 고찰에 해당한다. 반면 본문을 구속사적 맥락에서 살피는 것은 내면적 고찰이다. 비록 신비평을 통해 성경 해석의 관점을 좀 더 올바르게 수정했을지라도 역사비평은 여전히 표면적 고찰을 통해 이루어진다. 하지만 상징과 연상을 지닌 성경을 그리스도 중심으로 보는 눈은 내면적 고찰을 통해 이루어진다. 따라서 본문 해석은 표면적 고찰과 내면적 고찰이라는 두 가지 방법을 통해 동시에 진행되어야 한다.

그러나 구속사적 성경 해석일지라도 완전한 것은 아니다. 이 해석은 하나님의 말씀 성취라는 태도를 보이는 사도들과 약간의 차이를 보인다. 따라서 구속사 역시 성령에 의해 재해석될 필요가 있다. 그것이 바로 그리스도 완성 해석 설교이다. 성령을 통해 그리스도 중심 해석을 그리스도 완성 해석으로 비추어 볼 때 그리스도를 나타내는 그리스도 중심 설교가 그리스도가 이끄는 그리스도 완성 설교가 된다. 이 경우에만 '온전한 그리스도 중심 설교'라고 할 수 있으며, 다른 용어로는 '그리스도 완성 설교'라고 말할 수 있다. 이 과정을 통해 성경이 그리스도에 대한 충만한 이해를 제공하게 함으로써 온전한 그리스도 중심의 설교로 나아가게 한다. 이 두 가지 해석 방법(그리스도 중심적 해석 및 그리스도 완성적 해석) 모두 그리스도 총체적 해석(Holistic Interpretation)이라고 할 수 있다.

그리스도를 나타내는 설교를 구성하라

본문을 해석학적 원리와 과정에 따라 해석할 때 그리스도와 관련하여 발견해야 하는 내용은 예수 그리스도의 인격과 사역, 그리고 그의 가르침이다. 그러나 구약을 설교할 때 그리스도를 찾기는 쉽지 않다. 대부분의 구약에서 그리스도를 직접 언급하는 곳이 적을뿐더러 간접적으로 나타나는 곳도 많지 않기 때문이다. 모든 성경이 예수 그리스도 안에서 이루어질 구원과 성도의 새로운 삶을 기록하고 있다는 사실은 쉽게 인정할 수 있지만 그리스도 중심의 메시지를 구체적으로 찾아내는 일은 쉽지만은 않다. 설교자에게 본문이 어떻게 그리스도를 향해 나아가고 있는지 성실하게 통찰하는 노력과 깊은 묵상 및 기도가 요구되는 이유가 여기에 있다.

구약 본문에서 그리스도를 밝혀낼 방법은 무엇인가? 채펠은 본문마다 그리스도를 드러내는 정도의 차이에 따라 세 가지 방법을 제시하였고, 권성수는 이를 풀어 다음과 같이 설명하였다. 설교자는 그리스도를 직접 언급하는 본문이나 모형적으로 암시하는 본문을 그대로 전하면 된다. 그리스도를 전혀 언급하지 않는 본문의 경우 인간의 죄가 나오는 본문에서는 "이래서 그리스도가 필요합니다"라는 식으로 그리스도를 전하면 된다. 상대적으로 바른 삶이 나오는 본문에서는 "이렇게 바로 사는 최고봉에 그리스도가 계십니다. 그리스도를 모시고 그리스도에게 의지해야 그리스도의 능력으로 바르게 살 수 있습니다"라는 식으로 그리스도를 전하면 된다고 하였다. 그러나 바른생활을 신앙생활과 동일시하는 것은 주의가 필요하다. 왜냐하면 기독교는 다른 종교와 바른생활로서 구별되는 것이 아니기 때문이다.

위에서 권성수 교수가 제시한 방법은 섣부른 결론으로 그리스도를 해석하는 경우 그리스도가 '장식'으로 전락하는 설교가 될 수 있음을 경계한다. 따라서 본문이 의도하는 바를 충분히 드러내고 성경 전체를 조망하며 그리스도를 향한 복음을 전하면 무리가 없을 것이다. 본문 자체는 계시의 진전과 정경의 역동성을 지시하는 것이지 단순히 문자적인 전제를 지시하는 것이 아니기 때문이다.

찰스 스펄전(Charles H. Spurgeon)은 "지금까지 어떤 본문이든 그리스도와 연결되지 않는 본문을 발견한 적이 없다"고 하였다. 영국의 모든 촌락과 도시에 '런던'으로 가는 길이 있는 것처럼 성경의 모든 본문에 '그리스도'로 가는 길이 나 있다고 하였다. 그레이다누스는 그리스도께로 인도하는 구약의 다양한 길을 '모형론의 길, 점진적 구속사의 길, 약속-성취의 길, 유추의 길, 통시적 주제들의 길, 대조의 길' 등 여섯 가지로 제시하였다. 이는 훨씬 더 세부적이고 구체적인 방법을 보여주는 것이다. 따라서 설교자는 성경의 어느 본문을 택하든지 그리스도를 발견하는 방법, 혹은 그리스도에게로 가는 길이 무엇인지를 말해 줄 사명이 있다. 이는 예수 그리스도가 설교 안에 계시지 않으면 설교는 어떤 유익도 줄 수 없기 때문이다.

복음의 구심성은
언약 자리에서 만남이다

1) 복음의 핵심

십자가 복음은 기독교의 심장을 이루는 핵심이다. 이 복음은 하나님이 이루신 언약의 모든 내용을 담고 있다. 복음의 정중앙에 그리스도의 십자가가 있는 까닭이기도 하다. 우리는 십자가에 담긴 언약을 믿음으로 받아들이고 하나님의 비밀인 지혜의 성령을 통해 깨닫게 된다. 이 과정은 궁극적으로 하나님의 능력인 십자가의 길에서 우리와 함께하시는 그리스도를 만나는 기쁨을 누릴 수 있도록 한다.

복음의 중심에는 예수 그리스도가 계시기 때문에 그리스도를 통해 하나님께서 이루신 일, 즉 십자가 사건 또한 내포되어 있다. 복음은 하나님께서 우리를 위하여서 하신 일들을 먼저 알려준다. 즉 성경을 통해 하나님의 아들 예수 그리스도가 이 땅에 육신으로 오신 것과 우리의 죄를 위해 십자가에서 피 흘리심으로 죄의 대가를 온전히 치르신 것, 죄인인 우리를 그 피로 깨끗하게 하셔서 하나님 앞에 의롭다 여김을 받게 하신 것이 그 내용을 이룬다.

그러나 인간중심으로 개인 구원에 초점을 맞추어 십자가를 이해할 때 이 십자가는 언약의 십자가로 이루어진 복음이 아니라 언약이 빠진 '나를 위한' 개인주의적 성향을 띄게 된다. 따라서 구원이 언약의 틀에서 벗어나는 순간 그리스도의 십자가는 개인 구원을 위한 용도이자 '나를 위한' 수단으로 전락할 수 있다. 하지만 구원의 목적은 하나님께서 아들 예수님과 언약을 맺으시어 자기를 찬송하는 언약 백성을 만드는 것에 있다.

십자가 복음을 전하는 일은 쉽지만은 않다. 사람들은 십자가를 통해 죄를 드러내거나 심판을 선포하는 말씀을 기뻐하지 않는다. 그동안 거짓되고 왜곡된 복음에 물들어 익숙해졌기 때문이다. 그 익숙한 만큼이나 진리에 역행하는 번영과 치유, 신비주의와 도덕주의, 율법주의로 빠져든 거짓된 복음에 심취하게 되었다. 그래서 참된 복음은 많은 사람에게 인기가 없다. 그들은 참된 진리의 복음에서 이유 모를 불편함을 느낀다. 대신에 자신에게 맞춤 설계되어 달콤하게 제공되는 거짓된 복음을 더 좋아한다.

복음의 진수는 십자가에 죽으심으로 사탄의 세력을 꺾으시고 자기 백성을 생명의 세계로 인도하시는 예수님을 바라보며 그동안 자신을 억눌렀던 죄와 형벌의 공포에서 벗어나 참 자유를 얻은 백성이 예수님을 주님으로 찬양하고 감사하는 데 있다. 이것이 하나님께서 그리스도의 십자가를 통해 성취하신 부요함이다. 결과적으로 그리스도 십자가의 대속이 기초가 되어 화목과 구속, 칭의와 화평이 이루어진다. 예수님이 지신 십자가는 용서와 심판을 동시에 보여주는 독특한 사건이다. 이 사건은 사탄의 권세를 영원히 심판하신 일인 동시에 자기 백성의 죄를 대신한 죽음이기에 십자가를 통해서 영원한 사죄가 발생한다.

십자가 복음은 예수님의 죽으심과 부활을 모두 포함한다. 만약 부활이 없다면 그분의 죽음에 의해 아무것도 성취될 수 없다. 하지만 십자가 복음은 승리가 성취를 이룬 곳, 즉 십자가를 강조한다. "다 이루었다"라는 말씀이 선포된 곳이 십자가이다. 부활하시면서 "다 이루었다"라고 말씀하신 것이 아니며, 승천하시면서 "다 이루었다"고 말씀하신 것도 아니다. 죄와 죽음으로부터 우리를 구원하는 것은 부활이 아니라 십자가의 죽음이며, 부활은 그것에 대한 확신을 우리에게 심어줄 뿐이다.

따라서 십자가를 패배로 여기고 부활만을 승리로 간주하는 생각은 잘못된 것이다. 하나님이 말씀하시는 부활은 예수님의 십자가와 연결된 차원의 것으로, 십자가를 거부하는 것은 부활을 거부하는 것과 직결된다. 즉 부활은 예수님의 십자가 사건을 무효로 돌리는 것이 아니라 중심 내용으로 포함한다. 따라서 성경은 그리스도의 십자가와 부활이 분리될 수 없음을 가르쳐준다. 십자가에서 이루신 모든 일이 부활로서 확증되기 때문이다. 성경이 십자가를 강조하는 이유는 그리스도께서 십자가를 통해 모든 저주와 사망의 원인이 되는 죄를 처리하셨기 때문이다. 이처럼 예수님이 십자가에서 흘린 피는 구원의 능력이며 복음이다. 따라서 십자가 없는 부활이나 하나님 나라를 선포하는 것은 거짓 복음을 선포하는 것과 같다. 십자가에서 그리스도에 의한 성취는 우리에게 승리를 가져다주었다.

> "또 범죄와 육체의 무할례로 죽었던 너희를 하나님이 그와 함께 살리시고 우리의 모든 죄를 사하시고 우리를 거스르고 불리하게 하는 법조문으로 쓴 증서를 지우시고 제하여 버리사 십자가에 못 박으시고 통치자들과 권세들을 무력화하여 드러내어 구경거리로 삼으시고 십자가로 그들을 이기셨느니라"(골 2:13-15).

성도는 그리스도의 승리 안으로 들어가서 그 승리의 유익을 함께 즐길 수 있다. 그리스도께서 우리를 율법과 육신, 세상과 죽음으로부터 자유롭게 하셨기 때문이다. 그리스도인이 하나님과 맺은 친밀한 관계의 특징은 담대함과 사랑, 기쁨이다. 십자가 앞에서 우리는 자신의 가치와 무가치함을 동시에 느끼는 역설을 경험한다. 우리를 위해 죽음까지 감당하신 그분의 깊은 사랑과 그분을 죽음에까지 이르게 한 우리의 큰 죄를 동시에 깨닫기 때문이다. 따라서 우리는 창조되고 타락했으며 구속된 자신을 존중하는 동시에 죄와 악한 소유욕, 무사안일만을 추구하는 자신을 부인해야 한다.

그리스도의 십자가가 미친 영향력으로 인해 구원과 체험, 전파, 대속, 박해, 거룩, 자랑이 우리 삶 속에 나타나게 된다. 따라서 그리스도를 설교할 때 우리의 대속자는 천지 만물을 창조하신 하나님이 아니라 오직 하나님의 독생자로 육신의 몸을 입고 이 땅에 오신 예수님뿐이라는 사실을 강조하는 것이 중요하다. 십자가는 하나님이 죄인일 수밖에 없는 인간들에게 자신의 사랑과 희생을 나타내고 보여 주는 사건이다. 우리는 십자가에 달리신 그리스도의 권위 아래 오도록 부르심을 받았다.

2) 십자가로 통일

언약의 십자가가 신약에 등장하는 기존의 모든 개념과 인간의 지혜를 부서뜨린 것처럼 구약에서는 당시의 모든 우상과 거짓 종교를 파괴하는 역할을 감당했다. 또한 모든 것을 그리스도로 통일하기 위하여 언약이 주어졌다. 그리스도께로 통일을 이루는 것이 언약의 목적이기 때문이다(엡 1:10, 4:6, 골 1:18).

성경의 역사는 언약이 중심이 되어 그리스도로 통일되는 구속의 역사이며 교회는 이러한 구속 역사 과정 가운데 존재한다. 그 핵심에 있는 '하나님의 언약'은 인간에 대한 하나님의 모든 계획을 총괄한다. 하나님의 언약은 구약시대와 신약시대로 나뉘지만 동시에 점진적이며 구체적이고 발전적 성격을 갖고 있다. 따라서 성경의 역사는 언약의 역사다. 노아부터 그리스도까지 성경에 기록된 구속사 중에서 하나님의 언약 관계에서 벗어나 있던 기간은 없었다. 결국 구약의 역사는 하나님 언약의 예언과 성취를 통해 그리스도를 증언하는 여정의 역사다. 노아 언약, 아브라함 언약, 모세 언약, 다윗 언약, 새 언약 등에서 언약이 지시하는 것은 하나님의 영광을 회복하기 위한 거대한 창조 경륜과 구속적 계획의 실현이다. 따라서 인류 역사에는 하나님의 언약이 존재하며 세상의 일반적인 모든 역사 역시 언약 중심으로 해석될 수 있다.

하지만 죄인 된 인간이 만들어 온 역사는 본성적으로 그 언약을 벗어나려는 경향이 있다. 하나님을 떠나 나그네로 떠도는 인간들은 하나님의 구속사적 경륜으로부터 끊임없는 탈출을 시도하기 때문이다. 그 결과 인간은 하나님 뜻과 관계없이 죄악의 역사를 만들게 된다. 하나님이 언약의 말씀을 떠난 인간들의 죄악 역사를 어떻게 심판하시는지 노아 시대의 홍수 심판을 보면 알 수 있다. 하나님의 언약은 인간의 생명을 위한 것이지만 언약에서 벗어난 인간의 역사는 영원한 죽음을 향해 나아갈 따름이다.

구약에 등장하는 약속의 땅은 언약의 원칙이 적용된 곳의 모형으로 장차 도래할 하나님 나라를 보여준다. 신약에 나타나는 천국은 언약 완성의 영역이다. 하나님께서는 이스라엘 백성이 언약을 깨닫게 하려고 곧바로 약속의 땅으로 인도하시지 않고 험한 광야로 이끄셨다. 언약을 알지 못한 채 약속의 땅에 들어가면 언약으로 통치되는 약속의 땅에서 살아갈 권리가 사라지게 되기 때문이다.

광야생활의 험난함을 견뎌야 하는 이스라엘 백성은 낮에는 구름기둥으로, 밤에는 불기둥으로 인도함을 받았다. 광야생활을 통해 하나님께서는 인간 속의 거룩하지 못한 것들을 끄집어내었으며 '언약의 본질'을 펼쳐 보이셨다. 이스라엘 백성의 죄는 극심한 상황과 형편에 불평하고 원망하는 것이 아니라 언약을 모르고 언약의 하나님을 모르는 것이었다. 하나님께서는 어떠한 환경과 형편에서도 하나님의 언약을 깨닫고 감사하는 이스라엘이 되기를 원하셨다.

구약시대의 사람들은 하나님의 언약 안에서 언약을 바라보았지만 예수님 시대의 그리스도인은 예수님에 의해 성취된 언약 안에서 주님을 바라보았다. 그 언약 안에는 인간의 죄성을 폭로하는 기능과 그것을 용서하시는 하나님의 일방적인 긍휼이 들어 있다. 그러므로 구약이나 신약이나 시대를 초월하여 언약 안에서 구원받은 자로 살아갈 수 있다. 따라서 그리스도인은 생존을 위해 존재하는 자들이 아니라 하나님께서 자기 언약에 따라 일관성 있게 일을 이루어가고 계심을 증명하기 위해 부르심을 받은 자들이다. 모든 것이 하나님의 언약대로 이루어진다는 깨달음과 하나님 언약의 말씀에 대한 집중은 우리를 그리스도에게로 향하게 만든다. 따라서 언약의 복음은 그리스도 안에서 통일된 십자가 복음이며 우주 만물에 충만하게 드러나는 복음의 능력을 나타낸다. 언약이 다양한 특성을 보일지라도 그 본질은 연속적이고 통일적이기 때문이다.

노아 언약은 땅의 회복에 대한 것이다. 은총의 증거는 정결한 짐승의 희생이다. 언약을 거부하는 자는 덮어줌의 원리를 알지 못한다. 아브라함 언약은 복의 민족 출현에 관한 것이다. 은총의 증거는 할례받은 자식의 희생이다. 언약을 거부하는 자는 선택 행위를 무시하고 혈통 우선권을 주장한다. 모세 언약은 율법을 어겼지만 베풀어진 긍휼에 관한 것이다. 은총의 증거는 법궤에 뿌려진 피에 있다. 언약을 거부하는 자는 이방 나라이며 하나님이 오직 이스라엘을 선택한 것에 반기를 들었다. 다윗 언약은 선택된 왕이 따로 존재함에 있다. 은총의 증거는 성전과 선지자의 고난이다. 언약을 거부하는 자는 힘으로 유지되는 국가와 종교를 수립하고자 한 정치적 왕들이다.

새 언약은 심판주가 이 땅에 내려오심에 관한 것이다. 은총의 증거는 예수님의 십자가 죽음과 부활이다. 언약을 거부하는 자는 자기의 종교적 의와 성과를 축적하며 인간에게 선한 가능성이 있음을 고집한다. 성경은 '예수님이 누구신가'를 보이기 위한 언약의 말씀이다. 따라서 성경에서 말하는 복음은 '예수님의 활동'을 중심으로 펼쳐진다. 그리스도인을 통하여 예수 그리스도의 십자가 복음이 증거 될 때는 이 중심에서 벗어난 세력과 끊임없는 영적 투쟁이 일어난다. 이 땅에서 영적 투쟁이 벌어진다는 것은 우리가 구원받았음을 확인 해주는 현상이다. 구약성경 전체는 예수님의 십자가 사건의 내막을 증거한다. 엘로힘 하나님께서 언약을 주시고 그 언약을 성취하실 때 는 여호와 하나님으로 일하신다. 이스라엘 백성의 탄생과 인도하심 에 여호와 하나님이 나타나시는 이유가 여기에 있다. 전쟁은 여호와 께 속한 것으로 약속으로 오시는 분이 이루시는 과정이다.

이제 구원을 얻은 자들에게는 탐욕과 정욕을 못 박은 십자가가 출발점이지 중심이 된다. 유대 신학처럼 신약을 부정하고 구약을 해 석하는 것에는 많은 위험이 따른다. 구약과 상관없는 신약의 내용 또 한 존재하지 않는다. 구약의 뿌리를 찾기 위해서 '그리스도 완성 복 음'은 구약이 아니라 신약에서 시작해야 하며 '예수님의 십자가'는 그 출발점이 된다. 십자가는 모든 말씀을 성취하신 내용을 담고 있으 므로 완성으로 미완성을 비추면 그 부분이 완성을 향하고 있다는 것 을 알 수 있다. 완성된 세계 속에서 살아가는 우리는 그 완성을 누가 어떻게 이루셨는지 확인하는 삶을 살면서 항상 회개와 함께 감사 찬 양만 터져 나오는 기쁨을 누릴 수 있다.

주님의 영광을 위하여 부르심을 받은 그리스도인의 믿음 속에는 하나님의 계시가 담겨 있다. 이는 하나님 말씀의 능력이 그 사람 안 에서 발휘되어 일하시는 주님의 도구가 된 것이다. 그리스도인의 삶 은 자신이 결정하는 것이 아니라 자신 속에 들어와 있는 말씀이 결정 짓는 삶이다. 예수님을 믿는다는 것은 그리스도인이 새로운 능력을 소유하는 것이 아니라 하나님과 새로운 관계(언약 관계) 안에 놓인 상태가 되었다는 뜻이다.

믿음이란 눈에 보이지 않는 예수님을 믿는 것이며 예수님 때문에 변화된 세상의 특징을 믿는 것이 아니다. 따라서 복음을 전할 때 예수 그리스도를 증거하는 것이 중요하다. 이때 예수님을 증거하는 자신을 증거하는 것에 조심해야 하며, 마찬가지로 예수님으로 인해 일어난 변화에 주목하여 성경을 해석해서도 안 된다. 축복과 저주의 중심은 인간이 아니며 예수 그리스도께서 이루신 복음이 중심이 되어 은혜로 축복이 주어질 뿐이다. 따라서 그리스도인이 전하는 예수님의 십자가 복음을 거부하는 자는 저주를 받는다. 그리스도는 시작부터 끝까지 신실하고 성실하게 언약을 이루신다. 처음과 끝, 그 사이의 모든 과정이 그리스도이시다.

"이는 만물이 주에게서 나오고 주로 말미암고 주에게로 돌아감이라. 그에게 영광이 세세에 있을지어다 아멘"(롬 11:36).

그리스도의 십자가 성취는 그리스도의 인격과 사역이므로 구원뿐만 아니라 완전한 계시로 이해되어야 한다. 십자가는 구원 사건인 동시에 계시의 사건이기 때문이다. 하나님께서는 십자가에서 하신 일을 통하여 세상을 향하여 말씀하신다. 인간이 행동을 통해 자기 성격을 드러내듯이 하나님도 아들의 죽음 속에서 우리에게 자신을 보여주신다. 십자가는 사역이 될 뿐만 아니라 말씀이 되기도 한다. 십자가를 통해 죄의 처벌과 죄인의 용서, 악의 무너짐과 인류의 해방, 죽음의 파괴와 죽음의 세력을 잡은 마귀들의 멸망, 하나님과의 화목, 온갖 피조물의 회복, 마지막으로 생명과 썩지 아니할 것이 복음을 통해 드러나는 일이 성취된다(사 53:6, 골 2:15, 히 2:14, 딤후 1:10, 엡 2:14-16, 골 1:20).

이 모든 것이 〈그림 1〉에서와 같이 십자가에서 통일(엡 4:6)되어 성취되었고 부활로 확증되었다. 예수님의 죽음으로 다 이루심을 믿는 자에게는 영원한 생명을 주시고, 그리스도가 누구인지 알게 하는 '참지식'(요 17:3)을 갖게 하시며, 그리스도의 몸으로 이끌어 주신다. 그리스도를 중심으로 통일된 십자가 복음의 효력은 시공간을 초월하여 만유 안으로 충만하게 적용되고 영향을 미친다(엡 4:8-10). 십자가는 그리스도의 유일한 실재이자 사건이며 동시에 우리 모두의 실재이자 사건이다. 십자가의 성취는 십자가 본질인 심판과 사랑을 나타내며 전인적인 구원으로서 죽음과 누림을 동시에 가져다준다. 이러한 성취의 승리는 죄와 사탄에 대한 승리인 동시에 육체와 세상에 대한 승리로서 자아로부터의 해방을 안겨준다.

그리스도의 십자가는 하나님의 영원한 계획을 이루기 위해 절대적으로 필요하다. 인간을 죄에서 구원하는 유일한 방편으로 하나님의 사랑과 거룩하심을 모두 만족시키기 때문이다. 또한 십자가는 우리를 구원하는 핵심 요소이다. 사도 바울은 "나는 십자가 외에는 알지 아니하기로 작정했다"고 말했다(고전 2:2). 어떤 이유로 바울이 저주받아 죽임당한 예수님의 십자가에만 관심을 가지는지 깊이 생각해 볼 필요가 있다. 이는 언약의 핵심인 십자가를 성경의 중심 내용으로 보아야 하는 당위성을 말해주기 때문이다. 예수님께서 십자가에서 저주받아 죽으신 것을 기쁜 소식(복음)으로 전파하고 이 세상이 불 심판의 대상인 것을 외치는 이유가 여기에 있다.

【그림 1】 그리스도 안에서 통일과 만유 안으로 충만

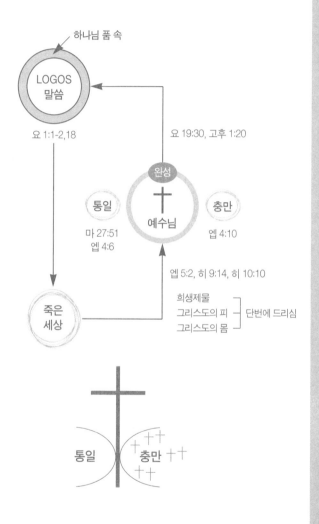

3) 언약의 자리

복음은 언약의 자리가 모든 출발점임을 알려준다. 그리스도인의 출발점은 자기 자아도 아니며 다른 피조물도 아니다. 하나님이 인도해주신 곳에서 출발해야 한다. 그 자리가 바로 언약의 자리이다. 본래 하나님의 계획은 인간 구원이 아니라 자신의 '언약 세우기'에 그 목적을 두고 있다. 언약의 자리가 중요한 이유는 하나님께서 천지를 창조하실 때의 원리가 언약에 그대로 전수되어 내려오기 때문이다. 대자연마저 언약을 드러내는 배경으로 움직인다. 자연 세계도 언약을 중심으로 돌아간다. 이스라엘이 존재하는 이유는 언약을 이 세상에 구체화시켜 펼쳐 보이기 위한 것이다. 하나님께서는 언약을 지키는 데 필요한 일꾼들과 백성을 친히 찾아오신다. 하나님의 관심은 우리의 구원에 집중되어 있지 않으며 오히려 언약을 세우는 데 있다. 구약을 보면 이 언약이 얼마나 차근차근 성취되고 있는지를 알 수 있다.

그리스도 외에 그 누구도 하나님이 원하시는 언약을 이룰 수 없다. 언약을 이룰 능력도 없는 자들이 언약을 이루신 분을 죽이는 사건 자체가 하나님께서 진정으로 원하시는 언약의 진수다. 거짓이 참을 공격한 사건이 바로 '십자가 사건'이다. 이 일의 배후에는 정사와 세상의 권세자, 그리고 이 세상의 신이 있었다.

이삭은 아브람이 아브라함으로 바뀌는 생성의 자리(언약의 자리)에 등장하여 아브람을 대신한다. 또한 이삭은 홍수가 끝난 후 희생제물이 될 정결한 짐승과 정결한 새의 기능을 감당해야 할 인물이기도 하다. 자식의 할례가 아버지를 살린(출 4:24-25) 셈이다. 이러한 과정을 거쳐 그리스도에게 이르면 예수 그리스도만이 언약의 자리에 있어야 할 유일한 아브라함 자손이 된다(갈 3:16). 그리스도만이 모든 그리스도인의 언약적인 바탕이 되는 것이다. 이런 토대 위에 아브라함의 모든 행위는 믿음이 된다. 그래서 "믿음으로 구원받는다"는 말은 "언약적 죽음 안에서 구원받았다"는 말과 같은 의미를 얻는다. 이렇게 구원받은 자는 "나 예수 믿습니다"라고 말하며 자신의 믿음을 자랑하지 않는다. 대신 "나는 저주받아 마땅한데, 어찌 이런 일이 일어났지. 예수님을 믿게 되다니!" 하면서 그리스도의 증인이 되고 예수님을 자랑한다(갈 6:14).

언약이 없는 이방인들의 과학적 사고방식으로는 홍해가 갈라지고 여리고 성이 무너지는 사건을 이해할 수 없다. 과학적 설명을 요구하는 것 자체가 이미 언약 없이 설명하려는 불신의 태도를 드러낸다. '아브람(불신)'은 '아브라함' 되기 위한 하나의 재료가 되는데 이 속에서 '하나님의 의'가 생성된다. 아브라함은 '의'의 재료(역할)로 부름을 받았다. 아브라함이 된 후 아브라함 처지에서 다시 아브람을 생각하고 변화된 과정을 소급해서 보는 것이 '믿음'이다. 이러한 믿음은 자신의 의도나 기대, 행함이 전혀 담겨 있지 않다. 언약의 주체이신 그리스도 중심에서 나온 이 사건은 믿음이 발생하는 사건이기도 하다. 자기중심을 유지한 채 주님의 중심을 받아들일 수는 없다. 따라서 주님 앞에서 살아가는 그리스도인이라면 자기중심적인 모든 모습이 '죄'라는 사실을 낱낱이 드러내는 것에 대해 부끄러워하지 않으며 오히려 감사하게 된다.

이를테면 아브라함 속에서 죽을 때까지 아브람 요소가 사라지지 않는 것과 같다. 오히려 그 요소가 시시각각 들통나면서 회개와 감사가 나오게 된다. 왜냐하면 세상에 사는 동안에 하나님께 드려지는 십자가를 증거하는 '산 제물'이 되어야 하기 때문이다. 사라는 '사래'

를 잊을 수 없고, '사래' 라는 이름으로 살았던 시절의 '하갈' 을 잊을 수 없다(갈 4:22). 이는 '상호관계성' 으로 독자적으로는 의미가 발생하지 않는다. 정반대되는 개념 앞에서 자신의 위상이 정립된다. 하갈이나 사래나 다 같은 인간이지만 하나님께서는 인간이 주장하는 '인간' 이라는 개념을 인정하지 않고 '기능적' 으로 다루신다. 당연히 그리스도 중심의 언약을 위한 기능이다. '그리스도가 누구신가' 를 위해서 '언약 중심' 으로 역사를 이끌어 가신다.

그리스도 되신 예수님은 그 누구보다 먼저 나신 분이다(골 1:18). 이미 창세전에 '하나님의 형상' 으로 먼저 나신 분이다. 그리스도는 역시의 시공간에 얽매이지 않는 자유' 로서 역사 해석을 주관한다. 이러한 개념에 따르면 '인간을 하나님의 형상' 이라고 주장하는 정통적인 신학적 견해는 거짓이 된다. 왜냐하면 예수님만이 유일한 하나님의 형상' 이기 때문이다(골 1:15). 그래서 인간은 '존재론적으로' 하나님의 형상이 될 수 없고 '기능적으로' 하나님 형상의 역할을 하게 된다.

성경은 구원파에서 주장하듯 인간의 구원을 위한 책이 아니며, 오늘날 일부 교회에서 주장하듯 하나님이 인간을 구원하거나 사랑하기 위해서 쓰신 것도 아니다. 오직 예수 그리스도의 주되심과 하나님의 아들되시는 예수님을 사랑하는 말씀이 바로 성경이다. 하나님께서는 처음부터 예수 그리스도 중심으로 세상을 이끄시기를 원했다. 그래서 그리스도 안에서 예정 선택되었고 창조된 것이다(엡 1:4).

주님께서 천지 만물을 창조하신 까닭은 창조 이전에 이미 계획된 그리스도 안이라는 목적을 달성하기 위해서다. 따라서 인간의 구원자체가 하나님의 목적이 아니다. 하나님께서 에서를 미워하여 지옥으로 보내고 야곱을 사랑해서 천국으로 보내는 모습은 얼핏 불합리하고 불공평하게 보인다. 하지만 예수님은 미움과 사랑이라는 두 가지 속성을 모두 가진 분으로, 천국과 지옥은 일방적으로 누군가를 미워하거나 사랑할 권리가 주님께 있음을 보여주기 위해서 존재한다.

하나님께서는 '예수 그리스도 중심'을 통해 '아들의 죽음을 보라'고 요구하신다. 하나님께서는 죽음으로부터 나오시지만 자신이 등장하기 전에 먼저 이스라엘부터 나오게 하신다. 이스라엘은 장차 오실 예수님의 모형으로서 하나님의 아들이기 때문이다. 하나님께서는 이스라엘을 "내 아들, 내 장자라"고 부르셨다(출 4:22).

하나님께서는 요셉의 은혜를 잊어버린 바로 왕을 앞세워 히브리인들을 바로 왕의 권세 속에 갇히게 했다. 그 후 모세를 보내서서 바로에게 이르기를 "여호와의 말씀에 이스라엘은 내 아들 내 장자라. 내가 네게 이르기를 내 아들을 보내"야 된다고 말씀하셨다. 아들은 존재 자체만으로 아들이 되는 것이 아니다. 아들 된 자는 갇힘의 상황에서 해방을 구체적으로 실현하며 보여주어야 한다. 이러한 구체화 과정에서 죽음의 사건은 히브리인들과 결부되어 어린 양을 죽여 문설주에 피를 바른 장면까지 연결된다. 바로 이 어린 양이 아들이다. 이 어린 양을 믿을 때 비로소 믿는 자들은 하나님의 이스라엘로서 아들이 되는 것이다. 비록 이스라엘이 장자라고 불렸지만 로마서 8장에 따르면 맏아들은 예수님밖에 없다. 성령께서 기도하시는 이유는 맏아들을 본받아 미리 아신 자들을 부르시고 의롭다 여기시며 영화롭게 만들기 위해서다. 즉 맏아들의 형상을 분명히 본받게 하기 위해서(롬 8:29)다.

이처럼 하나님의 관심은 맏아들에게 향해 있다. 하나님께서는 '누가 이 세상의 주가 되시는지'를 보여주기 위해 주의 형상대로 모든 피조세계를 만들어 놓았다. 언약을 통해 인간은 하나님의 아들을 어디에서 찾을 수 있는지, 이미 죄의 지배를 받는 인간세계에서 하나님이 어떻게 임재하시는지 알 수 있다. 그곳은 바로 죽음이며 동시에 십자가이다.

>>> CHAPTER · 03

그리스도 완성
설교 방법을 익혀라

그리스도로 통일(완성)된 십자가 복음은 온 우주로 전파되어야 한다. 십자가 완성 복음 단위는 구약과 신약, 창조와 종말, 땅끝과 영원까지 이어지며 그리스도 십자가를 증거한다(요 1:14, 행 1:8, 엡 1:23, 4:10, 골 3:11).

구속의 역사는 선제적으로 주어진 하나님의 약속을 이루어가는 과정으로, 하나님의 약속 성취를 방해하는 죄악을 역사 속에서 밝히 드러내 심판함으로써 약속하신 말씀을 이루어내서서 하나님의 선택된 백성을 구속하는 방향으로 진행된다. 약속이 이루어진 완성의 자리에서 약속의 성령을 보내시고, 성령을 받은 주의 백성들은 주님의 영광과 머리 되심을 증언한다.

이 모든 일을 위하여 하나님께서는 자신을 낮추셔서 역사 속에 있는 우리에게 찾아오셨다. 하나님께서 우리를 창조하고 찾아오셨으며 언약을 통해 계속 세상을 간섭해 가신다. 또한 '성경'이라는 계시로 우리에게 자신의 존재와 그 내용을 드러내셨다. 계시 속에는 '신의 존재'와 '존재의 내용'이 충만하게 담겨 있다. 십자가 지신 예수님은 계시를 통해 언약을 주시고 계시 언약을 성취하는 주인공이 누구인지 분명하게 알려주신다. 언약이 출발점이 되어야 하는 이유가 바로 여기에 있다. '언약'이 아니고서는 언약의 완성이신 그리스도의 십자가로 우리를 찾아오신 '참 하나님'을 발견할 수 없기 때문이다. 언약 밖의 하나님은 존재하지 않는 우상에 불과할 뿐이다.

구속사든 보편사든 우리가 역사를 정립하는 방법으로는 그리스도의 사역과 그 의미를 온전히 이해할 수 없다. 그 까닭은 인간 스스로 역사 자체에서 계시를 읽을 수 있는 능력이 없기 때문이며, 참된 계시를 배척하는 속성에 매인 채 살아가고 있기 때문이다. 따라서 하늘에서 오신 의인이 나타나야 한다. 십자가 사건은 엄밀히 말하면 인간의 인식 근거가 되는 역사 속에서 이루어지는 인간 중심의 구속사 사건이 아니라 하늘에 계신 분이 역사 속에서 말씀을 성취한 사건이다. 즉 예수 그리스도 선포의 목적은 하나님의 구속사를 완성해서 인간을 구원하기 위함이 아니라 하나님의 모든 말씀이 계획하신 대로 "그리스도 중심으로 다 이루셨다"라고 선포하는 것에 있다.

성경은 예수 그리스도 중심이다. 성경의 주제는 그리스도께 영광을 돌림으로써 하나님이 영광을 받으시는 것이다(요 17:1). 사도 바울이 사도가 되기 전에 가지고 있던 신앙관은 바로 유대교적 구속사였다. 이러한 구속사적 관점은 성경을 하나님 나라, 혹은 하나님 나라의 창조성 회복을 중심으로 전개되는 것으로 바라본다. 궁극적으로 이러한 관점은 죄인인 인간이 구원 욕망을 품은 채 구원을 목적으로 성경을 바라보는 것이기 때문에 참된 신앙관이라고 볼 수 없다.

예수님은 피조 된 '때'(시간)를 성취하신 분이 아니라 영원하신 '말씀'과 하나님의 뜻을 성취하신 분이다. 하지만 실행의 '때'가 있다는 것 또한 분명하다. 즉 예수님은 특정한 때를 기다리시기는 했지만 그 '때'를 위해 오신 분은 아니다. 이처럼 예수 그리스도의 인격이나 사역보다도 인간 중심의 구속사라는 시간적 요소를 절대적 계시의 내용으로 바라보는 것은 유대교적 사고의 틀을 가진 채 예수님 말씀의 본질에 접근하려는 것이다. 바리새인의 말씀 해석은 시간의 흐름에 따라서 이루어졌다(마 22:41-46). 하지만 궁극적 목적을 지향하는 이러한 역사 인식은 메시아 앞에서 붕괴되고 만다. 예수님은 인간의 말씀 해석을 포함한 모든 것을 죄라고 규정짓고 부정해 버리셨기 때문이다. 또한 다 이루시는 십자가의 능력이 인간으로부터 출발하는 것을 부인하기 때문이다.

인간 중심의 구속사가 갖는 함정이 무엇일까? 그리스도를 보여주고자 일어난 십자가 사건이 역사의 중심을 보여주는 사건으로 변질되어 간다는 것이다. 십자가 사건은 인간 구속사 중심의 사건이 아니다. 만물 위의 세계에 계신 분이 말씀을 성취하는 사건이다. 예수 그리스도의 복음 선포는 신적 구속사를 완성해서 인간을 구원해 내는 것에 있지 않다. 하나님의 모든 말씀이 그리스도를 중심으로 다 이루어졌다는 내용을 선포하는 것이다. 그리하여 교회의 머리 된 그리스도를 통하여 구원받은 자들 또한 그리스도를 위하여 선택된다. 그리스도는 하나님의 뜻을 '다 이루심' 속에서 이루심을 증언할 자를 부르신다. 즉 이 부르심을 입은 자가 구원받은 자(다 이루심의 세계에 참여하여 다 이루심을 증언할 자)이다.

그러므로 인간 중심의 구속사 체계나 이론 신학의 체계는 참으로 허구적이다. 그것은 구원 사건의 실제적 재현이 아니다. 흔히 이야기가 따라붙는 인간 중심의 구속사라는 시나리오에 불과하다. 즉 실제 구원 사건의 발생을 매우 모호하고 낯설게 여기고 중심에서 주변으로 몰아내는 것이다. 이처럼 인간 중심의 구속사의 가치는 구원 사건의 실제적인 발휘가 아니라 구원 사건의 의미를 수집하고 자신의 구원을 대입시켜 구원에 대한 확신을 확인하려는 인간 욕구의 실현이다.

자신의 구원을 인간 중심의 구속사에 적용하는 '역사의식'은 자신이 살아 있는 동안 사후세계를 확장하고 죽어가는 자신에게 영원한 의미를 부여하는 예비 작업을 하는 것과 같다. 다시 말해 '역사'라는 구원의 방주를 지어 놓고 거기에 전심전력을 다하는 것이다. 이처럼 인간은 마음속에 붙들어 놓은 영혼의 고리를 끊어내고 존재하지 않는 곳에서 자아를 찾는다. 이것이 바로 역사 만들기이며 허구일 수밖에 없는 이유이다. 이 허구는 자신만의 이야기를 낳기 때문에 구원 역사는 사라지고 오직 역사적 이야기만 남는다.

여기에 대비되는 묵시는 역사의 시간의 흐름을 초월하여 '영원'을 이루는 하나님의 '언약 작용'을 가리킨다. 역사적 의미를 지워가는 묵시적 활동 안에서 진리는 구별된다. 하나님의 언약 활동은 인간이 가진 육신의 욕망을 명확하게 드러내기 때문에 사람들은 어떤 행위로도 의롭다고 할 수 없다. 하나님의 계시 언약은 인간의 역사의식을 단절(불연속)시키고 하나님 역사의 지속적인 활동(연속성)을 이루어간다(〈그림 2〉 참조).

계시는 시간 순서대로 일정하게 흐르지 않는다. 구원의 서정을 따라 시간의 흐름을 따르지 않는다. 어떤 시간은 천년이 하루 같고

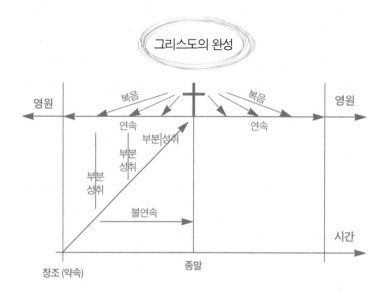

【그림 2】 연속과 불연속

하루가 천년 같다. 하루가 천년처럼 길게 확장되기도 한다. 시간이 확장된다는 것은 그 시간 속에 더욱 많은 사건이 일어날 수 있다는 것을 뜻한다. 단지 하루 만에 천년에 걸쳐 일어날 수 있는 일들이 발생할 수 있다. 천년이 걸릴 것 같은 역사가 하루 만에 이루어질 수 있고 한순간에도 천년의 변화가 일어나기도 한다. 예수 그리스도의 십자가 사건은 '그 순간'이 하나님의 시간(카이로스)이기 때문에 인류 역사 '수천 년'의 방향과 의미를 결정할 수 있다.

카이로스(kairos, historic)는 하나님께서 의도하신 시간과 역사 및 하나님의 능력으로 의미 있는 사건의 시공간이다. 반면 크로노스(chronos, historical)는 물리적인 시간으로 우리가 일상적으로 살아가는 시공간인 동시에 자연의 법칙이 적용되는 시공간이다. 오스카 쿨만과 헤르만 리델보스는 성경에서 하나님의 계시가 실제 역사와 철저히 결부된 것으로 본다. 묵시의 작용이 진행되는 중요한 순간들인 구속적 사건의 문맥은 역사 바깥의 어떤 영적 영역이 아니라 실제 역사에서 일어난다는 것이다.

우리는 성경 전체를 영적으로 이해하지 못하기 때문에 모두 역사로 전환 시켜 놓고 역사를 이해하는 방식으로 계시를 읽고자 하는 경향이 있다. 시공간에 얽매인 피조물로서의 인간은 성경 본문을 구원 역사가 진행되는 역사적 맥락에서 이해하려고 하기 때문이다. 즉 자신의 행함으로 지난 역사를 계속 이어 나가면서 그것을 곧 구원의 반열에 참여한 것으로 간주하고 싶어 한다. 이러한 이유로 역사를 거꾸로 읽어가며 묵시 사건으로 통합시키는 사도들의 성경 해석법을 이해할 수 없는 것이다. 예수님의 죽음에 적극적이었던 신학자들의 견해가 바로 이런 역사적 이해에 토대를 둔 성경 해석법이었다. 그들은 역사를 통해서 구원을 확신하고자 했다.

"요한이 그에 대하여 증언하여 외쳐 이르되 내가 전에 말하기를 내 뒤에 오시는 이가 나보다 앞선 것은 나보다 먼저 계심이라 한 것이 이 사람을 가리킴이라 하니라"(요 1:15).
"바리새인들이 모였을 때에 예수께서 그들에게 물으시되 너희는 그리스도에 대하여 어떻게 생각하느냐 누구의 자손이냐. 대답하되 다윗의 자손이니이다. 이르시되 그러면 다윗이 성령에 감동되어 어찌 그리스도를 주라 칭하여 말하되 주께서 내 주께 이르시되 내가 네 원수를 네 발 아래에 둘 때까지 내 우편에 앉아 있으라 하셨도다 하였느냐. 다윗이 그리스도를 주라 칭하였은즉 어찌 그의 자손이 되겠느냐 하시니 한 마디도 능히 대답하는 자가 없고 그날부터 감히 그에게 묻는 자도 없더라"(마 22:41-46).
"사랑하는 자들아 주께는 하루가 천 년 같고 천 년이 하루 같다는 이 한 가지를 잊지 말라"(벧후 3:8)

크로노스라는 시공간 속에 갇힌 우리와 만물을 초월하여 계시는 영원의 하나님과 만남이 이루어진다면 그 순간의 시공간이 참 신앙의 자리가 된다. 그 만남의 순간은 역사의 한순간에 불과할 수 있지만 영원하신 하나님과 만남이라는 의미에서 영원한 순간이며 영원으로 통합된다. 인간은 이 땅에서 불안 속에 있는 실존자로 살아갈 수밖에 없다. 죽음의 불안 속에서 살아가는 인간은 불안을 해소하기 위해 영원의 거룩한 영역을 등지고 시간적 영역의 삶을 살아가고자 한다. 마치 아버지 품을 두고 돼지우리에서 살았던 탕자와 같은 삶이다. 그런 인간을 위해서 하나님께서는 아들을 이 땅에 보내셨다. 영원, 곧 하늘에서 오신 인자인 예수 그리스도는 복음을 통해 자기를 믿는 자를 만물 위에 계신 하나님께로 인도한다. 이처럼 만물 위에 계신 하나님께로 나아가는 것이 참신앙의 실재이다. 영원에서 오신 그리스도 안에서 누리는 영원의 세계로 나가기 때문이다.

〈그림 3〉에서 볼 수 있듯이 성경에는 출애굽 주제가 많이 등장한다. 그중에 원형은 예수 그리스도의 출(出) 예루살렘(십자가)이다. 출애굽 주제는 그리스도 중심적 변혁을 말한다. 아브라함의 출애굽부터

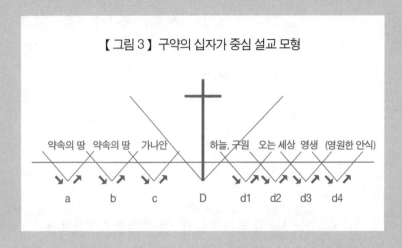

【 그림 3 】 구약의 십자가 중심 설교 모형

약속의 땅　약속의 땅　가나안　　하늘, 구원　오는 세상　영생　(영원한 안식)

a　　　b　　　c　　　D　　　d1　　d2　　d3　　d4

모세 세대의 이스라엘 백성들의 출애굽, 다윗의 출(出) 블레셋, 유대 민족의 출(出) 바벨론, 예수님의 출(出) 예루살렘(=성도들의 출(出) 죄악=출(出) 사망=출(出) 흑암=출(出) 사탄) 등 다양하게 등장한다.

　　많은 사람이 이 주제의 기초를 '모세 시대의 출애굽'으로 보고 있다는 점에서 가장 근본적인 출애굽은 예수 그리스도께서 출(出) 예루살렘하신 사건이다(눅 9:31). 따라서 모형론의 주요 적용 원리는 "사건의 이해는 구원사의 전진에 비추어 시대별로 이해하되 그 적용은 그리스도 중심(그리스도 완성)으로 하라"는 것이다.

　　기독교는 십자가에서 높이 들리신 그리스도, 곧 만물 위에서 만물의 주가 되신 그리스도를 믿는다(엡 4:6, 롬 9:5). 그러므로 예수 그리스도의 십자가는 만물 위, 영원하신 하나님에게로 들어가는 '영생의 문'이다. 영생을 얻은 자는 만물 위의 하나님과 연합되는 기쁨을 누린다.

그리스도 완성 설교는
성령의 적용 설교이다

1) 그리스도 완성 설교의 의미

그리스도 완성의 십자가 복음은 예수 그리스도께서 언약을 온전히 이루셨다는 것이다. 구약은 메시아 예수 그리스도에 대한 약속이며 예표이다. 신약은 약속에 대한 성취로서의 완성이다. 예수님이 마지막에 "다 이루었다"고 하신 것이 새 언약이기 때문에 그리스도의 십자가에서 언약 완성은 새 언약을 다 이룬 것이다. 따라서 전에 있는 언약은 옛 언약이 된다. 옛 언약은 옛사람과 관련되어 있고 새 언약은 새로운 피조물과 관련되어 있다. 새로운 피조물이 되지 아니하면 새 언약을 알 수 없는 까닭이 여기에 있다. 그리스도 완성의 설교는 그리스도께서 언약하신 내용을 완성하셨음을 나타내는 설교이다. 따라서 말씀이 이루어진 대로 해석하여 설교하는 것이다. 또한 이루어진 하나님의 일들을 '신약의 관점에서' 설교하는 것을 말한다.

2) 그리스도 완성 설교의 특징

예수 그리스도는 "알파이자, 동시에 오메가"이시다. 시작과 끝이 같이 존재하고 있다. 헬라어 어법에는 '시작 즉 끝'이라고 표현되어 있다. 우리는 시작하고 난 다음에 일정한 시간이 지나면 끝이 온다고 생각하지만 예수 그리스도의 오심이 시작이자 끝이다. 즉 시작과 끝이 공존한다. 우리는 그리스도 안에서 연합되어 새 창조가 열린 상태라고 할 수 있는 '이미' 그리스도 왕국에 속한 입장에서 성경을 보고 설교한다. 이는 구약의 모든 사건이 지향하고 있는 그리스도의 완성을 적용하여 성경을 기록한 사도적 해석처럼 신약을 설교하는 것이다. 또한 '보이지 않는 교회'인 그리스도의 몸을 통해 모든 신구약 성도의 연합을 나타내는 것이 성경 해석의 열쇠이자 적용임을 설교하는 것이다.

그리스도 완성 설교는 그리스도 안에서 하나님의 구속인 십자가가 이전에 가려진 모든 것을 드러냄을 강조하는 설교이다. 모든 것이 십자가로 통일되는 과정에서 인간의 욕망이 낱낱이 드러나며 이로 인해 피 흘리신 그리스도의 십자가를 바라보고 심판과 구원 완성의 자리인 십자가를 통해 재해석하여 그리스도의 완성 세계를 적용하는 설교이다. 하나님의 구속 역사 속에서 인간의 죄악으로 점철된 다양한 속성과 개념 및 존재들이 그리스도로 수렴(통일)된 십자가 사건을 공유하고, 십자가 사건 전에는 몰랐던 인간의 죄악이 성령에 의해 책망받으며, 그리스도 십자가를 증언하는 백성들로 가득한 '그리스도 안'이라는 교회 탄생을 설교한다.

〈그림 4〉에서 보듯이 구약은 여럿(many)에서 한 분(One)으로 줄어들고, 신약은 한 분(One)에서 여럿(many)으로 발전된다. 그 중심점에 그리스도가 있다. 구약의 많은 이스라엘 백성(many)이 남은 자들로 줄어들어 이사야서 40장 이후에 등장하는 여호와의 종과 다니엘의 인자(단 7:13-14)로 핵심화된다. 물론 이는 예수 그리스도 한 분(One)을 가리킨다. 신약시대에는 바로 이 그리스도 한 분(One)이

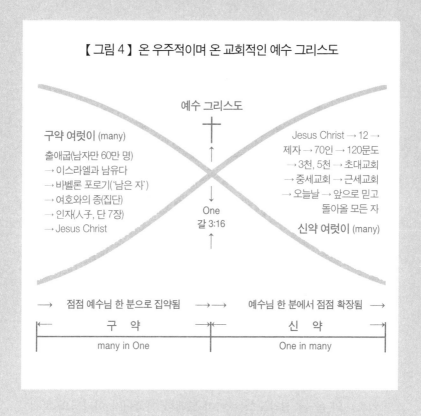

【그림 4】 온 우주적이며 온 교회적인 예수 그리스도

예수 그리스도

구약 여럿이 (many)

출애굽(남자만 60만 명)
→ 이스라엘과 남유다
→ 바벨론 포로기('남은 자')
→ 여호와의 종(집단)
→ 인자(人子, 단 7장)
→ Jesus Christ

One
갈 3:16

Jesus Christ → 12 →
제자 → 70인 → 120문도
→ 3천, 5천 → 초대교회
→ 중세교회 → 근세교회
→ 오늘날 → 앞으로 믿고
돌아올 모든 자

신약 여럿이 (many)

→ 점점 예수님 한 분으로 집약됨 →→ 예수님 한 분에서 점점 확장됨 →

구 약 ┼ 신 약

many in One | One in many

열두 제자, 칠십 인의 제자, 백이십 문도, 삼천 명, 오천 명, 아시아 일곱 교회로 불어나 세계교회를 이루는 많은 사람(many)으로 새 이스라엘을 이루어 나가는 것을 볼 수 있다(갈 3:6-4:7, 갈 3:16). 즉 계시 역사는 구약의 많은 이스라엘 백성(many)이 하나님의 백성으로서 예수 그리스도 한 분(One)에게 초점(통일, 엡 1:10)을 맞추었다가 다시 우리를 포함한 신약교회의 많은 사람(many)이 새 이스라엘로 퍼져나가는 전진(원심성)을 보여준다. 구속사의 전진은 직선적이 아니라 나선형이기 때문에 구약교회를 'Many in One'으로, 신약교회를 'One in Many'로 요약하여 표현할 때 직선적으로 도식화하는 것에 주의할 필요가 있다.

예수 그리스도는 아담에서 시작하여 아직 세상에 나지 아니한 택한 성도 모두가 포함된 참 교회를 가리킨다. 따라서 예수 그리스도는 온 교회의 머리이며 교회는 그의 보이지 않는 몸이다.

그리스도 완성 설교의 특징은 그리스도 완성의 성경 이해로, 그리스도의 십자가로 인한 이스라엘 구속 역사와 하나님의 목적이 완성된 입장에서 설교하는 것을 말한다. 따라서 그리스도와의 연합 차원에서 성경을 해석하고 설교한다. 여기에는 그리스도 완성 및 교회 완성의 성경 이해가 필수적이다. 그리하여 올바른 교회가 무엇인지, 사명이 무엇인지 이해시키기 위하여 설교자는 ① 성경 전체의 큰 그림을 구속사적으로 요약 설명하고, ② 예수 그리스도는 스스로 천국이자 온 교회적인 분이시며 온 우주적인 분이심을 가르치고, ③ 예수 그리스도의 몸 된 신약교회는 이미 도래한 천국이자 하나님의 목적을 실현하는 공동체임을 인식하고, ④ 예수 그리스도의 십자가 사건을 통하여 그리스도께서 하늘에 앉은 주인이자 왕으로서 그분에 이끌리어 설교해야 한다. 기독교는 자기 스스로 깨달아 뉘우치는 일반 종교와 다르다. 이미 2천 년 전에 예수 그리스도께서 이룩하신 십자가 사건이 그 시대에 머물러 있지 않고 각 성도에게 지속적이며 반복적으로 경험되는 사건임을 전하는 복음의 종교이다.

그리스도 완성 해석은
언약 성취로 재해석이다

1) 그리스도 완성 해석 방법

성경을 구속사적(언약적–역사적)으로 이해하고 적용하기 위해서는 그리스도 중심적 해석과 그리스도 완성적 해석에 필요한 그리스도 십자가의 렌즈가 필요하다. 여기서 그리스도 중심적 해석과 그리스도 완성적 해석은 비슷한 개념이지만 신구약의 통합적 측면에서는 단절과 결합의 과정을 거친다. 성령으로 해석하면 결합이며 육신으로 해석하면 단절이다. 성령은 그리스도 십자가의 완성을 증거하기에 미완성으로 존재할 수 없다.

구속사적 성경 해석과 그리스도 중심적 성경 해석에 차이점이 있듯이 그리스도 중심적 성경 해석과 그리스도 완성적 성경 해석에도 많은 차이가 있다. 먼저 구속사적 해석과 그리스도 중심적 해석의 차이점은 성경에 등장하는 사건의 진행 과정이 역사적인 과정을 이루는 것인지 아니면 말씀 성취의 차원에서 하나님의 약속이 이루어지는 것인지에 따라 나타난다.

구속사는 구속의 역사라는 '때'를 중요시하는 관점이고, 그리스 중심은 약속의 언약을 누가 이루었느냐, 즉 주인공에 중점을 둔 것이다. 또한 그리스도 완성적이라는 말은 그리스도께서 약속을 '다 이루었다'는 십자가 성취의 관점으로서, 다시 과거로 소급하여 어떻게 이루었는지를 확인하는 것을 말한다. 즉 그리스도 완성적 해석이라는 것은 목표에 도달한 완성의 빛(성령)을 통하여 구약을 읽는 것이다. 말씀(하나님의 뜻)과 역사(시공간)를 종결하는 완성의 목표를 향해가는 통일의 방향으로 그리스도를 해석하는 것이 그리스도 중심적 성경 해석이라면, 이미 완성된 가운데 충만한 복이 시공간을 초월하여 만유를 충만하게 하는 차원에서 해석하는 것을 그리스도 완성적 성경 해석이라고 할 수 있다.

한편 히브리 성경은 그 자체로 완전한 저작이며, 이 성경을 완성하기 위해서 신약은 필요하지 않다. 그리고 히브리 성경의 마지막 부분에서 읽기를 멈춘다고 해도 미완성이라는 느낌이 없다는 주장은 분명 잘못된 것이다. 심지어 많은 비기독교 유대인도 하나님 약속의 마지막 성취를 지속해서 기다리고 있기에 그들에게는 항상 미완성으로 남아 있다.

그러나 기독교는 교부 이레니우스(Irenaeus)와 크리소스톰(John Chrysostom)이 제안한 바와 같이 하나님의 그림 그리기가 그리스도에 관한 신약의 가르침과 함께 결정적인 모습과 색깔을 보여주었기에 구약성경에 내재해있는 모호함은 해결되었다. 이제 구약의 모든 부분은 반드시 신약을 통해 온전해진 그림과의 관계 속에서 해석되어야 하며, 예수 그리스도와의 관계 속에서 읽혀야 한다.

그레이엄 골즈워디는 〈그림 5〉와 같이 구약성경은 점진적으로 계시가 확산하며 채워지지만 미완성에 그치고 예수 그리스도께서 하나님의 최종적이고 가장 충만한 계시로 오셔서 앞에서 주어진 모든 계시를 완성하고 재해석해야 한다고 주장했다.

프리젠(T. C. Vrienzen)은 "외경과 쿰란 문헌의 저자들처럼, 그리고 세례 요한처럼 예수님은 구약 세계에도 속해 있다"라는 점을 지적했다. 즉 예수 그리스도 안에서 구약과 신약 사이에 근본적인 연결이 존재함을 알 수 있다. 구약과 신약은 율법-복음의 관계로 연결

【 그림 5 】 성경적 계시관

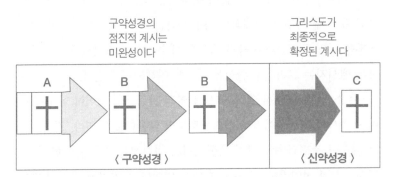

아브라함에게 주어진 약속들(A)은 점진적으로 채워지지만(B), 구약성경에서는 완성
에 도달하지 않는다. 그리스도께서 하나님의 최종적이고 가장 충만한 계시 오셔서
(C), 앞서 주어진 모든 계시를 완성하고 해석하신다.

된 것이 아니라 약속–성취의 관계(한 사람)로 연결된 것이다. 히브리
서 저자는 "옛적에 선지자들로 여러 부분과 여러 모양으로 우리 조
상들에게 말씀하신 하나님이 이 모든 날 마지막에 아들로 우리에게
말씀하셨으니"(히 1:1-2)라고 말씀한다. 이러한 연결을 통해 하나님
의 계시에는 통일성이 있다는 것을 여러 신약성경의 본문을 통해서
알 수 있다. 그러므로 그리스도는 신약에서 계시 된 신비이며, 동시
에 신구약의 연결고리이다.

또한 복음서와 서신서를 기록한 신약의 저자들은 의도적으로 자
신의 저작을 구약과 연결시키고 있다는 것을 알 수 있다. 그들은 약
속–성취, 모형론, 구약의 주제들이란 방식을 통해서뿐만 아니라 종

종 구약을 인용하거나 암시함으로써 구약과 신약을 연결한다.

결론적으로 구약과 신약은 두 개의 책이 아니라 하나의 책이다. 나아가 구약은 구약 자체의 문맥에 비추는 것은 물론이고, 반드시 신약의 문맥에 비추어서 해석되어야 한다는 매우 중요한 해석학적인 결론을 갖게 된다. 곧 신약의 핵심은 예수 그리스도이시기에 구약의 모든 메시지는 그리스도 완성에 비추어 이해되어야 한다.

존 스텍(Jhon Stek)은 구약을 신약의 관점에서 읽어야 할 필요성이 구속사의 점진성이라는 성경으로부터 나온다고 하였다. 결과적으로 계시란 측면과 구속사적 측면에서의 점진성을 주목해야 하며, 점진성은 연속성이라는 큰 구조 속에서 일어나고 있기에 과거에 대한 훼손 없이도 일어날 수 있다. 통일된 구속사란 연속성을 염두에 두고, 또한 구약과 신약으로 이루어진 하나의 성경을 마음에 두고 볼 수 있어야 한다.

그러므로 신약의 계시와 그리스도의 계시가 미완의 그림을 완성하며, 이제 구약의 모든 부분을 이 완성된 그림에 비추어서 볼 수 있어야 한다. 다음 쪽의 〈그림 6〉과 같이 유기적 설명은 표준 해석학적 순환(hermeneutical circle)의 형태를 나타내고 있다. 즉 누구도 전체를 알기 전에는 부분을 진정으로 알 수 없으며, 또한 부분을 알기 전까지는 전체를 알 수 없다는 원리이다.

기독교 정경 내의 구약과 신약의 통일성을 전제로 한 이러한 해석학적 순환논법은 구약 본문은 오직 신약에 비추어서, 그리고 예수 그리스도에 대한 신약의 증거에 비추어서만이 진정으로 이해될 수 있다는 사실을 주지시켜준다. 이와 함께 구약 부분을 알기 전까지는 예수 그리스도를 진정으로 이해할 수 없다.

【그림 6】해석적 순환논법

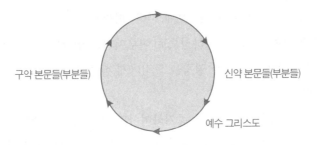

구약 본문들(부분들)　　신약 본문들(부분들)

예수 그리스도

　　결론적으로 구속사적이며 그리스도 중심적인 내용을 포함한 총체적인 시각에서 성경을 바라보아야 한다. 하나님의 약속은 역사의 시대마다 모형으로 부분적인 성취를 이루었으나, 인자되신 그리스도가 영원히 이루심으로써 복음의 효력과 영광이 영원까지 충만하게 나타날 수 있게 되었다. 이것은 실체인 전체를 파악하기 전에는 특정 부분에 대하여 이해할 수 없으며, 각 부분을 전체 속에서 파악하면 전체적인 구도를 알 수 있는 것과 같은 이치이다.

　　따라서 각 부분은 전체를 더욱 빛나게 하는 다양성을 나타내지만 다양성은 통일성이라는 전제 아래에서만 그 의미가 있다. 즉 통일(그리스도)을 증거하기 위한 다양성은 인정되지만 통일과 분리되어 다양성을 주장하는 것은 옳지 않다(고전 12:13). 후기 현대주의에 이르러 그리스도와 관계없이 다양성을 추구하는 다원주의가 표방하는 거짓 신앙에 주의가 필요하다.

구속사적 혹은 그리스도 중심적인 관점이 그리스도로 인도하는 (그리스도를 나타내는) 길이라면, 그리스도 완성적 관점은 그리스도를 추구하고 만나는 과정에서 인간의 무능력함과 욕망의 죄를 발견하여 오염된 죄악의 역사를 보게 한다. 따라서 설교는 이러한 과정을 통해 그리스도의 신실하심으로 이루어지는 언약의 전능함을 나타내고 그분의 주되심과 영광을 드러나게 하는 것을 내용으로 삼아야 한다.

성경은 예수 그리스도를 증거하며 십자가의 내용을 핵심으로 이루어져 있다. 따라서 그리스도 중심적 해석을 그리스도 완성적 해석과 비교하여 설교해야 하는 것에 대한 성경의 근거를 찾아볼 필요가 있다.

"너희가 성경에서 영생을 얻는 줄 생각하고 성경을 연구하거니와 이 성경이 곧 내게 대하여 증언하는 것이니라"(요 5:39).
"모세를 믿었더라면 또 나를 믿었으리니 이는 그가 내게 대하여 기록하였음이라"(요 5:46).
"예수께서 이르시되 그러므로 천국의 제자된 서기관마다 마치 새 것과 옛것을 그 곳간에서 내오는 집주인과 같으니라"(마 13:52).
"이르시되 미련하고 선지자들이 말한 모든 것을 마음에 더디 믿는 자들이여. 그리스도가 이런 고난을 받고 자기의 영광에 들어가야 할 것이 아니냐 하시고 이에 모세와 모든 선지자의 글로 시작하여 모든 성경에 쓴 바 자기에 관한 것을 자세히 설명하시니라"(눅 24:25-27).
"또 이르시되 내가 너희와 함께 있을 때에 너희에게 말한 바 곧 모

【 그림 7 】 그리스도의 다 이루심

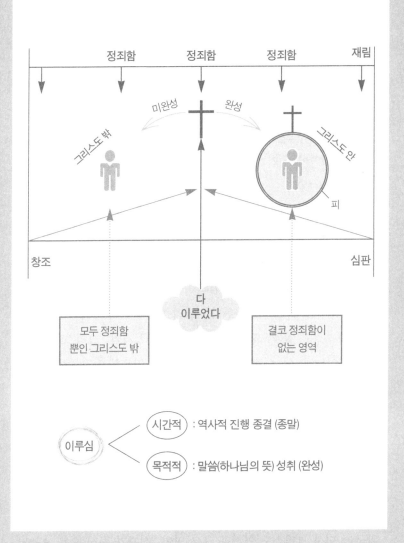

세의 율법과 선지자의 글과 시편에 나를 가리켜 기록된 모든 것이 이루어져야 하리라 한 말이 이것이라 하시고 이에 그들의 마음을 열어 성경을 깨닫게 하시고 또 이르시되 이같이 그리스도가 고난을 받고 제삼일에 죽은 자 가운데서 살아날 것과 또 그의 이름으로 죄 사함을 받게 하는 회개가 예루살렘에서 시작하여 모든 족속에게 전파될 것이 기록되었으니 너희는 이 모든 일의 증인이라"(눅 24:44-48).

"하나님의 약속은 얼마든지 그리스도 안에서 예가 되니 그런즉 그로 말미암아 우리가 아멘 하여 하나님께 영광을 돌리게 되느니라"(고후 1:20).

그리스도 완성적 해석(Christotelic Interpretation)은 그리스도 안에서 임한 종말의 견지에서 성경을 풀이하는 것이다. 다시 말해 그리스도의 죽음과 부활로 하나님의 구속 목표가 달성되고 완성된 입장에서 구약을 되돌아보게 한다. '그리스도 완성적 해석'이란 '그리스도'와 '목표' 혹은 '완성'이라는 말을 합성시켜 '그리스도 완성'이라 하였는데, 이는 신약 저자들이 구약을 인용하고 적용하는 사도들의 해석적 입장을 성경신학, 특히 성경해석학과 설교학에서 활용한 말이다. 신구약을 구속사적으로 이해하고 적용하기 위해서는 예수 그리스도를 열쇠로 삼아야 한다. 그리스도 완성의 성경 이해는 예수 그리스도가 만유의 핵심임을 전제로 하기 때문이다. 따라서 오늘날 우리가 성경을 이해하기 위해서 먼저 성경 저자가 그 시대의 독자들에게 전하고자 하는 본문의 메시지를 찾아야 한다. 그 후에는 친히 왕국이 되신 그리스도 인격과 그 사역인 '십자가 중심'으로 오늘날의 청중에게 주는 의미를 파악해야 한다. 그리스도는 하나님의 계시와 역사의 절정이기 때문에 본문의 현대적 의미를 찾기 위해서는 그리스도 십자가의 렌즈가 필요하다.

그리스도 중심적 해석과 그리스도 완성적 해석은 비슷한 개념이지만 다음과 같은 차이가 있다. 두 해석은 성경, 특히 구약 본문을 그리스도의 '인격'과 '사역'에 나타난 하나님 계시의 절정인 십자가와 통합시켜 해석하는 유사성을 보인다. 반면 종말론적 맥락에서 성경을 보는 방향에 있어서 차이점이 드러난다. 즉 그리스도 중심적 해석은 일차적으로 역사적, 문법적, 신학적으로 성경을 해석한 후 구약에서 신약을 향해 읽는다. 그리스도 완성적 해석은 '그리스도께서 이끄시는 해석'으로, 저자의 관점에서 신약에서 구약을 다시 이차적으로 읽어 이해한다. 즉 신약에 나타난 '계시의 충만함'으로부터 구약에 나타난 하나님의 계시를 새롭게 이해하는 것으로 나아간다. 신약 저자들은 십자가에서 죽고 부활하신 그리스도 안에서 이미 말세 또는 종말이 왔음을 믿었다. 따라서 그리스도 완성적 해석은 '그리스도 안'에서 임한 종말의 견지에서 성경을 풀이하는 것이다.

구약을 해석할 수 있는 길이 열렸다. 바로 그리스도 완성적 해석이다. 구약 역사적 사건을 바탕으로 모형이 예수 그리스도 안에서 어떻게 완성되는지 다음 쪽의 〈그림 8〉을 참조해서 클라우니의 말을 들어보자.

그는 오늘날 설교자가 성경에 기록된 구속사(계시사)의 절정인 오직 그리스도만 설교하도록 강조하고 있다. 성경을 통해서 하나님에 대한 언급이라는 단순한 사실보다 그리스도에 대한 예리한 암시에 대해서 알아야 하는데, 구약에서 하나님의 말씀과 창조행위는 삼위 하나님의 신비에 대한 암시를 준다는 것이다. 그러므로 구약에 나타난 하나님의 점진 자기 계시가 그리스도 안에 있는 온전한 계시를 일관되게 지향하는 한, 이러한 계시 발전의 과정에서 삼위 중 제2위에 대한 더 분명한 암시가 제시된다는 것이다. 그가 관심을 두는 것은 설교가 진정으로 신학적인 동시에 그리스도 중심적이어야 한다는 것이다. 이를 위하여 특정 시대의 신학적 지평을 이해할 필요가 있으며, 그렇지 않으면 구속 역사의 발전을 간과하고 그리스도를 경험하지 못하며 빈약한 윤리주의에 빠지게 될 것이라고 경고하였다.

그는 구약을 기독론으로 해석하는 데 있어서 상징(Symbolism)과 모형론(Typology)의 연관성에 대하여 "어떤 이야기에 상징이 있다면, 우리는 예표를 추론할 수 있다. 상징이 없다면 모형도 없다. 상징은 구약에 우연히 나타나는 것이 아니라 구조적으로 나타난다"라고 강조하였다. 그는 모형론적인 해석 방법을 〈그림 8〉과 같이 간단한 도식으로 정리하였다.

〈그림 8〉 왼쪽 아래의 구약 인물이나 제도, 혹은 사건은 하나님 계시의 진실을 상징한다. 먼저 역사적 및 문학적 해석을 통해 상징적인 의미를 추출해야 한다. 이러한 상징적인 의미를 그리스도 완성적 해석 없이 오른쪽 아래의 설교로 직접 가져와 적용한다면 예수 그리스도 안에서 성취되는 하나님과 구원한 무관한 도덕주의(⑥)로 전락할 수 있다. 그러므로 상징적인 의미인 T1은 하나님의 구원 계시의 역사 속에서 예수 그리스도 안에서 어떻게 성취되는지를 확인해야 한다. 여기에서 모형은 그와 대응되는 원형을 만나게 된다. 그렇게 확인된 원형의 의미 Tn을 찾아내는 것이 바로 모형론적 성경 해석 작업이다(④). 마지막으로 설교는 모형론 해석을 통해서 확인된 원형

【그림 8】 모형론적 해석 방법

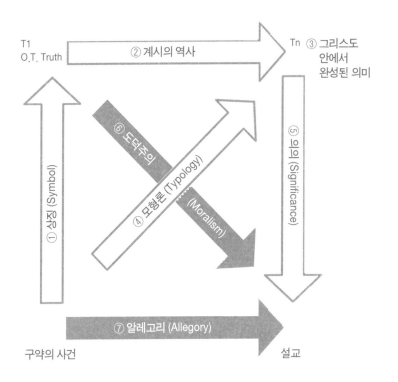

의 의미가 오늘 청중의 삶에서 적용을 선포하는 것이다(⑤). 이 사각형에서 주목할 것은 구원 계시의 역사적 발전 과정에 대한 총체적 이해 없이 구약의 인물이나 제도 및 사건을 오늘의 상황에 적용하려는 실용적(필자는 실용적=주관적) 해석을 시도할 때(⑦) 그 해석이 알레고리가 되기 쉽다는 점이다.

결과적으로 그리스도 중심적 해석은 구약에서 그리스도를 향하여 내다보는 노력 중에 신약의 종말을 이해하는 것이며, 그리스도 완성적 해석은 신약에 나타나는 종말의 맥락에서 그리스도를 통해 구약을 거슬러 올라가 본다는 점에서 차이가 있다.

그리스도는 구원 역사의 흐름 속에서 예수님 당시의 시대로 한정되지 않으며 만유를 충만하게 하는 완성으로 존재하신다. 주님의 고난과 죽으심, 부활과 승천, 오순절 성령 강림 및 복음의 확산으로 이미 만유의 충만이 시작되었다. 따라서 새 예루살렘에 들어와 새 하늘과 새 땅을 맛보기 시작한 성도의 관점에서 구원 역사를 되돌아보며 성경을 해석해야 한다. 즉 이 세상에서 그리스도 왕국의 후사가 된 성도의 처지에서 성경을 이해하려는 것이 그리스도 완성적 해석이다.

미국의 성서학자인 피터 엔스(Peter Enns)는 마태복음 2장 15절에서 아기 예수님이 헤롯왕의 위협 때문에 애굽으로 피난 갔다가 다시 돌아오는 출애굽이 구약 호세아서 11장 1절 말씀을 성취한 것임을 완성적 해석의 실례로 들고 있다. 즉 "'애굽에서 내 아들을 불렀다' 하지 않고, '애굽에서 내 아들을 불렀다 함을 이루려 함이니라'고 기록하고 있다"는 것이다. 하나님의 아들 예수님이 피난생활을 마감하고 돌아오는 출애굽과 하나님의 아들이자 장자인 이스라엘 백성들의 출애굽을 동일시하므로 호세아의 예언 목표가 이루어졌다고 한다. 여기에서 예수님에게 일어난 사건은 이스라엘 사건으로 연결된다. 그러나 이것이 곧 호세아가 먼 훗날을 예측하여 예수님께 맞아떨어짐을 증명한 것은 아니다. 오히려 마태복음 저자가 예수 그리스도의 죽으심과 부활을 통해 하나님의 구속목표가 완성되었다는 관점에서 호세아서를 되돌아본 해석 결과이다.

황창기 박사는 엔스 교수가 제시한 바와 같이 고린도후서 6장 2절의 "내가 은혜 베풀 때에 너에게 듣고 구원의 날에 너를 도왔다"는 말씀에 인용된 이사야 49장 8절은 "이스라엘 백성들이 바벨론 포로에서 돌아오는 이스라엘의 회복에 관한 것"이라고 하였다. 그는 바울이 이 말씀을 인용한 까닭으로 이사야 49장 8절을 그리스도 중심적으로 해석한 후 이 구절이 그리스도에 대해 말한다고 결론을 내리지 않는 대신 그리스도 완성적 입장에서 새롭게 이해하고 고린도후서 6장 2절에 인용했기 때문이라고 한다. 즉 역사적, 문법적 차원에서는 불충분한 해석 대신 예수님이 십자가에 못 박히시고 부활하시어 하나님의 구원 사역 목표가 완성된 종말의 입장에서, 즉 신약에서 구약을 되돌아보니 이사야 49장 8절은 그리스도를 지시하는 그리스도 완성적 해석이라고 소개하였다.

사실 구약의 모든 주제는 그리스도 안에서 그 목적 및 결말을 달성한다. 역사적, 문법적인 그리스도 중심적 성경 해석이 필수적이기는 하지만 종말론적이며 그리스도 완성적이 아니면 신약 성도가 성경을 이해할 수 없다. 모든 성경은 예수 그리스도를 증거하고 있기 때문이다(눅 24:27, 44, 요 5:39-46. 벧전 1:10-12).

이처럼 신구약 전체는 다양한 신학적 표현에도 불구하고 동일한 하나님의 백성에 대한 같은 말씀으로 그리스도를 핵심으로 두고 있다. 따라서 이미 주님과 함께 부활하여 하늘에 앉은 자로서 그리스도의 살려주시는 영을 통해 새 사람의 안목으로 성경을 해석해야 한다. 이런 의미에서 그리스도 완성적 해석을 통해 구속사적 성경 해석과 그 적용에 대한 이해의 폭이 넓혀질 것이다.

피터 엔스는 그리스도의 십자가를 전체 역사의 중심으로 바라보면서 오순절 성령 강림으로 새롭게 창조된 하나님의 백성인 교회까지 연결하고 있다. 한마디로 사도들은 성경이 전적으로 예수 그리스도의 인격뿐만 아니라 그리스도의 몸 된 교회를 이루는 백성에게도 집중한다고 강조하였다. 그리스도의 몸은 죄를 원료로 하여 그리스도의 피를 매개체로 삼아 하나님의 의를 만들어 내는 유일한 몸이다.

구약에서는 그리스도가 우리를 '위한' 그리스도였다. 신약에서는 우리를 위한 그리스도가 아닌 우리 '안의' 그리스도가 더 중요해졌다. 그리스도가 부활하여 하나님의 우편에 앉으신 것처럼 그와 연합한 성도 역시 함께 하나님 우편에 앉아서 새 창조에 참여해야 한다. 구약은 '주 함께'의 시대라면 신약은 '주 안'의 시대인 것이다. 즉 구약시대에는 하나님께서 친히 베푸신 은혜언약 안에서 자기 백성과 '동행'해 주셨다. 불기둥과 구름기둥으로, 때로는 성막과 성소를 통해 자기 백성과 함께하셨다. 그러나 신약에서는 하나님의 언약이 성취되어 하나님께서는 교회의 머리가 되셨고 자기 백성을 성전 삼아 그들 '안에' 계신다.

그리스도 완성의 해석은 그리스도 십자가의 이루심을 시간상으로 창세전까지 소급시킨다. 성령이 임하시면 창세전부터 베드로가 태어날 것까지 예수 안에서 이미 확정된 사실을 한 번에 알게 된다. '예수 그리스도 안'이라는 처소가 시간과 공간을 능가해 버린 것이다. 인간이 생각하는 안과 밖은 나의 몸을 기준으로 하므로 내 안에 들어오면 내 안에 있고 바깥에 있으면 바깥에 있다고 생각한다. 그런데 성령 안에서 그리스도의 몸으로 바뀌면 어디에 있을지라도 그리스도 몸 안에 있는 것이다. 몸 안이라는 의미는 '장소'가 아니고 몸 안에 있는 '기능'을 말한다. 사도 바울이 로마에 머무르든 지중해 폭풍 속에 있든 상관없이 예수님을 믿기 전에는 바리새인으로 있었지만 예수님을 믿은 후에는 어디에서든 그리스도 언약 안에서 활동하는 것과 같은 이치이다.

그리스도 중심적 해석 방법이 성경 본문을 그리스도의 '프리즘'에 통과시켜 신약 쪽으로 이해한다면, 그리스도 완성적 해석은 성경 본문을 그리스도의 '프리즘'에 통과시켜 구약 쪽으로 이해하는 것이다. 이제 하나님의 구속은 그리스도 안에서 이전에 가려진 모든 것을 드러내는 해석의 열쇠임이 성경 해석과 설교에서 더욱 분명해졌다. 따라서 그리스도께서 완성하신 신약의 구속사적 관점에서 구약을 이해하는 그리스도 완성적 해석은 성경의 무오성(Inerrancy)과 권위(Authority)를 더욱 확고히 한다. 예수 그리스도의 구원 사역은 시공간을 뛰어넘기 때문이다. 즉 우주보다 큰 만유적인 인격을 가지신 그리스도의 죽음과 부활을 시간에 매어 놓는 것은 복음을 '시간'에 속박되고 역사에 종속된 것으로 바라보는 것이므로 성경적이 아니다.

2) 그리스도 완성의 영역

'다 이루었다'는 그리스도 완성의 의미는 시간상으로는 역사 진행의 종결을 이루는 종말이다. 또한 인류를 향한 하나님의 뜻과 계획이 하늘에서 이룬 것 같이 땅에서도 이루지는 성취이자 시간과 공간을 뛰어넘는 영원까지 잇대는 이루심이다. 새 언약인 그리스도의 십자가는 다른 모든 언약이 지향하는 '완료'의 언약이자 '완성'의 언약이다. 구약시대 사람들이 정죄 속에서 그리스도를 바라보고 완성을 향해 나아갔다면, 신약의 성도들은 이미 완성된 영역인 그리스도 안에서 살아간다.

그리스도의 십자가로 완성된 영역은 그리스도 안에서 과거까지 소급 적용되며, 그 복음의 효력은 현재와 미래, 그리고 영원까지 미친다. 이 복음은 공간적으로도 만유 안에 충만하게 미치는 것으로 만유 위에 계신 주님으로 인한 하나님의 만족을 나타낸다. 성경으로는 창세기부터 요한계시록까지 다 이루어진 내용을 담고 있다. 그리스도 완성인 십자가 복음이 임하면 창세기의 시간을 깨고 예수 그리스도가 나타난다. 구약 전체도 동일하게 해석된다. 구약의 어디에서나 예수 그리스도가 나타난다. 아울러 이는 주님의 창조부터 초림과 재림까지 미치는 복음의 능력이다.

따라서 그리스도 완성의 복음은 '온전한 복음'이다. 구약에서 이스라엘을 이스라엘 되게 하신 것은 아브라함과 이삭과 야곱에게 주신 맹세(인약)였나. 신약에서는 그 언약들의 완성이자 동시에 새 언약인 예수님의 살과 피를 통해 이스라엘이라는 거룩한 나라가 완성되고 종결된다. 이처럼 십자가 능력 안에서 하나님께 부름을 받은 자들이 완성된 이스라엘, 즉 구원받은 거룩한 백성이다. 십자가란 모든 말씀을 다 이룬 상태이다. 십자가 안, 즉 예수 그리스도 안은 말씀 성취가 이루어지는 영역이기 때문에 하나님이 약속하신 대로 생명이 주어진다. 이 생명은 예수 그리스도께서 행하신 의로 인해 주어진 것이다. 세상의 어떠한 현실 속에서도 그리스도 완성의 복음을 전하면 주님께서 변화를 일으키신다.

그런데 오늘날 복음의 완전성을 인정하지 않는 부류들이 있다. 그들은 그리스도 십자가를 하나의 과정으로만 여긴다. 예수님이 다 이루지 못했다고 여기기 때문에 자신이 이루려고 나선다. 이들 중에는 세대주의자가 있다. 대부분 이단은 그리스도 완성의 복음을 외면하고 행위주의나 율법주의나 성화주의로 빠지고 만다. 그들은 항상 행위를 앞장세우고 성도들에게 짐을 씌운다. 따라서 그리스도의 십자가 복음

【 그림 9 】 그리스도 완성 복음

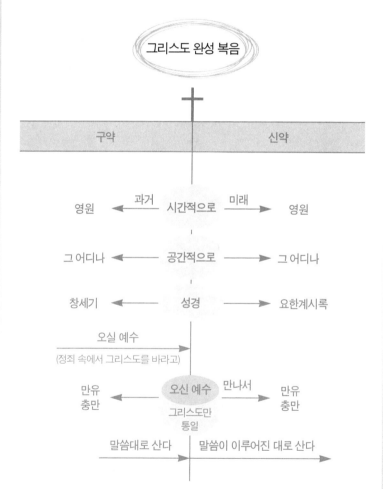

그리스도 〈 육신으로는 → 구속사, 그리스도 중심

성결의 영으로는 → 십자가, 그리스도 완성

그리스도 완성 복음

구약	신약

영원 ← 과거 **시간적으로** 미래 → 영원

그 어디나 ← **공간적으로** → 그 어디나

창세기 ← **성경** → 요한계시록

오실 예수
(정죄 속에서 그리스도를 바라고)

만유 충만 ← 만나서 **오신 예수** 만나서 → 만유 충만

그리스도만 통일

말씀대로 산다 말씀이 이루어진 대로 산다

을 무효화시키려고 안간힘을 쓰는 마지막 적그리스도들이다.

그리스도 완성의 세계는 어디나 언제나 어느 본문이나 다 똑같이, 그리고 완전한 계시로 적용된다. 더 나아가 설교에 있어서 적용이란 십자가 완성의 그리스도를 전하고 설교하는 자체이다. 설교는 완성된 그리스도의 은혜가 충만하게 스며들게 해야 한다. 설교의 일반적인 적용에서 별도의 적용을 인위적으로 하게 되면 윤리적, 도덕적 설교가 된다. 따라서 그리스도 완성의 십자가로 이미 이루어진 입장에서 설교해야 한다. 말씀의 구조인 성경의 직설법과 명령법의 모든 것이 다 이루어진 상태를 확인하는 과정이 설교이기 때문이다.

그리스도 완성 설교는
부흥의 복음 설교이다

♣ 본문 개요를 작성한다

1) 본문 선택
① 설교 본문을 정하라.
– 본문은 한 문단이어야 하며, 생생한 주제를 포함해야 한다(다음
  쪽 도표 참조).

2) 본문 묵상 및 연구
① 본문을 문맥 속에서 읽어라.
– 본문을 문맥 속에서 읽고 반복해 묵상하고 읽어라.

본문 개요	진리 개요		설교 개요
본문 의미	중심 개요	완성 개요	구조화
본문 개요	본문 개요	본문 개요	본문 개요
	그리스도 중심 해석	그리스도 중심 해석	그리스도 중심 해석
			그리스도 완성 해석
			구조화 형식

– 설교할 때 처음에 제시할 질문들을 기록하라.

② 본문 구조를 파악하라.

– 절의 흐름, 줄거리, 장면, 문학적 구조를 주목하라.

– 주요 문단 제목을 적고 관련 성경 구절을 표시하라.

– 문맥, 단어, 문법, 배경, 신학을 파악하라.

③ 본문을 역사적 정황에서 해석하라.

– 문학적 해석

– 역사적 해석

– 신학적 해석 : 하나님 중심적 해석

3) 중심 메시지 찾기

① 저자가 원 청중에게 전했던 본문의 메시지를 요약하여
　본문의 주제를 짧은 문장으로 적어라.

– 주어와 술어에 주의하여 작성하라.

– 본문이 무엇을 말하고 있는가?

② 저자가 자신의 원 청중에게 본문의 메시지를 전할
   목적을 적어보라.
– 본문이 말하는 그 무엇을 무엇이라고 말하는가?
– 저자는 설득하려 하는가, 동기를 부여하려 하는가,
   촉구하려 하는가, 경고하려 하는가, 위로하려 하는가?
   등으로 구체적으로 적으라.
③ 저자가 다루려고 하는 문제가 무엇인가?

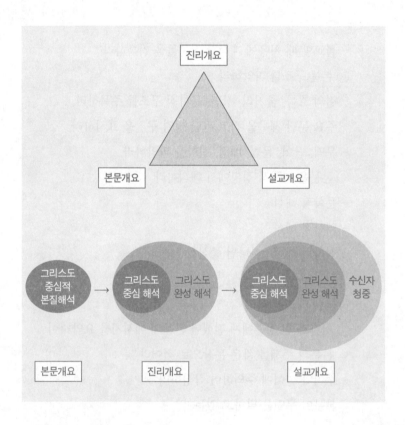

♣ 진리 개요를 작성한다.

1) 그리스도 중심적 해석
① 메시지를 정경과 구속사의 문맥에서 이해하라.
– 정경적 해석 : 메시지를 정경 전체의 문맥에서 해석하라.
– 구속사적 해석 : 메시지를 창조에서 새로운 창조에 이르는 구
  속사 문맥에서 이해하라.
② 그리스도 중심 해석 : 그리스도를 찾아내라.
   그리스도를 향하는 길을 찾는 방법을 해석하라.
– 점진적 구속사의 길
– 약속과 성취의 길
– 모형론의 길
– 유비
– 통시적 주제
– 신약과 관련 구절
– 대조
③ 그리스도를 나타내라.

2) 그리스도 완성적 해석
① 본문을 예수 그리스도께서 십자가에서 이루심(십자가 렌즈)
   으로 해석하라.
– 언약 성취의 입장인 그리스도 완성의 빛 아래서 그리스도 중심
  해석을 재해석하라.
– 십자가 성취의 관점으로 다시 과거로 소급하여 어떻게 이루었

는지를 확인하라.

– 신약에서 구약을 다시 이차적으로 읽어 이해하라.

② 그리스도 완성적 해석으로 그리스도 중심적 해석과의
차이점을 비교하여 적어보라.

본문의미	중심개요	완성개요	설교의미
그때 거기 청중 상황	그리스도를 나타내는 해석	그리스도가 나타나는 해석	지금 여기 청중 상황
하나님, 백성	언약 체결	언약 성취	예수님, 성도
본문상황	연관성		현재상황

- 인간의 한계 상황을 노출하고 그 이유를 밝혀라(FCF).
- '청중에게 말씀대로' 살라고(미완성) 해석하는 것과 말씀이 '이루어진 대로' 살라고(성취) 해석하는 차이점을 제시하라.
- 인간의 한계 상황 '오호라!' 와 그리스도의 무한한 은혜의 교차점인 십자가의 의미를 적어보라.
③ 그리스도 안에서 통일된 성취가 이미 온 우주에 충만해져서 청중이 완성 안에 들어와 있음을 알리는 내용을 적어보라.

♣ 설교 개요를 작성한다.

1) 설교 개요 준비
① 본문 개요를 옮겨 적어라.
- 본문 주해 요약
- 본문 중심 메시지
② 진리 개요를 옮겨놓아라.
- 그리스도를 나타내라 : 그리스도 중심 해석
- 그리스도가 나타났다 : 그리스도 완성 해석
③ 연관성(소통, 적용)의 주인공을 명시하라.
- 설교 본문 시대와 현대 시대가 연관성을 갖고 십자가(연합, 언약 완성)로 연결하여 어느 시대나 같게 죄와 한계 상황에 빠진 인간을 구원하시는 은혜를 베푸시는 십자가 복음을 적시하라.
- 청중이 날마다 그리스도 안에서 출(出) 세상(십자가)을 경험하고 십자가를 증거하는 자로 적용하라.

2) 설교문 작성

① 본문 개요 및 진리 개요를 명확히 기술하라.

② 연관성 준비 내용을 포함한 설교문을 작성하라.

– 연관성(적용) 내용을 설교문의 핵심으로 삼으라.

– 그리스도가 중보자이자 완성자임을 적시하라.

③ 설교 전달 형태와 방법을 결정하라.

– 어떻게 전개할 것인지 본문 구조를 생각하라.

– 설교 본문의 역동적인 장르의 설교 스타일을 찾아라.

– 강해 설교, 본문이 이끄는 설교, 이야기 설교, 그리스도가 이끄는 설교 등 본문의 구조형식이 반영된 다양한 방법 중에 선택하라.

④ 서론과 결론을 작성하라.

– 서론에서 문제를 제시하라.

– 서론은 본론 속으로 체크인한다.

– 결론에서 설교의 목적을 분명히 제시하라.

– 청중 마음에 골을 넣는 기분으로 결론을 내린다.

⑤ 설교문을 구어체로 작성하라.

– 짧은 문장으로, 생생한 단어로, 힘 있는 명사와 동사로, 능동태로, 현재 시제로, 이미지로, 예화를 사용하여 작성하라.

– 원고를 쓰면서 소리 내 읽어라.

⑥ 설교 제목을 적어라.

– 청중의 관심을 끌도록 하라.

– 청중이 바로 적용할 수 있도록 하라.

– 설교 제목만 기억해도 전달된 대로 적용된다.

그리스도가 이끄는
설교는 능력 있다

1) 그리스도의 능력

▶ 그리스도 완성의 십자가

사람은 자기 뜻을 이루기 위해 주변의 힘을 동원하거나 심지어 신의 힘까지 동원하기도 한다. 특히 신의 힘을 빌리기 위해서는 주변의 힘을 빌릴 때보다 더 지극한 정성을 바쳐야 한다고 여긴다. 하지만 예수님은 자기 뜻을 이루기 위해서가 아니라 자신을 보내신 하나님 아버지의 뜻을 이루시기 위하여 이 땅에 오셨다. 따라서 예수님께서 하시는 일만이 하나님의 뜻이며 영광이고 기쁨이 될 수 있다. 이것이 성경을 기록한 목적이다. 예수님께서 이루고자 하신 하나님의 일은 바로 십자가이다. 예수님이 십자가에서 다 이루었다고 말씀하신 까닭도 이 때문이다. 예수님은 '십자가의 도'를 가지고 자기 백성을 구원하신다. 십자가의 도는 멸망하는 자들에게는 미련한 것으로 보이지만 구원을 얻는 자들에게는 하나님의 능력이 된다(고전 1:18-25). 이 미련하고 거리끼는 십자가의 도를 전하는 것이 '전도'이다. 하나님께서는 미련한 십자가의 도로 구원하는 것을 기뻐하신다.

그런데 전도를 사람들이 좋아하는 방법으로 하지 않고 사람들이 꺼리고 싫어하는 '십자가의 도'로 하시는 이유가 무엇일까? 그것은 인간이 자신의 자격으로 구원받을 수 없다는 것을 알리시기 위해서다. '십자가의 도'는 인간의 공로가 전혀 개입되지 않은 채 오직 주님의 일하심으로만 구원이 일어났다는 것을 증거한다. 따라서 십자가를 모르면 고린도 교회처럼 자기 자랑과 파벌이 생기게 마련이다.

오늘날에는 다양한 전도 방법이 있다. 하지만 전도 방법을 소개하면서 자신의 방법이 미련하다고 말하는 사람은 없다. 오히려 자신의 전도 방법을 적용한 교회들이 확실하게 성장하고 있다고 자랑한다. 이처럼 사람의 필요를 파악하고 그 필요를 채워주는 전도 방식은 세상적 관점에서 무척이나 지혜로운 방법으로 보인다. 이러한 세상의 지혜에 비춰보면 '십자가의 도'는 오히려 걸림돌이 된다. 하지만 세상의 지혜로는 하나님을 알 수가 없다. 십자가가 세상의 지혜를 미련하게 만들어버렸기 때문이다. 누구도 자신의 지혜로는 십자가를 알거나 믿을 수 없다. 이런 까닭으로 '십자가의 도'는 모든 사람에게 기쁜 소식이 아니다. 오직 구원 얻는 자들에게만 하나님의 능력이 되고 기쁜 소식이 될 뿐 멸망 받는 자들에게는 미련하게 보이는 것이다. 이처럼 하나님께서는 십자가로 이 세상을 두 편으로 나누셨다. 십자가를 보고서 미련하게 여기는 자는 멸망 받는 자이고 십자가가 하나님의 능력임을 믿는 자는 구원받는 자에 속한다.

예수님께서 십자가에 달리실 때 사람들이 기대하는 그런 기적은 일어나지 않았다. 예수님은 자신이나 구원해 보라는 조롱을 받으며 연약한 모습으로 십자가에 달려 죽으셨다. 신명기 법에 따르면 나무에 달린 자는 저주받아 죽은 것이라고 여겼기 때문에 유대인들 처지에서 예수님의 죽음은 저주받은 죽음일 뿐이다. 메시아가 와서 강한 능력으로 자기 민족을 구원하여 줄 표적을 보여주어야 하는데 그냥 십자가에 달려 맥없이 죽은 것이다.

유대인들이 예수님을 향하여 표적을 보여달라고 하였을 때 예수님은 "악하고 음란한 세대가 표적을 구하나 내가 보여줄 표적은 요나의 표적뿐이라"고 하셨다. 이 말씀은 그동안 예수님이 많은 표적을 행하셨지만 모두 요나가 보여준 표적과 같다는 의미이다. 더 정확히 말하면 구약의 모든 표적은 참된 표적인 예수님 자신의 십자가를 보여주기 위한 것에 있다는 뜻이다. 요나가 물고기 배 속에서 삼 일을 있었던 것처럼 예수님은 땅속에 삼 일을 있을 것이라는 뜻이다. 즉 '십자가' 가 예수님이 보여줄 유일한 표적이 된다. 따라서 '십자가의 도' 는 사람의 지혜로는 알 수가 없다. 세상의 지혜를 하나님께서 미련하게 만들어버리셨기 때문이다.

유대인은 표적을 구하고 헬라인은 지혜를 구하나 우리는 '십자가에 못 박힌 그리스도' 를 전한다(고전 1:22-23). 십자가는 표적을 구하는 유대인에게는 거리끼는 대상이며 헬라인에게는 미련한 대상이었다. 유대인에게 십자가가 거리끼는 이유는 나무에 달린 것 자체가 저주이고, 또 구원자가 죽는다는 것은 구원 실패를 의미하기 때문이다. 그래서 제자들조차 십자가 앞에서는 다 돌아서 버렸으며, 선지자들이 예언한 능력 있는 메시아가 아니라 왜 십자가를 지는 메시아인지를 전혀 이해하지 못했다.

세상 지혜를 찾는 헬라인에게 십자가는 '미련한 것' 이다. 헬라인의 입장에서 사람의 육체로 오신 신이 십자가에 못 박혀 죽는다는 것 자체가 어리석은 일이었다. 또한 예수가 형벌을 받아 죽음으로써 다른 사람이 구원받는다는 것을 용납할 수 없었다. 그들이 이해하는 세상은 '인과율' 에 따라 움직인다. 자기 행위를 자기가 책임지는 것이다. 내가 선행을 하면 내가 보상을 받고 내가 악행을 저지르면 내가 벌을 받아야 한다. 헬라인에게 세상의 모든 원리는 '권선징악' 을 주제로 움직인다. 그래서 인간의 가능성을 이야기하며 선하고 착하고 바르게 살라는 '윤리와 도덕'이 발생한다. 이러한 이유로 기독교를 다른 종교와 마찬가지로 윤리와 도덕의 연장선상에서 인간이 서로 착하게 살도록 만드는 기능을 하는 것으로 여긴다. 즉 착하게 살면 복을 받고 죽음 이후에도 좋은 곳에 갈 수 있지만 악하게 살면 벌을 받아 죽음 이후에도 나쁜 곳으로 간다는 것이다.

이러한 세상의 지혜로는 하나님을 알 수 없다. 평생 강도질을 하던 한 편의 강도는 사형당하기 직전에서야 예수님을 받아들여 "오늘 네가 나와 함께 낙원에 있으리라"고 하신 은혜를 입는다. 세상의 지혜로는 강도가 천국에 간 것을 받아들일 수 없다. 반면에 예수님은 평생토록 율법을 지키고 금식하며 전도하고 죄짓지 않고 살았던 바리새인들에게 단지 예수님을 믿지 않는다는 이유로 너희 아비는 마귀라고 말씀하셨다. 하나님 나라의 본 자손들은 천국을 빼앗기고 이방인들이 차지하리라고 말씀하신 까닭이 여기에 있다. 예수님을 믿거나 믿지 않는 것은 사람의 수고나 지혜, 능력으로 가능하지 않다.

유대인이든 헬라인이든 오직 부르심을 입은 자들에게 그리스도는 하나님의 능력이요, 하나님의 지혜이다(고전 1:24). 부르심을 입지 않고서는 믿을 자가 없다. 이처럼 예수 그리스도의 십자가를 믿는 것은 우리 능력이 아니므로 나의 믿음이 너보다 낫다고 자랑할 수가 없게 된다. 또한 누구에게서 세례를 받았는지, 어느 학파 소속인지 자랑할 수 없다. 그런데도 자기 자랑이 나온다면 아직도 '십자가의 도'를 제대로 알지 못하기 때문이다. '십자가의 도'를 알아갈수록 그리스도만 자랑하게 될 뿐이다. 그래서 십자가에 못 박히신 그리스도는 '하나님의 능력'이며 '하나님의 지혜'이다.

십자가를 자랑하는 데 있어서 그리스도인과 율법의 관계는 다음과 같이 나타난다.

> "내가 율법으로 말미암아 율법에 대하여 죽었나니 이는 하나님에 대하여 살려 함이라"(갈 2:19).

그리스도인이 "율법을 향하여 죽었다"는 것은 "말씀을 지켜야 하는 인간이 죽었다"는 것을 말한다. 율법을 향하여 죽는 이유는 하나님을 향하여 살기 위함이다(갈 2:19). 즉 내가 "말씀을 지켜야 한다"는 사실에 죽어야 하는 이유는 "예수님께서 다 이루셨다"라는 것을 살리기 위함이다. 그리스도인이 사는 것은 나를 위하여 자기 몸을 버리신 하나님의 아들을 믿는 믿음 안에서 사는 것이다(갈 2:20). 하지만 육에 속한 사람은 항상 자기가 지켜야 하는 쪽으로 말씀을 끌어당겨서 말씀을 지켜야 할 주체를 자기가 가지고 있고자 한다.

인간은 본성상 자기 고집을 꺾지 않으려고 한다. 자기가 믿는 것으로 살아가야 편하기 때문이다. 마치 종에게 "아들로 살라"고 하면 불편해서 못사는 것과 같다. 그들은 종처럼 살아야 편하다. 반대로 아들에게 종처럼 살라고 하여도 못산다. 아들은 온종일 빈둥거리며 놀아도 먹을 것을 달라고 큰소리친다. 그러나 종은 한 일이 없으면 먹는 것도 미안해한다. 그러지 말라고 해도 안 된다. 왜냐하면 본성이 행동을 주장하기 때문이다. 그러니 아들은 어떤 상황에서도 아들로 살고 종은 어디서든지 종으로 살고자 하는 속성을 버릴 수 없다.

성경 66권이 전부 십자가만 말하지 않음에도 불구하고 왜 사도 바울은 십자가만 자랑한다고 했는지에 대한 비판이 생길 수 있다. 사실 이런 비판을 하는 사람은 아직도 자기 육체를 신뢰하고 자랑하고 싫어 하는 사람이다. 더 엄격하게 말하자면 아직 예수 그리스도와 함께 십자가에 못 박혀 죽었다는 사실을 알지 못하는 자이다. 사도 바울은 예수 그리스도의 십자가 외에는 자랑할 것이 없다고 하는 이유를 다음과 같이 고백한다. "내게는 우리 주 예수 그리스도의 십자가 밖에는 자랑할 것이 아무것도 없습니다. 그리스도로 말미암아, 내 쪽에서 보면 세상이 죽었고, 세상 쪽에서 보면 내가 죽었습니다"(갈 6:14 새번역).

　이것이 예수님을 믿는 사람의 자기 정체성이다. 예수 그리스도와 함께 십자가에 못 박혔고 그리스도와 함께 살아난 새로운 피조물이라면 이 말씀이 확인되어야 한다. 즉 우리가 바라보는 세상은 죽은 세상으로 보여야 한다. 세상 사람이 바라보는 우리 또한 죽은 자로 보여야 한다. 세상이 우리를 볼 때 죽은 자가 아니라 여전히 펄펄 살아서 세상 사람보다 더 악착같이 썩어질 것들을 거두려고 하는 모습으로 보이지 않아야 한다. 그리스도의 근본은 하나님의 본체이시다. 하지만 그리스도는 하나님과의 동등함을 취할 것으로 여기지 아니하시고 자기를 비워 종의 형체로 오셔서 사람들과 같이 되셨다. 그리스도의 낮아지심의 최종점이 바로 '십자가의 죽으심'이다(빌 2:6-8). 십자가의 죽으심만이 하나님의 뜻을 완성하는 자리이다.

　그리스도의 십자가만을 자랑하는 것이 치우친 생각처럼 보이겠지만 구원의 능력은 오직 여기에 있다. 여기에 부활이나 다른 것들을 나란히 나열해서는 안 된다. 부활의 의의는 십자가의 연장이므로 십자가에 종속시켜야 한다. 구원의 능력은 십자가에 있고 부활에 있는 것이 아니기 때문이다. 부활은 십자가를 확증하는 내용이다.

"그리스도께서 나를 보내심은 세례를 베풀게 하려 하심이 아니요 오직 복음을 전하게 하려 하심이로되 말의 지혜로 하지 아니함은 그리스도의 십자가가 헛되지 않게 하려 함이라. 십자가의 도가 멸망하는 자들에게는 미련한 것이요 구원을 받는 우리에게는 하나님의 능력이라"(고전 1:17-18).

따라서 십자가를 중심으로 볼 때 다른 것들은 구원의 능력을 나타내는 도구(배경)로 사용된다. 십자가 외에 하나님의 나라를 중심으로 한다든지, 임마누엘 사상을 중심으로 삼는다든지, 하나님의 주권을 중심으로 한다든지, 교회의 존재를 중심으로 한다든지, 삼위일체를 중심으로 해서는 안 되는 이유는 철학적 체계와 세계관에 대한 지식은 구원의 능력이 아니기 때문이다. 십자가를 중심으로 복음을 전할 때 자신 또한 십자가의 삶을 살 것을 요구받게 된다.

언약(십자가) 안에서의 부활과 하나님의 나라 및 임마누엘은 십자가 복음으로 전파할 수 있으나, 언약 밖에서의 부활과 하나님의 나라 및 임마누엘은 아무 의미가 없는 사변적인 허구이다. 따라서 예수 그리스도의 죽으신 십자가 사건에 참여한 자만이 '생명의 부활'로 나오게 되며, 예수 그리스도의 죽으심에 참여하지 못한 자는 '심판의 부활'로 나오게 된다. 그러므로 예수 그리스도의 죽으심은 생명 부활의 원천이자 소망이다. 성경의 모든 개념을 십자가 사건과 연결함으로써 결국에는 그리스도인에게 구원의 능력을 주도록 하는 것이 복음 전파이다.

십자가에 대한 해석은 인간으로부터 출발하는 것이 아니라 성경 말씀인 언약을 통하여 이루어져야 한다. 그런 전제하에 신약의 십자가가 구약에서 어떤 개념으로 나타나는지 올바로 살펴볼 수 있다. 구약성경의 많은 것이 충만해지면서 현실이 되었다. 자신의 목표에 도달함으로써 약속이 있던 곳에 성취가 왔다. 그러므로 언약이 아니고서는 십자가로 찾아오신 하나님을 발견할 수 없다. 십자가는 인간의 손에 의해 버림받는 현상과 하나님의 사랑에 의해서 구출되는 현상을 모두 보여준다. 십자가는 죽음으로 무너짐과 생명이 동시에 일어난다(히 10:10). 우리는 죽은 자이기에 죽음이 깨지면 생명이 생겨난다. 이런 현상은 역사 속에 언약이 주어졌을 때만 가능하다. 따라서 신약의 중심이 새 언약인 십자가라면 구약의 중심은 언약이 된다. 성경은 '언약의 십사가 중심'이다.

'언약'을 구약의 여러 다양한 개념 중의 하나로 보면 안 된다. 신약에 와서 십자가가 '새 언약'으로 표현된 것을 보아도 언약은 구약에 흐르는 오직 하나뿐인 중심 개념이다. 십자가가 신약에서 모든 기존 개념과 지혜를 부수는 역할(고후 10:4-5)을 감당한 것처럼 언약도 구약에서는 당시의 모든 우상과 거짓 종교를 부수는 하나님의 능력을 보여준다. 만약 언약을 단순히 여러 개념 중 하나로 취급하게되면 다른 것을 부수고 변혁하는 십자가 기능을 담당하지 못하게 된다. 이렇게 바라보는 구약은 그 핵심이 휘발되어 사라지고 여러 옛 신앙 이야기 중 하나로 남게 될 뿐이다.

성경의 계시는 언약 성취의 복음이다. 구약마저도 그리스도인에게는 율법이 아니라 복음이다. 이전의 구약을 율법과 그림자로 여겨왔던 폐쇄된 모형적 복음이 이제는 완성되어 시공간의 제약을 받지 않고 만유와 만유 위에 충만한 복음으로 전해진다. 충만한 복음은 그리스도의 다 이루심을 창조부터 종말까지 적용되게 하였다. 이것은 영원을 잇는 영원한 복음으로 묵시적 복음이기도 하다.

그러므로 만유 안으로 충만한 복음이 되게 한 언약의 십자가를 보여주지 못하면 복음이 아니다. 구원의 능력인 그리스도의 십자가를 어디서나 접할 수 있도록 해야 하는 이유가 여기에 있다. 십자가가 빠진 성경 개념은 항상 윤리나 도덕적 개념으로 이해되기 쉽다. 십자가 복음이 증거되지 않거나 십자가가 없는 종교생활과 사회 윤리로는 인간이 구원받을 수 없다. 마귀의 권세를 이기는 것은 오직 그리스도 십자가의 피밖에 없기 때문이다.

구원은 언약의 소관이다. 언약이 원하는 자만 구원에 참여하게 된다. 심판권은 이미 예수님에게 넘어가 있어서(요 5:21) 구원 자체가 언약의 모습을 갖고 있다. 구원은 언약의 완성이신 예수 그리스도의 몸으로부터 시작된다. 우리가 우리 몸으로부터 시작하는 개인의 구원을 요구할 수는 없다. 우리의 구원은 "죄인의 괴수입니다"라는 (딤전 1:15 참조) 죄의 자기 고백과 함께 하나님의 자비와 긍휼이 빛나는 형태로 나타난다.

진정한 아브라함 자손의 나라는 그리스도의 몸으로 정착된다. 오늘날 그리스도의 몸을 만들기 위해 준비된 이스라엘이라는 나라는 아브라함과 하나님이 맺은 언약인 '할례언약에 기반을 두고 있다. 자기 스스로 출발한 자신의 믿음은 죽여야(단절되어야) 한다. 자신의 믿음은 곧 불신임을 먼저 고백해야 한다. 언약인 그리스도의 할례에서 나온 그리스도의 믿음, 혹은 그리스도께서 선물로 주신 믿음이 우리를 구원에 이르게 한다. 천국은 예수님의 전능하심이나 창조적 능력으로 이루심이 아니라 죄를 담당하신(뒤집어쓴) 몸이 십자가에서 죽으심으로 성립된 나라이다. 하나님께서 예수님을 사용하셔서 율법의 요구를 이루신 방식은 행동적 충족으로 율법 조항을 하나하나 지켜내는 것이 아니라 율법의 요구인 죄의 대가를 제공하는 몸의 깨어짐을 통한 것이다(롬 8:3).

성도에게 십자가는 나의 구원이나 행복을 위한 것이 아니다. '십자가의 피'만을 자랑하게 하기 위한 것이다. 이 일은 인간 소관이 아니다. 성령의 소관이다. 히브리서 7장 25절에서 "영원한 대제사장이신 예수님께서 항상 살아서 우리를 위해 간구하신다." 사도행전에서는 주님께서 친히 "십자가 사건으로 일하신다"고 한다. 그 일에 참여한 자들이 복음의 증인들이다. 성령을 받으신 분이 십자가의 길로 가셨고 십지기를 지셨다. 이처럼 십자가를 지신 주님이 보내신 십자가의 영을 받은 자들도 십자가만을 자랑하기에 십자가의 길로 가는 것이다. 십자가만을 자랑한다는 것은 주님 외의 모든 것을 죄로 본다는 말이다. 우리 인간이 하는 그 어떤 일도 주님의 일에 보탬이 되는 일이 없다는 뜻이다.

"주님이 항상 살아서 우리를 위해 간구하신다"는 말씀은 예수님이 겟세마네 동산에서 드린 기도와 같은 기도를 하신다는 말씀이다. 그 기도의 응답은 십자가였다. 따라서 "주님께서 항상 살아서 우리를 위해 간구하신다"는 말씀은 곧 십자가 사건이 자기 백성에게 반복적으로 발생하도록 하신다는 말씀이다. 그렇게 되면 성도는 날마다 십자가 앞에서 죄인으로 만들어지고 동시에 십자가의 용서함이 부어진다. 그렇게 만들어진 성도는 십자가 외에 자랑할 것이 없는 자가 된다. 십자가에 흘리신 피만을 자랑하기에 주님이 당하신 고난의 좁은 길로 내몰리게 된다.

▶ 복음의 충만한 능력

성령은 하나님의 모든 진리를 깨닫게 해주시지만 특별히 그리스도의 십자가에 밝은 빛을 비춰주셔서 진리의 핵심을 깨닫게 하신다. 성령은 진리의 핵심에 초점을 맞추어 깨닫게 하시면서 설교자의 모든 사역에 빛을 비춰주시는 것이다.

구약은 희미한 계시처럼 보이기 때문에 계시의 점진적인 진전과 확대 상승으로 전개되는 형식을 취한다. 그러나 일반계시라고 일컫는 노아 언약(마 5:45-비가 내리는 것, 창 8:22-심은 대로 거두고 추위와 더위 등 땅이 보존되는 것)마저도 정결한 짐승의 희생, 즉 십자가의 피로 말미암아 특별계시가 된다. 하지만 믿음의 사람에게 구원과 상관없는 일반계시마저 피로 이루어진 것이기에 특별계시로 이해된다. 따라서 구약 때나 신약 때나 예수 그리스도의 계시인 십자가 사건을 적용하는 계시의 영(성령)으로 구원받는다. 십자가의 다 이루심 속에서 완성되었기에 시공간을 초월하고 이제와 영원까지 만유에 충만한 복음이 된 것이다. 십자가 복음의 효력은 노아 때는 물론 만유와 만유 위에 그리고 장차 시간상으로 미래까지 이미 전해진 것이다. 그래서 우리는 언약이 부족함 없이 완벽하게 십자가로 완성되었기에 완성(종말) 시대를 산다고 하는 것이다.

예수 그리스도 안에서 이루어진 십자가 복음을 통해 구약은 새롭게 이해하고 해석되어야 한다. 구약의 그림자와 예표, 모형들의 말씀이 예수 그리스도의 십자가로 완성되었음을 선포하는 성령으로 새롭게 세례받아야 한다. 문자적 해석과 역사적 해석, 신학적 해석들도 완성된 십자가로 새롭게 해석되어야 한다. 즉 미완성이 아닌 완성 속에서 주어지는 복음으로 해석되어야 하는 것이다. 그렇지 않으면 아직도 언약이 이루어지지 않은 것처럼, 이루어야 할 것이 남아 있는 것처럼 해석되기 때문이다.

이처럼 인간이 이루어야 할 몫이 남은 것처럼 여기게 하는 사탄의 노림수를 경계해야 한다. 오늘날 인간의 열심과 행함을 앞세우는 '율법주의'나 '인본적 성화주의'가 이런 부류에 속하는 이단들이다. 그래서 그들은 말씀 지키기에 여념이 없다. 그리스도인은 두 가지 현실, 즉 '말씀대로 사는 것'과 '말씀이 이루어진 대로의 사는 것'을 다 보고 경험해야 한다. 말씀을 다 이루셨다는 것을 계속 유지시켜 주시는 오늘날 주님의 일하심이, 이미 구원받은 백성으로 알게 하고 경험히게 하신다. "날마다 죽노라"의 말씀처럼 나는 죽고 그리스도로 사는 것이다.

십자가 복음이 전해지는 어느 곳에서든지 본문 말씀이 완성된 세계 속에서 말씀이 이루어진 내용으로 해석된다. 말씀대로 이루려는 시도와 함께 인간의 죄악이 드러나며 그 배후의 실체가 십자가에 패배하면서 그리스도의 승리로 은혜가 주어지는 놀라운 성령의 역사가 진행된다. 이러한 관점에 비추어 그리스도 안에서 완성된 십자가 복음이 선포되어야 하며 그리스도 완성 설교가 이루어져야 한다.

구약과 신약은 십자가를 지시며 휘장이 찢어지는 그때 역사적으로 구분된다(마 27:51). 그 이전은 구약이 되고 그 이후는 신약이 된다. 십자가로 통일을 이룬 내용이 모든 만유에 충만하게 적용되어 구약의 역사적 사실을 바탕으로 전개된 모형적이고 점진적인 계시가 온전한 계시가 된다. 구약의 예표가 실체로 바뀌고 그림자가 빛으로 나타난다. 십자가에서 휘장이 찢어질 때 성취된 내용은 성경 전체, 즉 과거인 구약까지 소급되어 적용되고 현재와 미래, 계시록까지 효력을 나타낸다. 이렇게 다 이루셨다. 그러므로 십자가는 단번에 이루어졌으나 영원히 유효한 사건이며 모든 사람에게 효과적인 영원한 사건이다.

이제는 구약의 실제 인물이나 사건, 제도나 절기들이 십자가로 완성하신 그리스도로 새롭게 재해석되어 본질을 뚜렷하게 드러나도록 해야 한다. 구약의 역사적 내용은 예수 그리스도의 기능과 역할을 한 모형이나 예표이다. 모형과 같은 구약의 틀 속으로 그리스도 십자가로 성취된 복음이 들어가서 '율법과 선지자'로 언급되었던 율법이 복음으로 바뀌었다. 그림자가 실체로, 부분 계시가 계시 전체로, 부분 성취가 온전한 영적 성취로의 역할과 기능을 하게 된다. 이제 창세기를 보아도 예수 그리스도가 나타나게 되었으며, 구약성경 전체가 예수 그리스도로 해석되고, 그때 살았던 언약 백성에게는 장차 나타날 십자가의 그리스도께서 시간과 공간을 초월하여 오늘날 찾아들어 가는 복음이 된다.

〈그림 10〉과 같이 그리스도 중심 해석을 십자가에서 '다 이루심'으로 재해석하는 그리스도 완성 해석을 통하여 온전한 그리스도 중심 설교로 복음 설교가 이루어진다. 그러므로 분명한 역사적 사실에 근거한 모형을 찾아 역사적 계시의 점진적 진전과 확대를 통해 예수 그리스도가 최종 완성한 세계인 십자가로 구약의 본문을 읽고 적용해야 한다. 사건이나 인물, 제도나 절기 등 구약 역사 속에서 진행되었던 것을 역사 속에 들어오신 예수 그리스도께서 실체가 되셔서 이루신 내용으로 해석하지 않으면 알레고리로 해석되어 영지주의로 전락하고 상상의 그리스도를 바라보는 허구적 신을 좇게 된다. 이러한 해석의 방향은 우화적이고 풍유적인 해석, 또는 유대 신비주의로 전

락할 수 있다. 또한 구약에서 멈추어 버리는 설교는 어떤 인물을 본받자는 도덕적 교훈이나 윤리적 설교, 알레고리 설교나 율법주의 설교가 되고 만다. 그리스도가 나타나지 않는 설교는 복음 설교일 수 없다.

오직 복음은 십자가 복음이다. '오직'이라는 단어에 대해 많은 사람이 책임을 언급하며 균형을 만들어나가야 한다고 말한다. 예를 들면 삼위일체를 말하고 하나님 중심을 말하고 성령 중심을 말하기도 하는데, 삼위 하나님께서는 그리스도를 계시하셨으므로 그리스도가 계시의 내용이다. 따라서 '오직'을 말하면 그 외의 것은 '오직'을 밝혀주는 배경이 되어야 한다.

동상이몽이란 "한 침대에서 같이 자면서 서로 다른 꿈을 꾼다"는 뜻이다. 동상이몽처럼 예수와 십자가에 대해 말하면서도 그 속의 내용은 전혀 다른 경우가 많다. 그래서 바울은 다른 예수, 다른 복음, 다른 영이 있다고 경고하였다. 어찌 이런 일이 일어날 수 있는지 안타까워할 일이 아니라 이것마저도 주님께서 하셨다는 것을 알아야 한다. 하나님께서 심지 않은 것은 뽑아내기 위함이다. 피조물 중에 유일하게 인간만이 겉과 속이 다르다. 속에 없는 것을 겉으로 있는 척한다. 믿음이 없으면서 믿는 척하고 사랑하지 않으면서도 사랑하는 척하는 게 인간이다.

그래서 예수님은 "이 백성이 입술로는 나를 존경하나 마음은 내게서 멀도다"라고 말씀하셨다. 한마디로 인간이란 남을 속이는 속성을 가진 존재이다. 성도가 아니면서도 성도인 척 얼마든지 할 수 있다. 예수님은 이런 상태를 회칠한 무덤이라고 하셨다. 겉으로는 잔디를 덮어서 아름답게 치장하였지만 그 속엔 해골이 들어있다는 것이

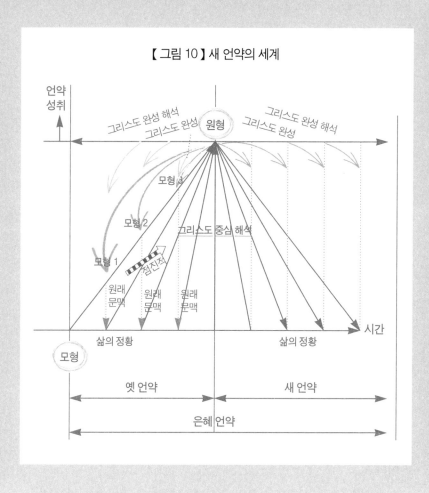

【 그림 10 】 새 언약의 세계

다. 예수님은 하나님 말씀을 가장 잘 지킨다고 자랑하던 바리새인들에게도 이같이 말씀하셨다. 지금도 바리새인과 같은 자들은 갖가지 탐욕과 자기 사랑으로 가득 차 있으면서도 예수님을 사랑한다고 말한다.

이처럼 십자가의 의미를 모르면서도 십자가를 말하는 것이 인간이다. 하나님께서는 포도나무에서 포도 열매가 맺히고 무화과나무에서 무화과 열매가 맺히게 하셨다. 즉 본질을 속일 수 없다. 이런 본질을 언약의 성취인 그리스도의 십자가로 가려내신다. 누구든지 십자가 앞에 세우면 그 본질이 드러나게 되어있다. 즉 십자가를 통해 하나님께로 난 자와 나지 않은 자가 가려진다는 것이다. 십자가는 인간이 숨긴 어떠한 것이라도 밖으로 튀어나오게 만드는 인간의 죄를 고발하는 기계와 같다. 이것이 바로 '십자가의 효력'이다.

말씀 세계는 내가 사로잡을 수 있는 세계가 아니라 말씀이 나를 사로잡으며 다가오는 세계이다. 말씀 세계는 나를 세워주는 세계가 아니라 하나님이 찾아오셔서 나를 허무는 하나님의 세계다. 하나님께서는 바리새인들과 같은 속성을 고발하기 위해서 십자가를 가지고 속을 뒤집어 놓게 하신다. 속을 뒤집어 놓는 가장 좋은 방법이 인간이라는 존재를 공격하여 즉각적 반응을 끌어내는 것이다. 인간은 죽은 줄 알았던 자기가 죽지 않고 살아 있기에 "왜 날 공격하느냐"고 항의한다. 십자가에서 자기가 죽지 않은 자들은 자존심 상하는 일을 참지 못한다. 이렇게 자신의 존재를 보게 하는 것이 십자가의 영향력이다.

우리는 오직 십자가 복음만 전하면 충분하다. 주님이 이미 십자가에서 다 이루셨으므로 부족함이란 없다. 그 완전한 복음을 증거하는 것은 예수님이 십자가에서 다 이루셨음을 증거하는 일이다. 십자가는 우리의 도덕과 윤리적 삶을 변화시키는 것이 아니다. 오직 예수님의 십자가 사랑을 더 깊이 알아가도록 변화시킬 뿐이다. 예수님께서 십자가를 지시고 자기 백성에게 성령을 주신 이유는 우리가 더욱 성화되는 삶을 살 수 있도록 돕기 위함이 아니다. 단지 우리가 "십자가의 피 공로만을 자랑하게 하기 위함"이다. 예수님은 요한에게 세례를 받고 성령이 임한 후 낮아져서 십자가까지 지셨다. 성령 받은 성도가 도달할 자리는 바로 십자가 사랑이다.

구약의 이스라엘을 보면 유월절 어린양의 피로 구원받은 자 중 갈렙과 여호수아를 제외하고 모두 가나안에 들어가지 못하고 광야에서 죽었다. 십자가를 지신 주님은 지금도 살아계신다. 살아계신 주님이 십자가에서 다 이루셨다는 '십자가 사건'을 자기 백성에게 반복시키시면서 십자가 피 외에는 자랑할 것이 없도록 하신다. 예수님께서 2천 년 전 육신으로 오셔서 십자가를 지시기까지 제자들과 동행하셨고 지금도 우리와 동행하시면서 십자가에서 다 이루셨음을 친히 증거하신다(마 28:20).

예수님이 십자가에서 다 이루신 이후 신앙의 여정에서 우리 역할은 없는 것일까? 십자가에서 인간의 행위는 보탤 것도 뺄 것도 없다. 성도는 단지 십자가로 들어가는 자이기 때문이다. 십자가는 구원용이 아니다. 십자가는 우리가 철저히 죄인으로 드러나는 자리이다. 우리를 위해 십자가를 지신 예수님만이 오롯이 드러나는 자리이다. 그래서 우리는 십자가만 자랑할 뿐이다. 성도는 오직 십자가를 증거하기 위한 '죄인으로서만 살 뿐'이다. 사실 우리는 무얼 해도 죄인으로 드러난다. 그 사실 자체가 '십자가의 영광을 드러내는 것'이기 때문이다. 인간이 죄로 나오는 상황(노출되는 죄)을 의로 만들어 내시는 것이 십자가의 현장이다. 사도 바울 역시 복음을 전할지라도 자신은 여전히 죄인의 괴수이며 자랑할 것은 오직 십자가밖에 없다고 했다.

하나님께서는 삶의 여러 상황을 통해 우리가 십자가를 자랑토록 인도하신다. 하나님께서는 이스라엘의 출애굽 이후 홍해의 기적 사건과 광야생활에 이르기까지 하나님의 의지(뜻)대로 인도하셨다. 우리의 원함과는 다르다. 그러므로 내가 삶을 주도한다고 생각하는 것은 착각이다.

광야에서 이스라엘 백성은 하나님을 원망했다. 이 원망에 대해 그들만을 탓할 수 없는 이유가 주님께서 이스라엘이 원망할 수밖에 없는 환경을 만드셨기 때문이다. 어린양의 피가 아니라면 이스라엘은 구원받을 수 없는 죄인임을 드러내 보이시기 위해서다. 십자가는 우리의 '죄성'을 드러내는 동시에 예수님의 피가 아니면 구원받을 수 없는 우리 존재를 드러내는 자리이다.

말씀대로 순종하면 우리 삶이 나아질까? 말씀대로 산다는 말을 잘못 받아들이면 인간을 하나님의 자리에 위치시키는 교만이 될 수 있다. 당대 바리새인들은 율법, 곧 말씀대로 철저하게 살았던 사람들이다. 단순히 외식하는 자들이 아니었다. 바울 역시 십자가를 지시고 말씀을 이루셨던 예수님을 다메섹 도상에서 만나기 전에는 마찬가지였다. 이처럼 말씀대로 살았던 사람들이 말씀이 육신 되신 예수님을 십자가에 못 박고 심판했다.

마태복음 5~7장에서 예수님이 말씀하신 산상수훈 또한 우리의 실천을 목적으로 하지 않는다. 산상수훈의 완성은 십자가에서 이루실 예수님의 사랑이다. 마태복음 8장에서 예수님은 당신의 십자가 사랑을 문둥병자에게 덮어씌우셔서 치유하셨다. 문둥병자가 고침을 받은 후 산상수훈을 철저하게 실천하겠다고 했다면 예수님의 십자가 사건 전체를 부정하는 꼴이 된다.

마태복음 7장 21~23절 말씀은 "나더러 주여, 주여 하는 자마다 천국에 다 들어갈 것이 아니요"이다. 이는 예수님이 주를 위해 무언가를 하겠다는 사람들에게 말씀하신 경고이다. 이스라엘을 비롯하여 우리 또한 유월절 어린양이신 예수님의 보혈을 증거해야 하는 죄인일 뿐이다. 주님을 위해 무언가를 할 수 있으며, 해야 한다고 강조하는 것은 십자가를 증거하고 자랑하는 대신 무력화시키고 욕되게 하는 것이다. 그러므로 신앙의 종착점은 완전한 성품으로의 성화가 아니라 오직 십자가이다.

십자가만 강조하면 자신의 욕망대로 마음껏 살아도 되는 걸까? 이것은 이단인 구원파가 주장하는 것일 뿐이다. 십자가 복음을 믿고 자기를 위해 사는 성도는 없다. 회개는 십자가에서 다 이루신 예수님 사랑의 깊이를 확인하는 행위이다. 회개는 "이번에는 잘못했지만 다음에는 잘하자"는 다짐이 아니다. 다만 성령을 통해 우리가 원래 죄인임을 확인하는 자리이다. 예수님이 십자가에서 죄인 된 우리를 대신해 피를 흘리심으로 다 이루셨음을 목격하고 감사하는 것이다. 우리는 십자가의 보혈과 예수님의 죽으심으로 의롭다고 칭함을 받았다는 사실에 주님을 찬양하게 된다.

우리의 관심사가 '칭의'에만 맞춰져 있으면 예수님의 보혈로 의롭다 함을 받은 자신을 자랑하게 될 뿐이다. 하지만 의롭다 함을 받은 자는 자신 앞에 놓인 십자가를 보며 자신을 죄인으로 여길 수밖에 없다. 사도 바울도 에베소서에서 십자가 사랑의 깊이를 알 수 있도록 해달라고 기도했다. 예수님의 십자가는 그 사랑을 알고 자랑하며 살라고 우리에게 주신 구원의 능력이다.

성도나 불신자나 상관없이 십자가 보혈이 없다면 칭의 교리는 의미를 상실하게 된다. 다윗은 간음죄를 저질렀지만 하나님의 구원 역사에서 탈락하지 않고 용서받은 뒤 의롭다고 칭함을 받았다. 자신의 의로운 행위에도 불구하고 한순간에 죄인으로 전락해버리는 다윗의 모습은 나약한 인간 군상을 대표한다. 오직 예수님만이 의로우신 분이다.

신학계에서 칭의를 강조하게 된 원인은 일부 목회자나 성도의 일탈 사건으로 인해 칭의교리와 함께 행위를 강조해야 구원받는다는 신학사조가 지지를 얻었기 때문이다. 그 대표적 사조가 바로 바울의 새 관점학파이다. 그러나 십자가에서 다 이루셨음을 부정한다면 성령의 교통은 일어나지 않는다. 십자가는 우리의 죄 용서에 초점을 두지 않는다. 죄 용서는 십자가의 능력으로 주어진 결과이기에 십자가를 자랑하는 것이 먼저이다.

'오직 복음에만 만족해도 되는가? 아니면 기도를 통해 예수님의 응답을 받아야 하는가?' 라는 질문을 던질 수 있다. 하지만 이 질문에 대한 예수님의 응답 여부가 우리 삶의 성공에 달린 것은 아니다. 우리가 절실히 기도해서 얻는 응답은 십자가를 마주하게 될 때 얻어진다. "너희가 악한 자라도 좋은 것으로 자식에게 줄 줄 알거든 하물며 하늘에 계신 너희 아버지께서 구하는 자에게 좋은 것으로 주시지 않겠느냐"(마 7:11)와는 달리, "너희가 악할지라도 좋은 것을 자식에게 줄 줄 알거든 하물며 너희 하늘 아버지께서 구하는 자에게 성령을 주시지 않겠느냐 하시니라"(눅 11:13)에서 하나님께서는 구하는 자에게 '성령'을 주신다고 약속하셨다.

성령을 받으면 반드시 우리 인생이 성공의 길을 걷게 될까? 꼭 그렇지도 않다. 마태복음 4장에서 예수님은 성령을 받으신 뒤 광야에 이끌리셔서 시험을 당하셨다. 성도가 성령을 받고 예수님의 증인이 된다면 예수님이 받으신 고난을 같이 받게 된다. 십자가를 자랑해서 고난을 받는 것이다. 마귀가 우리를 악하게 살도록 이끄는 게 아니다. 바로 십자가의 피 공로를 제거하는 데 초점을 맞출 뿐이다. 반대로 성령은 십자가 보혈의 공로만 드높이도록 이끈다. 만일 주님이 사적인 기도를 들어주시는 데 관심이 있으시다면 교회는 정글과 같은 곳으로 전락할 것이다. 이러한 교회 공동체에 속한 성도들은 기도를 통해 응답을 쟁취하기 위한 경쟁자에 불과할 뿐이다.

십자가와 부활은 모두 강조되어야 하지 않을까? 주님의 죽으심과 부활에 참여한 성도들만 십자가를 자랑한다. "우리 살아 있는 자가 항상 예수를 위하여 죽음에 넘겨짐은 예수의 생명이 또한 우리 죽을 육체에 나타나게 하려 함이라"(고후 4:11)라고 말씀한다.

우리가 믿지 않는 자에게 복음을 어떻게 설명할 수 있을까? 복음은 설명의 대상이 아니다. 이해와 납득의 대상이 된다면 성령이 필요 없다. 성령이 필요 없다는 것은 예수님께서 십자가 지실 이유가 없다는 것과 같다. 오늘날 이단들이 성행하는 이유는 복음을 '이해와 납득'의 대상으로 만들었기 때문이다. 그들은 성령을 제거함과 동시에 십자가도 제거해 버렸다. 그래서 남은 것은 나의 믿음과 구원의 확신뿐이다. 처음에 성령을 받지 못한 제자들의 믿음 또한 이러했다. 그러나 성령을 통해 사도들은 이해하거나 설득되지 않는 십자가를 전하게 되었다. 사도들은 "그리스도께서 나를 보내심은 세례를 베풀게 하려 하심이 아니요 오직 복음을 전하게 하려 하심이로되 말의 지혜로 하지 아니함은 그리스도의 십자가가 헛되지 않게 하려 함이라. 십자가의 도가 멸망하는 자들에게는 미련한 것이요 구원을 받는 우리에게는 하나님의 능력이라"(고전 1:17-18)라고 고백한다.

복음의 원천은 복음을 전하는 자에게 있는 것이 아니라 복음을 보내신 분, 곧 예수님에게 있다. 들음도 듣는 자에게 있는 것이 아니라 듣게 하시는 예수님께 있다. 예수님의 제자들도 성령을 받기 전까지 예수님의 말씀을 단 한 마디도 제대로 알아듣지 못했다. 잘못 알아들음으로써 제자들은 예수님을 팔아버리고 저주하며 부인하기까지 이르렀다. 복음은 처음부터 사람을 위한 것이 아니라 십자가를 지신 주님을 위한 것이다. 그래서 성도는 다시는 자기를 위해 살지 않고 대신 죽었다가 다시 사신 자를 위해 산다(고후 5:15). 세상 또한 나를 위해 있는 것이 아니라 십자가를 지시고 부활하신 주님만을 위해 있다.

환난이나 핍박 속에서도 복음의 승리를 위해 알아야 할 진리는 무엇인가? 예수님은 십자가로 승리하셨다(골 2:15). 따라서 성도는 어떤 형편에 처할지라도 승리자로 살아갈 수 있다. 그 증거가 바로 십자가 외에는 자랑할 것이 없다는 사실이다. 환난과 핍박을 당하는 것은 예수 그리스도의 십자가만을 자랑하기 때문이다. 로마서 8장 34~39절을 보면 "하나님 우편에 계신 주님이 우리를 위해 간구하시기 때문에 종일 주를 위하여 죽임을 당하게 되며 도살할 양 같이 여김을 받는다"라고 한다. 따라서 환난과 핍박은 그리스도의 사랑에서 끊을 수 없음을 확인해줄 뿐이다.

우리가 복음을 전파하고 설교할 때 반드시 명심할 것은 무엇일까? 십자가 사랑을 깨닫고 이를 전파할 때 천국과 영생을 증거해야 한다는 것이다. 십자가 사랑을 아는 데서만 그치는 게 아니라 사람들에게 자랑해야 한다. 세상으로부터 핍박을 받았기 때문에 깊은 신앙을 갖게 되는 것이 아니라 복음을 전했기 때문에 핍박을 받게 되는 것이다. 이 모든 것은 이미 사도행전에서 증언된 내용이다.

온전한 그리스도 중심의 설교는 성령의 능력으로 감당해야 한다. 바울은 자신의 사역을 한편으로는 모세의 사역과 대조하고, 다른 한편으로는 다른 예수를 팔아먹는 상인들과 대조하면서 '성령의 사역'이라고 지칭했다(고후 3:8). 성령의 사역은 바로 새 언약의 사역으로서 성령은 새 언약 사역에 능력을 제공하여 다른 사람들이 성령을 받게 하신다. 바울의 새 언약 사역은 질그릇(고후 4:7) 같은 자신을 통해서 나타나지만 모세의 사역에 나타났던 영광보다 더 큰 영광을 동반했다. 여기서 '더 큰 영광'은 성령의 사역을 말한다.

바울은 성령께서 만유의 구주와 주님이신 하나님 아들, 즉 십자가에 못 박혀 죽으시고 부활하신 하나님 아들에게 초점을 맞추신다는 것을 강조한다. 성령은 설교를 준비하는 순간에만 역사하시는 것이 아니라 설교를 전달할 때도 강하게 역사하신다. 바울은 수사학을 거부한 것이 아니라 설교의 주인으로 삼지 않았을 뿐이다(고전 2:1). 따라서 바울이 성령의 능력과 확신으로 복음을 전했다고 해서 인간 수사학을 무시한 것이 아니다. 설교자는 "기술을 숙달하되 성령이 승리하시게 하라!"는 캔톤 앤더슨(Kenton Anderson) 설교학 교수의 명언을 기억해야 한다.

바울은 항상 십자가에 못 박힌 그리스도를 모든 사람 앞에 불변의 주제, 무궁무진한 주제로 분명하게 제시했다(고전 2:2). 바울은 십자가의 메시지를 인상적으로 만든다든지 강압적으로 만든다든지 거절할 수 없도록 만들어서 믿음을 불러일으키겠다는 재주를 부리지 않았다. 바울은 청중이 십자가의 복음을 믿도록 하는 일은 성령만의 몫으로 남겨 놓았다.

바울의 서신을 보면 대체로 서두에 감사의 말을 전하며 최근에 있었던 일을 해설한다. 그 후에 증명해야 할 주제가 명제로 제시되고 명제를 증명하는 입증이 나온다. 그리고 마지막 권면이 나온다. 바울은 아리스토텔레스의 구상과 배열을 활용할 뿐 아니라 아리스토텔레스의 스타일도 활용했다. 바울은 통상적인 설득 방법을 가지고 복음을 전한 것이 아니라 하나님께서 성령을 통해서 자신에게 복음을 계시하신 권위의 방식으로 전한 것이다(고전 2:10).

개혁주의 신학자 로버트 스프로울(Robert C. Sproul)은 성령의 내증을 영감, 조명, 적용과 비교하여 설명하였다. 영감은 말씀 계시를 주도하고 감독하신 성령의 역할이다. 조명은 말씀의 내용을 분명하게 깨닫게 하시는 성령의 사역이다. 적용은 말씀의 내용을 신자의 삶에 적용하시는 성령의 사역이다. 내증은 성경의 권위를 확신시켜 주는 성령의 사역이다.

2) 십자가 복음 설교

십자가 복음 설교의 처음과 끝은 언약 완성인 그리스도의 십자가이다. 하나님께서는 처음부터 인간을 죽음으로부터 창조하셨다. 여기에서의 죽음은 십자가의 죽음이다. 내가 먼저 있고 내 죄를 위해 주께서 죽으신 것이 아니라 주님의 십자가가 먼저 있고 그 십자가 죽음의 의미를 보여주기 위해서 천지 창조 때 인간을 만드신 것이다. 그러므로 항상 예수님부터 해석되어야 한다.

사나 죽으나 주의 것이니 나에게는 일체 선택권이 남아 있지 않다. 율법이 완성된 십자가 안에서 나에게는 더는 어떤 존재 의미나

가치가 전혀 없기 때문이다. 하지만 본래의 자리를 벗어나 외부 관찰자(관람자)의 자리에 다가갈수록 스스로 율법을 이루려는 욕망에 휘말린다. 십자가의 죽음에 동참하는 사람이라면 예수님(십자가)을 통해 말씀을 바라보아야 한다. 말씀을 이루기 위한 구체적 상황이 펼쳐진 곳에서 예수님만이 그 말씀을 이루시고 율법을 완성하신다. 바로여기에 영생이 있다. 따라서 그리스도가 나타나는 설교는 완성이 우선이다.

화가의 창작 세계 속에는 이미 모든 구도가 완성되어 있으므로 첫 번째 붓의 터치가 이루어지기 전부터 최종적인 작품의 완성이 계획되어 있다. 창조와 구원 또한 마찬가지다. 즉 창조와 구원을 경륜적 영역에서 볼 때 종말보다 선행하는 것처럼 보이지만 이것의 시현자, 즉 하나님의 세계라고 하는 초월의 세계 속에서는 '종말'이 먼저존재한다. 그러므로 "종말이 구원을 앞선다"는 표현은 성경을 '구원적용론적 관점'이 아닌 '하나님의 관점'에서 이해해야 한다는 것을함축하고 있다.

편지를 가장 정확히 읽기 위해서는 편지를 보낸 사람의 마음을읽을 줄 알아야 한다. 편지를 받는 사람의 지적 혹은 정서적 함몰은실제 의도를 왜곡하기도 한다. 구원 계시 역시 보낸 사람의 의도와는전혀 다르게 오해될 수 있다. 그래서 성경을 바라볼 때 항상 종말의최종적 완성을 염두에 두고 현재를 생각해야 한다.

종말은 심판의 의미에만 국한되어 있지 않다. 종말은 하나님의위대한 경륜에 대해서 이해를 돕는다. 그러므로 "종말이 구원에 앞선다"는 표현은 성경 계시를 해석하는 그리스도 완성적 해석의 툴로작용하기도 한다. 이 해석의 툴은 단순히 해석적 방법론을 뛰어넘어

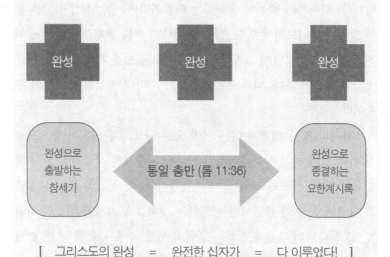

【 그림 11 】십자가 완성으로 시작하여 완성으로 종결

완성

완성

완성

완성으로
출발하는
창세기

통일 충만 (롬 11:36)

완성으로
종결하는
요한계시록

[그리스도의 완성   =   완전한 십자가   =   다 이루었다!   ]

우리의 세계관이 되기도 한다. 이를 '종말론적 사고' 혹은 '그리스도 완성적 사고'라고 표현한다. 그러므로 종말은 세상의 마지막에 어떤 일이 일어날 것인가를 의미하기보다는 하나님의 최종 목적과 뜻이 무엇인가를 의미하는 것이다.

설교자가 성경을 해석하고 설교한다고 해서 십자가 복음이 전파되는 것이 아니다. 만약 설교의 대상이 보편적인 신(神) 관념에 해당하는 신의 존재나 섭리에 관한 것이라면 기존의 종교들이 하는 보편적 강론과 다를 바 없다. 또한 설교자가 복음이 아닌 인간의 종교 심리를 부추기는 방향으로 성경을 해석한다면 그의 설교는 유신론적 철학에 불과하다.

어떻게 하면 십자가 복음 설교가 나오는가? 성경의 모든 본문에 십자가 복음이 담겨 있음을 인정하는 것으로부터 출발해야 한다. 십자가에서 예수님은 "다 이루었다"고 하셨고, 신약의 사도들은 언약의 완성자인 그리스도의 십자가 복음을 거쳐 구약 전체를 해석하기 때문이다. 따라서 성경 해석의 최종적 결론이 십자가 복음이 아니라면 잘못된 것이다. 예수님은 자신이 성취할 새 언약을 위하여 달려오셨기에 구약이나 신약도 모두 새 언약이 드러날 수 있도록 해야 한다. 새 언약은 예수님의 죽으심이다. 예수님 죽으심 안에는 인간의 죽음이 담겨 있다.

본문에서 그리스도를 전한다는 말은 오직 성경에서 그리스도를 전한다는 뜻임과 동시에, 성경 전부를 전한다는 말은 그리스도를 성경 전부에서 나타내야 한다는 것을 뜻한다. 따라서 "솔라(sola) 스크립투라, 토타(tota) 스크립투라"는 "솔라(sola) 그리스도, 토타(tota) 그리스도"라고 할 수 있다.

"그리스도의 사랑이 우리를 강권하시는도다. 우리가 생각하건대 한 사람이 모든 사람을 대신하여 죽었은즉 모든 사람이 죽은 것이라"(고후 5:14).

그러므로 성경 말씀이 그리스도 십자가의 새 언약 완성을 지향한다면 그 목적은 인간을 십자가에 못 박기 위한 것에 있다.

"우리가 알거니와 무릇 율법이 말하는 바는 율법 아래에 있는 자들에게 말하는 것이니 이는 모든 입을 막고 온 세상으로 하나님의 심판 아래에 있게 하려 함이라"(롬 3:19).

하나님께서 인간을 죄인으로 여겨 죽음에 넘기시는 근거는 온전히 말씀을 행하지 못하는 것에 있다.

"모든 사람이 죄를 범하였으매 하나님의 영광에 이르지 못하더니"
(롬 3:23).

설교자는 예수님께서 이루신 성경 말씀의 성취와 인간이 실천하고자 하는 성경 말씀의 결과가 어떻게 다른지 설명할 수 있어야 한다. 하나님께서 부활의 첫 열매로 맺은 예수님께서 완성하신 것은 십자가이다. 예수님과 달리 인간이 하나님 말씀을 이루어 낼 수 없는 이유는 성경을 대하는 인간의 보편적인 태도가 아담의 죄성에서 나오기 때문이다. 그 대표적 사례가 유대인들이 말씀을 대하고 지키는 방법이다. 특히 사도 바울이 사도가 되기 전의 상황을 회고하며 내뱉은 "율법의 의로는 흠이 없는 자라"(빌 3:6)는 고백은 모든 인간에게서 공통으로 찾아볼 수 있는 마음이다. 이 마음은 십자가를 받아들이지 않을 때 생겨난다.

그러므로 십자가를 받아들이는 마음은 성경 말씀을 제대로 지켜 낼 수 있다는 마음이 아니라 "나는 오직 날마다 죽어야 하고 내 안에 그리스도만이 살 때 나는 신앙인이다"라는 마음일 뿐이다. 이런 마음가짐으로 성경을 해석하면 성경 본문을 대할 때 어떤 마음을 가져야 할지 알게 된다. 어떠한 상황에서도 말씀을 지켜낸 '나'라는 존재를 드러내서 성경을 해석한다면 '자기의 의'를 앞세운 해석이 되고 만다. 이를 위해 철학과 정치, 윤리와 도덕, 사회학과 자연과학, 문학과 예술 및 스포츠, 종교와 신학이 동원된다. 즉 신은 정의롭고 자비로운 존재라는 사실을 알고, 그런 신의 모습에 맞추어 최선을 다하여 살아가라는 식으로 설교하게 된다. 이런 식의 설교에서 생명의 말씀인 그리스도의 십자가는 외면당한다. 이때 설교자는 성경 말씀에 근거하여 이러한 사실을 폭로해야 한다. 왜냐하면 인간은 언제 어디에서든 자신의 의(義)를 앞세우느라 거짓과 진실을 구분하지 못하기 때문이다.

만약 설교자가 인간들의 보편적인 '자기의 의'를 산출하는 과정과 시도에 대하여 제대로 알지 못하면 자신도 모르게 십자가 원수로 행동하게 된다. "이렇게 하시면 여러분들은 이 성경 말씀을 지킨 것이 됩니다"라는 식으로 설교를 끝맺는 것이 대표적인 예이다. 십자가 복음을 사모하는 성도가 영원한 생명의 원천이자 그 자체이신 그리스도 십자가를 경험하지 못하고 '인간의 의'를 세워주는 윤리나 도덕에 초점을 맞춘 설교에 실망한다면, 그것은 곧 그 성도 안에 계시는 예수님을 실망시키는 것과 같다.

구원의 능력으로서 십자가 복음을 설교한다는 것은 복음 그 자체인 '십자가에 달리신 그리스도'를 전하는 것이다. 하지만 십자가 없이 '구원, 영생, 부활, 하나님 나라, 임마누엘 사상, 삼위일체 교리, 하나님의 주권'을 전한다면 그 자체는 구원의 능력이 될 수 없다. 이러한 것은 그리스도의 십자가와 함께 전할 때만 의미가 있다.

우리는 복음과 복음의 결과를 구분할 필요가 있다. 복음의 결과에 해당하는 구원과 영생, 구원과 하나님 나라 등은 십자가 복음을 드러내는 배경으로 설교 되어야 한다. 만약 십자가 없이 부활을 전하면 인간의 구원 욕망은 자신을 구원의 주체로 만든다. 십자가의 능력은 인간의 주체성을 가진 모든 개념을 부수고 진정한 하나님의 뜻을 알려주시는 것에 있다. 그래서 설교 내용과 설교 방식 모두 십자가에 못 박혀 나오는 것이 된다. 십자가에 달리신 그리스도를 전할 때 십자가를 통하여 그리스도께서 이루신 모든 부요한 것이 공급된다. 여기에서 중요한 것은 공급된 것에 대한 만족감이 아니라 공급하시는 분의 은혜이다.

십자가로 그리스도를 따른다는 것은 인간의 존재와 행위 일체가 십자가에서 그리스도와 함께 죽는다는 것을 의미한다. 우리는 그리스도와 함께 죽었고 우리의 생명은 하나님께 감추어져 있다(골 3:3, 빌 3:8-9). 십자가는 그리스도만의 유일한 실재이자 사건이며 동시에 우리 모두의 실재이자 사건이다. "다 이루었다"라고 선언한다는 것은 바로 나 자신을 부인하는 것이다.

이렇게 십자가는 시작과 끝이 서로 맞물려 있다. 예수님의 죽으심으로 다 이루신 결과가 영생이요(요 3:12-15), 그리스도가 누구인지 아는 참지식이며(요 8:28), 모든 민족을 하나로 묶는 연합이다(요 12:32, 엡 1:10, 골 1:16-20). 그리스도는 십자가로 통일을 이루는 모든 것이다. 예수님이 "다 이루었다"고 말씀하셨을 때 예수 그리스도의 죽음이 이런 궁극적인 결과를 이루었다는 것을 선포하신 것이다. 성찬식에서 그리스도의 몸을 함께 나눈다는 것은 그리스도의 몸이 현재의 자신과 옛사람을 죽인다는 것이다. 우리 자신이 부인될 때 그리스도께로 연합된다.

설교자가 십자가 복음을 설교할 때 그리스도 완성의 메시지가 되는 동력은 십자가이다. 십자가 복음을 전한다는 것은 내용과 방식, 목적과 수단 모두 십자가로 귀결되는 것이다. 십자가 복음을 전하는 자는 복음의 내용과 동일시되는 일을 감수해야 한다(히 13:13). 그리스도는 사람들이 복음을 분명하게 들을 수 있게 하려고 죽으셨다. 수치와 능욕의 십자가로 복음을 전해야 한다. 그래서 십자가를 중심으로 복음을 전하면 전하는 자도 십자가의 삶을 살도록 요구받는다. 십자가 복음, 즉 생명을 주는 복음을 설교하기 위해서는 생명을 주시는 말씀이신 예수 그리스도께서 설교자에게 십자가를 요구하시기 때문이다.

하나님께서 십자가를 통하여 구원하셨다면 우리도 십자가를 통하여 십자가 복음을 설교해야 한다. 설교의 목적은 말씀을 통해서 십자가를 지신 그리스도를 높이는 것이다. 만약 그리스도께서 설교의 중심이 되지 못한다면 청중은 그리스도를 보지 않을 것이며 보지도 못할 것이다. 설교자는 그리스도의 전달 방식을 본받아 하나님 앞에서 완전히 자신을 버리고 특권을 내려놓아야 한다. 그리스도를 보는 것에 설교자가 걸림돌이 되지 않도록 해야 한다. 설교 내용에서 그리스도가 중심이 되도록 해야 한다. 내용보다 설교자가 중심이 되거나 설교 전달 방식이 중심이 되어서는 안 된다.

언약이란 결속을 뜻한다. 그리스도와의 연합은 언약의 성취로 일어난다. 하나님 언약의 관심사는 오직 예수 그리스도의 행하심이고 그 행하심은 십자가 사건으로 다가온다. 왜냐하면 십자가 사건 앞이 아니면 인간이 자기 행함을 의지하는 죄와 교만이 드러나지 않기 때문이다.

"이는 너희가 죽었고 너희 생명이 그리스도와 함께 하나님 안에 감추어졌음이라"(골 3:3).

사도 바울이 말한 '죽었다'는 표현은 하나님의 모든 일의 초점이 결코 우리를 '살려냄'에 있는 것이 아니라 '그리스도'의 위대함을 증거 하기 위하여 우리를 죽음에서 구원하여 사용하심을 말씀한 것이다. 말씀이 성도 안에서 살아나게 하려고 늘 성도를 죽이시면서 말씀 자체의 능력인 예수님 생명의 능력만이 증거되는 방식으로 일하신다. 하나님이 일하시니 예수님도 일하신다(요 5:17). 예수님이 일하시니 성령님도 일하신다. 성령님이 일하시니 설교자도 복음을 위하여 일한다(롬 10:14). 주의 종은 먹든지 마시든지 모두 다 주님을 위하여 쉬지 않고 일하게 되어있다.

그리스도의 사랑이 우리를 강권하시는도다.
우리가 생각하건대
한 사람이 모든 사람을 대신하여 죽었은즉
모든 사람이 죽은 것이라.

(고후 5:14)

" 그러나 내게는 우리 주 예수 그리스도의 십자가 외에 결코 자랑할 것이 없으니 그리스도로 말미암아 세상이 나를 대하여 십자가에 못 박히고 내가 또한 세상을 대하여 그러하니라(갈 6:14). 우리가 세상의 영을 받지 아니하고 오직 하나님으로부터 온 영을 받았으니 이는 우리로 하여금 하나님께서 우리에게 은혜로 주신 것들을 알게 하려 하심이라(고전 2:12). "

P·a·r·t·02

:
:

설교를
그리스도 완성키로
작동하라

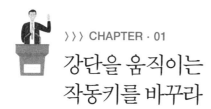

>>> CHAPTER · 01

강단을 움직이는
작동키를 바꾸라

그리스도가
설교의 출발점이다

성경 본문과 관계된 그리스도를 설교해야 한다. 성경 본문을 설명하지 않고 예수님을 설교하는 것은 다른 예수를 설교하는 것이다. 그러므로 그리스도에 대한 메시지는 그것이 성경 본문에 기록된 경우에만 의미가 있다. 더군다나 성경 본문에서 예수를 설교하는 것과 예수 그리스도의 십자가를 설교하는 것에도 차이가 있다. 예수 그리스도의 십자가를 전하는 것은 예수를 믿어 구원받고자 하는 인간의 자기 결정조차도 죽은 것으로 취급받아 개입할 수 없게 한다(사 6:9-13). 스스로 구원받으려 하는 자를 막아내는 십자가이다. 십자가의 능력은 우리에게 자기 가치가 십자가로 무너진 상태에서 오직 주님께 공로를 돌리고 십자가만 자랑하게 한다. 심지어 십자가를 전하는 설교자마저 십자가의 능력이 자기를 부인하도록 작용하는 복음의 효력으로 작용한다.

성경은 그리스도를 보여준다. 모든 성경에는 '구속사' 라고 부를 수 있는 줄거리가 있다. 구속사는 예수 그리스도의 사역에서 정점을 이루며 효과는 계시록까지 미친다. 오직 성경으로 그리스도를 설교해야 한다. 아울러 성경이 그리스도를 보여주기 때문에 모든 성경을 설교해야 한다. 성경 본문 없는 그리스도만 설교해도 안 되고 그리스도 없는 성경 본문만 설교해서도 안 된다.

십자가 중심의 설교, 즉 복음을 설교하는 가장 위대한 메타포는 바로 복음 그 자체이다. 십자가 복음을 설교하려면 또한 십자가로 설교해야 한다. 하나님께서 십자가를 통하여 구원하셨다면 우리도 십자가를 통하여 설교해야 한다. 십자가가 하나님의 방법이라면 그것 또한 우리의 방법이 되어야 한다.

설교할 때 반드시 던질 질문은 십자가의 메시지가 십자가를 수단으로 전달될 수 있는가이다. 목회자들이 왜 성경 본문만을 따라 사역을 세워나가야 하는지 묻는다면 본문이 설교하게 하기 때문이라고 답할 수 있다. 즉 말씀이 설교자를 사용하실 것이다. 진정한 강단의 주인공은 누구인가? 하나님을 중요시할 것인지 아니면 설교자를 중요시할 것인지 하나를 결정해야 한다.

설교자 또한 십자가 복음, 즉 생명을 주는 복음을 설교하기 위해서는 생명을 주시는 말씀이신 예수 그리스도로부터 죽음을 요구받는다. 다른 사람이 고통받지 않기 위해 설교자가 고통을 대신 받아야 한다(고전 2:1-5). 기독교 신앙은 인식과 개념에 대한 것이 아니라 살아계신 하나님과의 만남, 즉 예수 그리스도의 십자가를 통하여 일어나는 만남이다.

오늘날 간혹 십자가를 그리스도가 지상의 삶에서 하나님 우편에 앉으심으로 높임을 받으시는 과정 중의 하나로 보려는 경향이 있다. 이런 경우 십자가는 여러 단계 중 하나일 뿐이며 그것 자체가 특별히 중요하게 여겨질 수 없다. 이러한 것은 사탄의 조종을 받은 상태에서 나오는 인식이다. 이 인식마저 십자가 복음은 굴복하게 하여 주님을 바라보게 한다. 십자가에 매달린 예수 그리스도는 오직 성경에서 증거되는 주인공이며, 또한 성경 전부에서 증거되는 주인공이기 때문에 계시의 점진성으로 인하여 구약의 부분적인 계시라 할지라도 그리스도께서 십자가에서 하나님의 말씀(뜻)을 다 이룬 그리스도 완성의 효과가 부분 계시에 미쳐서 완전 계시로서 역할을 하게 된다. 그러므로 창세기부터 요한계시록까지 전(全) 성경이 예수 그리스도의 십자가로 해석된다. 잠언, 전도서도 그리스도 십자가로 해석되어야 한다. 그렇지 않으면 유대교적 해석이 되어 그리스도를 만나지 못하는 설교가 된다.

그러므로 설교자는 선을 행하는 윤리적인 삶, 또는 사색에 몰두하는 명상적인 삶이 청중을 잘못된 방향으로 인도하지 않도록 유의해야 한다. 둘 다 매력적이고 마음의 평화를 줄 수는 있다. 하지만 그것들을 십자가로 부인하지 않고 박해자들로부터 방해받지 않고 존경받으면서 복음 전하는 것을 경계해야 한다. 십자가는 모든 길 중 가장 확실한 길이다. 이 진리를 아는 자는 복이 있다. 십자가의 신비는 그리스도의 완성 복음을 전하고자 하는 설교자에게는 참된 열쇠를 제공한다. 루터가 말했듯이 "참된 신학과 하나님을 아는 지식은 십자가에 달리신 그리스도 안에 있다." 그러므로 십자가 복음을 설교하는 자는 십자가가 해석의 대상이 될 수 없으며, 오히려 설교자 자신이 십자가로 해석 당해야 한다는 것을 인정해야 한다.

십자가 복음을 전하면서 남을 위해 받는 고통은 사역의 일부분이 아니라 사역의 본질이다. 바울은 복음을 전하는 데 있어서 "말과 지혜의 아름다운 것"(고전 2:1)으로 하지 않는다고 하였다. 말솜씨로 가득한 설교 메시지는 오히려 복음을 무가치하게 만들 수 있다. 지혜에 대한 잘못된 이해로 만들어진 혼잡한 복음이 아니라 순전한 복음 메시지가 유지되어야 한다. 복음을 증거하기 위하여 하나님께서는 믿는 자를 부르시며 변변치 않은 사람을 통해서 하나님의 능력을 보여주기로 선택하셨다. 기독교가 세상에 충격을 주는 것은 바로 십자가 자체 때문이다. 하지만 전달 매체(메신저)도 중요하다. 그러나 항상 그 매체는 메시지 다음에 자리 잡아야 한다.

설교의 목적은 말씀을 통해서 그리스도를 높이는 것이다. 소통자인 하나님께서 자신이 어떻게 전달되기를 원하셨는지 살펴보자. 첫째, 신학에서 하나님의 소통 본질은 하나님께서 그리스도를 통하여 자신을 계시하셨고 그리스도는 말씀을 통하여 자신을 계시하셨다는 사실이다. 둘째, 설교 철학에서 목적을 달성하기에 적합한 설교 방식은 본문이 이끄는 설교, 본문 중심의 설교, 그리스도 중심의 설교이다. 만약 본문이 중심이 되지 못하면 그리스도가 중심이 되지 못한다. 그리스도께서 설교의 중심이 되지 못한다면 청중은 그리스도를 보지 않을 것이며 보지 못할 것이다. 오직 성경 본문에서 그리스도를 보게 하고 모든 성경 전부에서 그리스도를 보게 해야 한다. 셋째, 전달 방식에 있어서 복음은 복음 자체를 선전하지 않는다. 복음은 성령에 의해, 그리고 오직 복음을 움직이게 하는 사람에 의하여 움직인다.

복음은 그리스도 중심이다. 설교란 적들이 있는 곳에 나아가서 사람들을 그 중심으로 데려오는 일이다. 왜냐하면 그리스도 중심으로 들어올 때 비로소 진정한 안전을 누리게 되기 때문이다. 복음을 전하는 자는 복음의 내용과 동일시되는 일을 감수해야 한다(히 13:13). 그리스도는 사람들이 복음을 분명하게 들을 수 있게 하려고 죽으셨다. 복음은 청중을 사랑하는 마음으로, 개인적인 온기가 담긴 본문의 다양한 장르로 청중에게 다가가야 한다. 수치와 능욕의 십자가로 복음을 전해야 한다.

설교자는 그리스도의 전달 방식을 본받아 하나님 앞에서 자신을 비워야 한다. 완전히 자기를 버려야 한다. 자신의 특권을 내려놓아야 한다. 설교자는 강단 위에서 십자가를 짊어지고 희생과 고난을 감당해야 한다. 그리스도 중심의 소통이야말로 완벽한 설교 전달이다. 본문에 나타나는 그리스도를 선명하게 볼 수 있게 해야 한다. 설교자가 그리스도를 보는 것에 걸림돌이 되지 않아야 한다. 설교 내용의 중심이 그리스도가 되어야 한다. 내용보다 설교자가 중심이 되거나 설교 전달 스타일이 중심이 되어서는 탁월한 설교를 할 수 없다.

설교자는 강단 위에서 십자가를 져야 한다. 말씀에 대하여 복종해야 한다. 말씀 아래 있어야 한다. 성경 본문에 복종해야 한다. 그 본문의 내용과 역동성이 항상 설교에 표현되도록 자리를 내주어야 한다. 하나님 말씀의 권위 아래에 머무는 자여야 한다. 청중을 향하여 복종하는 자라야 한다(요 10:11-15).

탁월한 설교가 완성의 메시지가 되는 동력은 십자가이다. 설교자로 산다는 것은 십자가 중심의 삶을 살아가는 것이다. 설교한다는 것도 바로 십자가에서 주님이 하신 것처럼 복종하는 자세로 설교하는 것이다. 설교는 내가 죽어서 남을 살리는 것이다. 복음을 전한다는 것은 복음을 전하면서 복음으로 사는 것이다. 십자가 복음을 전한다는 것은 내용도 방식도 수단도 모두 십자가이다.

도판 밑에서 작용하는 십자가의 힘이다. 곧 어린 양의 죽음에서 나온 능력이다. 사람들이 자기 힘으로는 이 죽음에 참여하지 못하기 때문에 성경 언어를 대하면서 다음과 같은 절차를 밟게 된다. 문제의식을 느끼고 성경을 보게 되고 역사(현실)를 재구성한 다음 자기 주체성을 확고히 하는 절차를 겪게 된다.

성경학자든 언어학사는 일반인이든 상관없이 인간들이 제시하는 모든 궁금증이나 문제의식은 결국 자기 주체성 정립을 위한 것이다. 자기 존재감 발산에 불과하다. 십자가는 이러한 주체성을 가진 모든 개념을 부수고 진정한 하나님 뜻을 우리에게 알려주신다. 그래서 설교 내용과 설교 방식, 설교 전달 모두 십자가에 못 박혀 나오는 것이어야 한다. 그러므로 십자가에 달리신 그리스도를 전할 때 모든 것이 십자가를 통과하여 이루어져야 한다

"다 이루었다"라는 선언은 바로 자신을 부인하는 것이다. 이렇게 십자가는 시작과 끝이 서로 맞물려 있는 신비다. 예수님의 죽으심으로 다 이루신 결과는 영생이자 그리스도가 누구인지 아는 참된 지식이며, 모든 민족을 하나로 모으는 연합이다. 예수님이 "다 이루었다"고 말씀하셨을 때 예수님은 자기 죽음이 이런 궁극적인 결과를 이루었다는 것을 선포하신 것이다. 그리스도의 몸을 우리가 함께 나눈다는 것은 그리스도의 몸이 우리 몸을, 우리 자신을, 우리의 옛사람을 죽인다는 의미이다. 우리가 자신을 부인해야 그리스도께로 연합된

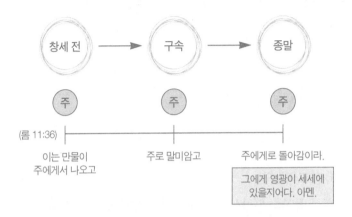

【그림 12】 시작과 마침이 되는 그리스도 주

창세 전 → 구속 → 종말

주   주   주

(롬 11:36)

이는 만물이   주로 말미암고   주에게로 돌아감이라.
주에게서 나오고

그에게 영광이 세세에
있을지어다. 아멘.

주로 시작 - 주로 말미암고 주로 돌아감 (롬 11:36)
십자가 - 십자가 - 십자가

다. 십자가로 그리스도를 따른다는 것은 인간의 존재와 행위 일체가 십자가에서 그리스도와 함께 죽는다는 것을 뜻한다. 우리는 그리스도와 함께 죽었고 우리 생명은 하나님께 감추어져 있다(골 3:3).

십자가는 그리스도만의 유일한 실재이자 사건이며, 동시에 우리 모두의 실재이자 사건이다. 유일한 그리스도이자 총체적 그리스도께서 십자가에 죽으셨다. 그리스도를 알지 못하는 자는 고난 속에 감추어진 하나님을 알지 못한다. 그러므로 그는 고난보다 행위를 선호하고, 십자가보다는 영광을, 약함보다는 힘을, 어리석음보다는 지혜를, 일반적으로 추한 것보다는 아름다운 것을 선호한다. 사도 바울은 이런 자들을 그리스도 십자가의 원수들이라고 불렀다(빌 3:18). 십자가에서 드러난 고난의 모습을 하나님으로 이해하는 자는 하나님을 볼 수 있지만 영광의 신학을 따르는 자들에게는 하나님의 모습이 감추어진다.

움직이는 단위 본문을 선택하라

1) 설교의 원천

성경 본문을 떠나서 설교하는 것은 설교라고 볼 수 없다. 본문의 의미를 파악하고 오늘날의 상황과 연결할 수 있어야 한다. 본문이 어떤 언약 관계 속에서 우리와 그리스도 사이의 연관성을 가지는지 소통해야 한다. 설교자는 본문의 의미가 어떻게 현대와 연결되는지 보여줄 뿐만 아니라 본문에 나타난 진리가 어떻게 구체적으로 적용될 수 있는지 제시해야 한다. 요약하면 성경 본문을 중심에 두고 설교하되 연관을 통해 의미의 소통이 이루어지게 하고 아울러 적용을 제시하여 설교의 본분을 다해야 한다. 여기에서 연관은 언약의 그리스도를 제시하는 것이다.

설교의 대상은 성경이다. 설교의 원천은 오직 성경이다. 그러므로 설교의 범위 또한 성경이다. 이를 뒷받침하는 것이 성경의 명료성이다. 성경의 명료성이란 개별 구절과 성경 전체로부터 어떤 의미가 나오며, 이를 어떻게 확정하는가 하는 문제를 다루는 것이다. 신학자 버나드 램(Bernard Ramm)은 성경 해석학에서 마틴 루터를 소개함으로써 그리스도 중심적 성경의 명료성을 다루었다. 즉 기독교적 성경의 명료성 이론을 규정한 사람은 마틴 루터이다. 그는 자신의 저서 「의지의 속박」(The Bandage of the will)에서 이 문제를 다루었다. 루터는 성경의 내적, 외적 명료성을 언급하였다.

성경의 명료성에 대한 견해는 사실 해석학 이론과 실제적 해석 모두에 있어 아주 근본적인 문제이다. 루터는 성경의 외적 명료성은 그 문법적 명료성에 있다고 말하였다. 만일 어떤 해석자가 소위 '언어의 법칙들' 또는 '언어의 권리들'을 적절히 따르게 되면, 그는 성경이 구체적으로 의미하는 바가 무엇인지 알게 된다는 것이다. 이는 인문주의의 언어학적 방법을 성경에 적용한 것이다. 성경의 내적 명료성은 성도의 마음과 생각에 역사하시는 성령의 활동에 의존한다. 성령께서는 성도의 마음을 조명하여 성경의 진리를 하나님의 진리로 깨닫게 하신다. 언어학적 도움과 성령의 조명을 통해 성경의 명료성에 도달하고 이로써 제도적 교회의 해석학적 권위에 의존할 필요가 없게 된다.

교회가 성경의 역사적, 자연적 의미의 중요성을 다시 깨닫게 하여 구약이 그 자체의 가치를 지닌 것으로 간주될 수 있게 한 것은 다름 아닌 종교개혁자들이었다. 종교개혁자들이 성경의 권위를 되찾을 때 그들은 교회와 구원에 대한 성경적 교리뿐만 아니라 성경에 대한 성경적 교리도 재확립하였다. 따라서 기독교의 해석법은 성경의 명료성이라는 개념에 기초한 것이다. 종교개혁자들은 성경 밖-이른바 무오한 교회-에서 가해지는 해석의 권위를 제거함으로써 성경 자체에 내재된 해석의 원리를 자유롭게 받아들이고 활용하였다.

따라서 스스로 해석하는 성경만이 신앙의 유일한 법칙이 되었다.

종교개혁자들은 성경을 성경으로 해석해야 한다고 선포하였다. 여기서 '성경'이라는 표현은 두 가지 의미로 활용된다. 위의 공식에서 첫 번째 나오는 성경은 성경 전체를 말하고, 두 번째 나오는 성경은 성경의 부분, 즉 절이나 장을 가리킨다. 따라서 이 공식을 다르게 옮겨 놓으면 이렇게 될 것이다. "전체 성경은 성경의 특정 구절들을 이해하기 위한 문맥이요 지침이다." '솔라 스크립투라'(Sola Scripitura, 오직 성경)는 종교개혁의 표어가 되었다. 해석의 권리는 각 성도에게로 되돌아갔다. 그러나 이 말이 성경에서 추출된 성경 해석의 원리를 무시하고 개별적인 성도가 자기 임의로 해석할 수 있다는 것을 의미하지는 않는다.

성경에서 말하는 설교의 원리는 첫째, '오직 성경'이며 둘째, '성경 전부'를 선포해야 한다는 것이다. 개혁주의자들은 '오직 성경'으로, 그리고 '성경 전부'를 부르짖으면서 그 원리를 그들의 성경 해석과 설교에 다 같이 적용하였다. 즉 성경 해석과 설교 자료 및 과정 모두가 "성경 스스로 말하게 하라"는 원리에서 나와야 한다.

2) 오직 성경(Scriptura Sola)

'오직 성경'으로 설교하라는 것은 무슨 뜻일까? '오직 성경'으로 설교한다는 것은 고린도전서 4장 6절에 기록한 대로 "기록한 말씀 밖으로 넘어가지 말라"는 것이다. 즉 성경의 한도를 넘어서는 안 된다. 인간은 하나님의 계시인 성경을 떠나서는 하나님과 진리에 대한 참다운 것을 깨달을 수가 없다. "성경이 가는 곳까지 가고, 성경이 멈추는 곳에 멈추며, 성경이 말하는 것을 말하고, 성경이 침묵하는 것은 침묵하는 것이다." 그것은 설교에 있어서 적용을 배제한다는 뜻이 아니고 설교자는 언제나 성경 본문에 근거해야 한다는 것을 말한다. 설교는 언제나 성경 본문에 매여 있어야 한다. 강단은 성경이 가는 곳까지 가고 성경이 멈추는 데서 멈추어야 한다.

벨직 신앙고백서 제7장은 "유일한 신앙 규범으로서의 성경의 충족성"에 대해 말하며, 성경에 계시된 하나님 말씀 외에 어떤 것도 덧붙이거나 빼는 것을 금지하고 있다. 사도 바울은 "하늘로부터 온 천사라도 우리가 너희에게 전한 복음 외에 다른 복음을 전하면 저주를 받을지어다"(갈 1:8)라고 엄하게 경고한다. 이와 같은 성경의 가르침을 따라 개혁주의자들은 성경만이 신앙의 유일한 규범임을 명시한다.

설교자가 개인적 경험이나 종교적 의식을 설교의 주제로 삼는 것은 '오직 성경'으로의 기본 원리와 맞지 않는다. 오늘날 많은 설교자가 기독교는 교리가 아니라 하나의 생활이라는 전제하에 성경의 진리 대신 경험과 간증을 전하는 것은 확실히 중대한 문제가 아닐 수 없다. 설교자의 경험이나 종교의식을 설교의 주제로 삼는 것은 '오직 성경만'으로의 설교 원리를 깨뜨리는 것이다. 성경은 정확무오한 하나님 말씀이지만 설교자의 경험 그 자체가 설교의 주체가 되는 것은 '오직 성경'으로의 원리가 아니다.

계몽주의 시대의 합리주의적 사상을 가진 설교자들은 자신의 이성과 일치하지 않는다고 생각한 성경의 원리들, 즉 원죄, 속죄, 이신칭의 교리를 설교하지 않았다. 그래서 계시종교를 인간의 자연종교로 대치하는 결과를 낳았다. 신학적 자유주의의 길을 열게 된 것이다. 신학자이자 철학자인 프리드리히 슐라이어마허는 합리주의 사상에 반대하였지만 성경을 하나님의 초자연적 계시로 수용하지 않고 일부 뛰어난 성자들의 주관적 종교경험의 기록으로 간주하였다. 따라서 오늘날 기독교는 교리라기보다는 하나의 삶과 생활이라는 전제 아래 인간의 종교적 경험과 간증으로 성경의 진리를 대치하는 현상이 빈번하게 일어난다. 이것은 매우 위험한 일이며 오직 성경만의 원칙을 허무는 것이다.

강해 설교는 언제나 하나의 성경 본문을 갖는다. 기독교 설교는 언제나 '오직 하나님의 말씀'(sola scriptura)에 대한 설교이다. 개혁주의자들의 성경적 설교의 기본적인 틀이다. 성경의 초자연적 영감과 성경적 계시의 특이성을 고백하는 자세에서 비롯된 것이다. 사도 바울은 "모든 성경은 하나님의 감동으로 된 것으로"(딤후 3:16)라고 하였고, 사도 베드로는 "예언은 언제든지 사람의 뜻으로 낸 것이 아니요 오직 성령의 감동하심을 받은 사람들이 하나님께 받아 말한 것임이라"(벧후 1:21)라고 하였다.

성령 하나님의 영감으로 기록된 성경은 인간의 구원을 위한 하나님의 지혜를 계시한다는 점에서 독특성을 지닌다.

> "또 어려서부터 성경을 알았나니 성경은 능히 너로 하여금 그리스도 예수 안에 있는 믿음으로 말미암아 구원에 이르는 지혜가 있게 하느니라"(딤후 3:15).

설교자는 언제나 읽고 듣고 깨달은 하나님 말씀을 전하기로 해야 한다. 설교의 뿌리는 오직 성경뿐이다. 성경에 그 어떤 세상 철학이나 심리학을 덧붙여 설교하지 말아야 한다. 사도 바울의 성경에 대한 이해는 다음과 같다.

"누구든지 주의 이름을 부르는 자는 구원을 받으리라. 그런즉 그들이 믿지 아니하는 이를 어찌 부르리요. 듣지도 못한 이를 어찌 믿으리요. 전파하는 자가 없이 어찌 들으리요. 보내심을 받지 아니하였으면 어찌 전파하리요. 기록된 바 아름답도다. 좋은 소식을 전하는 자들의 발이여 함과 같으니라. 그러나 그들이 다 복음을 순종하지 아니하였도다. 이사야가 이르되 주여 우리가 전한 것을 누가 믿었나이까 하였으니 그러므로 믿음은 들음에서 나며 들음은 그리스도의 말씀으로 말미암았느니라"(롬 10:13-17).

'오직 성경만'의 원칙에 대한 여러 오해가 있다. 첫째, '오직 성경만'의 원칙은 성경 외의 예증적 자료를 배제하는 것이 아니다. 예수님은 자신의 비유 설교에서 유추의 원리를 따라 영적인 진리를 자연적 예증으로 설명하셨다(예 : 감추인 보화 비유, 겨자씨 비유, 씨 뿌리는 자의 비유 등). 일반계시의 모든 것은 특별계시인 하나님 말씀을 예증하는 데 사용될 수 있다. 즉 비유란(para+bole : 옆에 두다) 지상의 사물과 현상을 통해 천상(하늘)의 진리를 보여주고 가르친다. 또한 성경 문자주의(Biblicism)를 신봉하는 말씀보존학회(KJV) 등의 주장에 주의할 필요가 있다. 그들의 주장은 역사를 초월하시고 주관하시는 하나님을 성경에 가두는 꼴이다.

둘째, '오직 성경만'의 원칙은 설교자가 성경을 가르침에 있어서 청중의 특정한 요구와 그 시대의 특이한 상황에 적용하는 것을 금한다는 뜻도 아니다. 설교란 청중이 살아가는 세상의 상황을 무시하는 것이 아니고, 오히려 하나님께서 설교를 통하여 매 순간 사람들이 처한 환경 가운데 진리와 생명의 말씀으로 찾아오시는 사건이다.

3) 성경 전부(Scriptura Tota)

설교자가 성경의 한 부분을 무시한 채 가르치고 설교하는 것은 내일의 이단을 위한 온상을 만드는 것과 같다. '성경 전부'라는 설교 원리를 위해 절대적 필요조건은 무엇인가?

첫째, '성경 전부'를 설교한다는 말은 구약과 신약 두 곳에 기초를 두어야 한다는 뜻이다. 구약과 신약은 서로 분리할 수 없는 관계이다. 구약에서 신약의 약속 성취를 내다볼 줄 알고 신약에서 구약의 하나님 약속을 읽을 수 있어야 성경적인 설교를 할 수 있다. 성경 일부분만으로 또는 설교자 자신이 선호하는 성경책이나 교리만으로 설교하면 한쪽으로 치우친 설교가 되고 만다. 설교자는 영감된 하나님 말씀인 성경 66권을 설교해야 한다. 이런 점에서 교리 설교의 중요성과 필요성이 대두된다. 어거스틴이 말한 바와 같이 "신약은 구약 안에 숨어 있고, 구약은 신약에서 나타났다. 그것은 둘이라기보다는 하나님의 구속사이며 하나님의 언약사이다." 구원의 약속과 구원의 성취로서의 성경을 이해해야 한다. 특별히 개혁신학은 '언약신학'을 바탕으로 신구약의 통일성과 하나님 계시의 단일성을 고백한다.

둘째, 교리와 역사와 생활을 동시에 조화롭게 설교할 때 '성경 전부'를 증거하는 것이다. 기독교는 교리가 아니고 생활이라고 말하는 사람이 있다. 그러나 그것만 강조된다면 바른 설교라고 할 수 없다. 기독교는 생활인 동시에 교리이며, 교리와 생활이기 전에 역사적 사건임을 알아야 한다.

셋째, '성경 전부'를 설교한다는 뜻은 '여기'와 '거기', '오늘'과 '내일'을 동시적으로 증거하는 것이다. 영원한 하나님 나라가 성경대로 분명히 제시될 뿐만 아니라 오늘의 주체적인 삶 속에서 그리스도인의 책임과 소명(召命)이 무엇인가가 분명히 설교되어야 성경적인 설교이다. 현재만 강조하면 세속주의의 오류에 빠진다. 내세만 강조하면 현실 도피주의의 오류에 빠진다.

넷째, '성경 전부'를 설교한다는 것은 성경 전체의 구속 역사적인 맥락에서 특정 본문을 해석한다는 의미로서 기록된 말씀에 근거하여 예수 그리스도를 선포하는 것이다. 이와 같은 내용의 설교를 할 수 있는 것은 역시 구속사적 측면에서 그리스도를 설교하는 것이다. 그리스도 중심으로 성경을 이해하고 해석할 수 있어야 한다. 즉 그리스도 중심적 설교를 해야 하며, 그리스도가 빠진 설교는 설교가 아니다.

강단키 사용법을 바꾸라

1) 설교의 열쇠

탁월한 설교 방향과 목표가 있는가? 설교의 열쇠를 가지고 있는가? 그리스도는 설교의 탁월한 열쇠이다. 그리스도를 설교해야 하는 일화를 잠시 소개하고자 한다. 시드니 그레이다누스는 다음과 같이 회고한다.

1976년, 나는 브리티시 컬럼비아의 멜타에서 목회하면서 설교했었다. 그때 어느 은퇴 목사가 하나님 중심의 설교 한 편을 듣고 나를 찾아와 말했다.

"시드니 목사님, 설교 참 좋았습니다. 그런데 목사님이 하신 그런 설교라면, 랍비가 회당에서도 할 수 있지 않았을까요?"

나는 이 질문에 머리가 멍했다. 그러나 이 질문 덕분에 그리스
도 중심의 설교에 대해 생각하게 되었다. 물론 랍비와 내게는 공
통으로 구약이 있다. 그중 일부를 본문으로 했던 설교를 랍비가
회당에서 했더라도 아무런 문제가 없다. '그렇다면 내가 기독교
설교를 하는 대신 구약 설교(유대교 설교)를 했나? 나는 구약을
설교할 때 그 구절이 이제 신약의 문맥에서 기능한다는 점을 보
여줘야 하지 않은가? 기독교 설교자들의 설교는 확연히 기독교적
이어야 하지 않은가?'

그로부터 20여 년이 흐른 후, 이 물음을 깊이 연구할 기회가 있
었다. 그 연구의 결과물이 「구약의 그리스도, 어떻게 설교할 것인
가?」였다. 나는 구약의 구절에 기초한 설교는 단지 '하나님 중심'
의 설교에 그쳐서는 안 되며, 반드시 '그리스도 중심'이어야 한다
고 결론을 내렸다. 교부들은 이것을 잘 알았으나, 불행히도 그리
스도 중심의 설교를 하려고 알레고리적 해석을 취하고 말았다. 교
부 암브로시우스는 전도서를 설교하면서 "세 겹 줄은 쉽게 끊어지
지 아니하느니라"(전 4:12)라는 구절을 삼위일체와 연결했다.

그러나 그리스도 중심의 해석을 위해 알레고리적 해석을 활용
하는 것은 정직하지 못하다. 알레고리적 해석은 알레고리에 한하
여 적용해야 하며, 알레고리적 해석을 다른 장르에 적용하는 것
은 독단적이고 주관적이다. 알레고리적 해석은 성경 저자의 의도
를 심하게 왜곡한다. 나는 특히 지혜문학을 염두에 두고, '그리스
도 설교하기'에 대한 정의를 확대했다. 일반적으로 정의하면, 그
것은 그리스도라는 인성과 사역에 대한 설교이다. 그리스도의 사

역은 빈번하게 속죄로 제한된다. 그래서 나는 그리스도의 가르침이라는 범주를 추가해 그리스도 설교하기의 정의를 확대했다.

예수님은 "너희가 내 말(가르침)에 거하면 참으로 내 제자가 되고"라는 말씀(요 8:31)에서 자신의 가르침이 갖는 중요성을 친히 강조하셨다. 그분이 제자들을 파송하면서 "너희는 가서 모든 민족을 제자로 삼아… 세례를 베풀고 내가 너희에게 분부한 모든 것을 가르쳐 지키게 하라"고 명하실 때(마 28:19-20), 자신의 가르침이 갖는 의미를 강조하셨다. 나중에 요한은 이렇게 기록한다. "지나쳐 그리스도의 교훈 안에 거하지 아니하는 자는 다 하나님을 모시지 못하되 교훈 안에 거하는 그 사람은 아버지와 아들을 모시느니라"(요이 1:9). 따라서 나는 그리스도 설교하기란 '본문의 메시지를 신약에 계시된 예수 그리스도의 인격과 사역, 그리고(또는) 가르침에서 절정에 이르는 하나님의 계시와 진정으로 통합하는 설교를 하는 것'이라고 정의했다.

나는 구약과 교회사를 연구한 끝에 구약의 메시지에서 신약의 예수 그리스도께로 옮겨가는 일곱 가지 절절한 길이 있다고 결론을 내렸다. 그 일곱 가지 길이란 '구속사의 점진성, 약속-성취, 모형론, 유비, 통시적 주제, 신약의 관련 구절, 대조 등'이다. 본문에 따라, 설교자는 이 중 하나 또는 그 이상을 활용해 그리스도를 설교하면 된다. 실제 설교를 작성할 때 설교 중에 어디에서 어떻게 그리스도께로 옮겨갈지는 성령의 인도를 따라 결정할 수 있다.

나는 그리스도 중심의 설교에 관한 방향에 대한 그레이다누스의 견해에 전적으로 동의한다. 세상의 주인은 예수 그리스도이시다. 그리스도 중심으로 설교해야 할 필요성과 이유를 분명히 상기시키는 일화이다. 모든 자로 아들에게 무릎 꿇게 하고 주로 시인하게 만드시는 분이 하나님이다. 그리고 아들을 높이고 주로 인정하는 일, 즉 아들 중심으로 세상이 움직이도록 하시는 일을 통해서 아버지도 영광을 받으신다. 이것이 원래 아버지와 아들이 약속한 내용이기 때문이다. 여기서 우리가 간과하지 말아야 할 부분은 예수님을 제쳐둔 채 하나님을 단독적으로 높이고 영화롭게 할 방법은 없다는 점이다. 오직 아들을 높여 그 앞에 무릎 꿇고 주로 시인하는 것만이 아버지를 영화롭게 하는 유일한 방법이다(빌 2:9-11).

날마다 하나님을 사모하고 그분이 주신 율법을 묵상하며 입을 열 때마다 하나님을 찬송한다고 해서 하나님을 영화롭게 하는 것이 아니다. 아들을 높일 때만 아버지가 영광을 받는다. 아들 없이는 아버지를 영화롭게 할 방법이 없다. 그 아들은 이 땅에 오셔서 죄인이 되셨고 자기 백성의 죄를 대신해서 십자가에서 저주받아 죽으셨고, 그런 아들을 하나님이 다시 살리심으로 만유의 주로 삼으셨다. 우리 죄를 위해 죽었다가 다시 살아나신 분을 주로 믿고 시인하고 그 앞에 무릎을 꿇을 때, 즉 죄인임을 자백할 때 주님을 높이고 아버지께 영광을 돌리는 것이다.

그러므로 하나님 중심으로 출발하는 것은 모든 것을 아우르며 매력적인 하나님을 그릴 수 있게 하지만, 이런 관점이야말로 기독교적이 아니라 유대교적 구속사 중심이다. 하나님은 계시의 주체이시고 계시의 내용은 그리스도이시다. 계시의 내용을 모르고 어찌 하나님께로 갈 수 있단 말인가?(요 14:6). 성경은 '오직'을 말한다. '오직 예수 그리스도', '오직 십자가.' 성경에서 '오직'을 말씀한다는 것은 다른 식의 접근이 허용되지 않는다는 말이다. '오직'을 수식하는 차원에서 이어갈 수는 있다.

이렇게 말하면 반드시 '균형'이 있어야 한다고 주장하는 자들이 있기 마련이다. 첫 사람 아담에게도 말씀 안에서 나오지 말고 지키라고 했는데, 말씀을 지키지 못하고 말씀 밖으로 나와서 하나님 같이 되려고 한다. 기독교 역사는 이러한 '오직'을 말씀하는 하나님과 '균형'을 추구하는 인간의 싸움이다(창 3:15). 하나님께서 하시는 일에 전적으로 순종하지 못하고 때로는 못마땅해하는 것이 인간의 개입이다. 예를 들어 하나님의 일방적 선택에 대한 반발로 나온 자가 가인이다. 가인은 아벨을 죽였다.

'오직'이라는 일방적 은혜를 거절하고 인간의 책임을 들고나오는 것은 무슨 이유일까? 이러한 주장을 하는 자는 꼭 주님의 십자가를 허물게 되어있다. 사도 바울처럼 십자가를 지신 후의 예수님을 만난 전후의 경험을 고백할 것이기 때문이다.

그리스도인은 그리스도 안에 있는 자를 말한다. 그리스도 밖으로 나와서는 말할 수 없다. 예수 그리스도를 받아들이지 않는 유대교의 유일신 중심이나 보편적인 신을 받아들이는 신관은 그리스도를 믿지 않을지라도 하나님 중심을 말할 수 있다. 또한 그리스도를 통한 삼위 하나님은 말할 수 있지만 그리스도 밖에서 삼위일체로 신앙에 접근하는 것은 허용되지 않는다. 말하자면 그리스도 십자가를 통하여 삼위 하나님이 증거되는 것이다. 그리스도 중심으로 세상이 움직이고 있다. 그 중심은 그리스도 중심이며 하나님 중심이나 성령 중심이 아니다. 이는 창세전에 삼위 하나님 간에 협약한 것이다. 우리는 '하나님의 약속'을 믿는 것이지 신의 '존재'를 믿는 것이 아니다. 왜냐하면 하나님은 약속의 실체로 그리스도를 언약의 주인공으로 계시하셨기 때문이다. 언약의 완성자인 그리스도 중심으로 성경을 보는 것은 성령의 인도를 받지 않고는 불가능하다. 모든 것이 그리스도 중심으로 약속하신 것이다.

예수님께서 십자가에서 하나님의 뜻을 이루신 후 성령의 감동을 받은 신약 사도들은 성경이 예수 그리스도에 대한 증거이며, 그리스도 안에서 통일이자 최종 상속자이시며, 권세이자 만물의 으뜸이신 그리스도 중심임을 기록하였다(요 5:39, 엡 1:10, 히 1:2, 마 28:18, 골 1:16-18).

이처럼 구약에 머물지 않고 성령을 받아 예수 그리스도께서 십자가에서 '다 이루심'(완성) 속으로 이끌린(엡 4:8) 성도는 신약의 십자가 복음 자체가 중심임을 거역하는 모든 것을 십자가의 원수로 여기며 날마다 그 욕심과 정욕을 못 박고 있다(갈 5:24). 왜냐하면 그리스도 완성의 복음을 경험하고 있기 때문이다. 그리스도의 이루심을 믿지 않는 자들은 지금도 구약 이스라엘처럼 직접 말씀을 지켜서 의를 이루려고 최선을 다한다. 이들은 미완성에 그친 자들이며 성령의 증거를 통한 그리스도 완성을 경험하지 못하고 행위 구원을 추구하는 자들이다. 그러나 십자가의 효력은 멈추지 않고 인본주의적 신학의 견고한 성을 무너뜨리고 주님의 일하심은 완성 속에서 계속 진행 중이다(고후 10:4-6).

그리스도 중심 설교를 할 때 어느 본문이든지 예수 그리스도를 가지고 일대일로 연결하거나 무조건 그리스도로 뛰어들어서는 안 된다는 점을 주지할 필요가 있다. 그리스도 중심으로 성경을 해석하고 설교한다는 것을 오직 그리스도만을 일대일로 연결하는 외면적인 축소주의로 보지 말아야 한다. 사실 구약과 신약은 삼위 하나님의 구원 경륜이 인간 세상 속에 어떻게 성취되는가를 다룬다. 따라서 성경 계시의 역사를 염두에 두면서 어떤 본문을 해석할 때 일차적으로 그 본문이 다루는 시대까지 주어진 계시의 빛에서 본문을 해석해야 하며 그렇지 않고 후대에 주어질 계시로 무리하게 즉시 진척시키지 말아야 한다.

따라서 처음부터 그리스도로 선을 연결하는 것이 그리스도 중심 해석이 아니라 그 시대 정황 속에서 부분적인 것 또는 그림자이거나 모형인 것을 전제로 하고 그리스도를 향한 해석이 있고 나서 그리스도께서 완성하신 십자가 성취 차원(영적)에서 다시 그 시대 정황으로 가면 모두가 시대와 인물과 공간에 상관없이 그리스도 안에서 하나가 된 내용을 그리스도 완성 해석으로 재해석하여 설교하는 절차가 남아 있는 것이다. 이것은 인간의 성경 해석에서 오류가 발생할 수밖에 없는 한계 상황을 신약 사도들의 관점에서 보기 때문이다. 그렇게 되면 사도 바울이 고백한 것처럼 "오호라!"가 나타나고, 동시에 "결코 정죄함이 없다!"가 함께 공존하는 세계를 누리게 된다(롬 7:24-8:9, 히 10:10).

그리스도 중심으로 성경을 설교하는 것이 그리스도 일원론이 아닌 까닭은 '문자적 그리스도'가 아닌 '계시 내용인 그리스도'이기 때문이다. 이는 삼위 하나님이 그리스도로 계시하셨기 때문이다. 이 사실을 간과하면 '하나님 중심'이나 '성령 중심'도 가능하다는 '존재론적 삼신론'에 빠지고 만다. 그리스도를 중보로, 즉 그리스도 중심으로 삼위 하나님의 관계 속에서 약속한 것이기 때문에 이 약속에 근거하여 그리스도를 말하는 것이다. 삼위 하나님의 균형을 맞추어

주면 하나님께 영광이라고 생각하는 그 자체가 지극히 인간적이다.

그리스도 중심적인 성경 해석은 예수님의 인격과 사역, 그리고 주님의 모든 가르침까지 풍성하게 드러내는 것이다. 이에 대하여 총신대학교에서 10년 동안 설교학을 강의한 류응렬 목사는 "예수 그리스도의 십자가와 부활이 사라진 복음은 진정한 의미에서 기독교 복음이 아니다. 삼위 하나님 혹은 예수 그리스도를 중심으로 설교해야 한다는 것은 하나의 설교학을 가르치는 것이 아니라 성경의 핵심인 예수 그리스도를 통한 하나님의 구원은 성경이 기록된 목적이며 설교하는 목적에 해당한다"고 주장했다.

올바른 그리스도 중심 설교는 선택한 설교 본문을 근접 문맥 속에서 일차적으로 문법적, 역사적, 신학적(하나님 중심) 관점에서 해석한 후 성경 전체의 구속사적 관점과 성경 신학적 관점 속에서 본문을 보는 것이다. 본문의 일차적 문맥을 무시하고 완성된 예수 그리스도 이름으로만 성급히 본문을 엮어나가면 된다는 오류에서 벗어나야 한다. 즉 '예수'라는 '문자적인 선입견'으로 인하여 본문의 정황을 무시하면 안 된다.

그러나 구약의 본문을 설교할 때도 구약에만 머물러서는 안 된다. 구약은 계시의 발전 속에서 중요한 부분을 차지하지만 신약의 빛, 즉 계시의 완성인 그리스도의 빛없이 구약만을 보는 것은 마치 실체를 무시하고 여전히 그림자에만 머물러 있는 불완전한 해석과 같다. 이렇게 함으로써 본문 자체에 충실한 해석(총체적 해석)을 거칠 뿐 아니라 본문을 독립된 구절로 여기지 않고 성경 전체의 구속적 맥락에서 볼 수 있다. 그 결과 예수 그리스도라는 메시지를 끌어오기 위해 무리하게 본문을 해석하지 않게 되며, 또한 본문에서 그치지 않고 예수 그리스도로 나아가기 위해 계시의 전 역사 속에서 본문을 읽음으로써 성경적 권위를 보장받을 수 있다.

물론 그리스도 중심의 설교라고 해서 모든 설교에 반드시 그리스도가 언급되어야 하는 것을 의미하지는 않는다. 예수님이 언급된다고 그리스도 중심의 설교가 되고 예수님을 언급하지 않는다고 그리스도 중심의 설교가 되지 않는 것이 아니다. 중요한 것은 예수 그리스도라는 해석학적 축을 통해 성경을 조망하고 있느냐의 문제이다.

합동신학대학원대학교에서 설교학 교수와 총장을 역임한 정창균 목사는 "어느 본문을 택하든 언제나 그리스도를 언급해야 한다는 강박관념은 무모한 풍유와 시대를 무시하는 비약을 범하여 오히려 반구속사적 설교가 되게 할 위험이 있다"고 지적하였다. 그는 이어서 모범적 설교에 대하여 "그리스도 중심 설교와 모범적 교훈적 설교라는 설교유형을 설정해 놓고, 이 두 유형을 배타적 이분법적으로 구분하면서 그리스도 중심 설교라는 이름 아래 결국 본문을 오늘날의 청중과는 아무런 직접적인 관련이 없는 화석과 같은 위치로 전락시킬 위험이 있다"고 하였다.

여기에서 모범적인 설교, 즉 인본주의적인 설교를 언급하는 것은 하나님과 인간의 끊임없는 결투를 상기하게 한다(창 3:15). 인간의 가능성을 포기하지 않으려는 것은 죄악이며, 이는 설교 논쟁으로 끝까지 이어진다. 설교 논쟁마저 인간의 죄악상을 드러내지만 이러한 모든 갈등을 그리스도가 해결하신다. 바로 십자가 복음이다. 즉 이러한 구속사적 설교마저 죄인이 해석하고 죄인이 설교하기에 모범적인 설교를 하고 싶은 욕망마저 십자가에서 못 박혀야 성령세례를 받은 하나님의 언약 완성 상태에서 모범이라는 이름으로 하나님의 일에 관여하려 했던 사실을 회개할 수 있다. 하나님의 완성 세계에 모범으로 개입하고자 하는 죄악이 낱낱이 고발당하기 때문에 회개할 수밖에 없다. 그러므로 모범적 설교가 정당한 것이 아니며, 모범적 설교를 할 수밖에 없는 인간의 실존을 십자가에 못 박는 회개가 따를 뿐이다.

2) 그리스도 완성키

그리스도를 설교하는 것은 그리스도 중심 설교마저 해석 과정에서 오염된 것임을 알고, 그리스도께서 완성하신 세계인 신약을 그리스도 완성의 빛으로 새해석(성령의 해석)하여 온전한 그리스도 중심의 설교를 하는 것이다. 나는 이러한 '온전한' 그리스도 중심 설교를 '그리스도 완성 설교'라고 명명하였다. 이러한 그리스도 완성 설교는 구속사 설교의 불완전한 설교를 완전한 자리로 십자가가 이동시켜 주기 때문이다. 이러한 과정에서 구속사 설교를 최고로 여기는 인간의 교만을 알게 되고, 그리스도를 찾는 과정의 설교 자체가 죄가 관여한 설교임을 알게 된다. 동시에 그러한 설교를 십자가에 못 박는 성령세례를 통하여 그리스도의 완성인 십자가가 증거된다는 것을 '그리스도 완성 설교'를 통해서 알 수 있다. 이는 구속사 설교, 더 나아가 그리스도 중심 설교를 재해석한 그리스도 완성 설교 속에는 구속사 설교를 하는 죄인(설교자)이 '십자가의 피'라는 그리스도의 완성을 보면서 회개할 때 하나님께 영광이 되는 설교가 된다는 뜻이다.

〈그림 13〉에 보는 바와 같이 인간의 미완성은 죄인으로서 한계상황(불연속)을 의미한다. 그리스도인들도 용서받은 자의 상태로서 육체 가운데 살기 때문에 삶의 현장에서 "오호라!"와 같이 상한 심령으

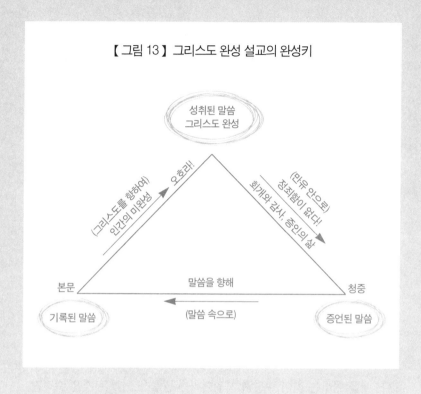

【 그림 13 】 그리스도 완성 설교의 완성키

성취된 말씀
그리스도 완성

(그리스도를 향하여)
인간의 미완성

오호라!

(만유 안으로)
정죄함이 없다!

회개와 감사, 증인의 삶

본문

말씀을 향해

(말씀 속으로)

청중

기록된 말씀

증언된 말씀

로 나타나면서 동시에 긍휼을 입어 정죄함이 없는 산 자로서 살리는 영이 그리스도 십자가를 증언하는 삶을 살게 한다.

다시 강조하면 그리스도 완성 설교는 주님의 십자가 속에서 구속사 설교(또는 그리스도 중심 설교, 그리스도를 향한 설교)를 품은 채 피 흘리시는 십자가에 달리신 그리스도를 보게 되므로 그 자체가 십자가 복음을 증거하는 것이다. 그러므로 우리는 그리스도를 향하는 그리스도 중심 설교를 하면서도 동시에 그리스도를 통하는 그리스도 완성 설교를 모두 선포해야 한다. 그리스도의 공로를 높임과 동시에 자신은 "죄인 중의 괴수"라는 고백의 자리로 나아가야 한다. 한마디로 설교자는 설교를 통하여 강단의 주인공인 그리스도를 높여야 하고, 자신은 "아니요"라는 것을 알아야 한다. 이것이 나는 죽고 그리스도(그리스도의 몸 된 교회, 성도)를 살리는 설교자인 것이다.

세례 요한은 예수님을 향해 "그는 흥해야 하고 나는 쇠해야 한다"고 하였다. 바울은 복음을 전하는 데 다른 사도보다 더 수고하였으나 "내가 아니요. 하나님의 은혜"라고 하였다. 그러므로 그리스도를 증거하고 십자가를 증거하는 것은 설교자 또한 십자가에 못 박혀야 한다는 전제를 바탕으로 한다. 이것이 그리스도와 농일시하는 것이다. 성령은 이처럼 인도하신다.

사실 구속사 설교는 하나님의 말씀을 이루신 그리스도 보다는 구속의 때를 이루는 것을 목표로 삼기 때문에 종종 문제가 발생한다. 왜냐하면 말씀을 이루는 것과 때를 이루는 것은 차이가 있기 때문이다. 때를 이루는 것이 수평적 차원이라면 말씀을 이루는 것은 수직적 차원의 것이다. 이미 완성된 세계인 미래(천국, 영생)가 그리스도인에게 현재로 밀려 들어오는 것이 수직적 차원이라면, 시간이 마무리되는 때에 죽어서 가는 내세적인 천국을 바라보는 것은 수평적 신앙의 차원이라고 볼 수 있다. 물론 수직적으로 임한 천국의 때(카이로스)가 수평적으로 나타난 때(크로노스)와 같은 때일 수 있다. 우리는 십자가 사건이 이루어졌기 때문에 종말(완성)이라고 칭한다. 그러나 종말이 되었기 때문에 십자가 사건이 일어났다고 표현하지 않는다.

한 가지 또 다른 오해가 있다. 그리스도 중심적 설교를 위해 언제나 그리스도나 십자가 사건을 언급하려는 무리한 시도는 바람직하지 않다. 이것은 그리스도 중심의 설교라고 할 때 삼위 하나님 가운데 성자인 예수만을 중심으로 하는 설교처럼 여기는 오해에서 비롯된 것이다. 그리스도를 중심으로 하는 설교란 하나님의 구원 사역이 예수 그리스도를 중심으로 이루어지는 것을 강조하기 위해 활용된 표현이다. 그리스도 중심의 설교는 설교를 통하여 삼위 하나님을 드러내는 설교라고 할 수 있다. 단 그리스도를 통해서다.

하나님의 다 이루신 그리스도(십자가)에서 출발하는 것이 복음이다. 부활로부터 출발해서도 안 되고 하나님 나라 중심으로부터 출발해도 안 된다. 세상의 모든 것은 그리스도의 십자가를 증거하는 배경이며 결과들이기 때문이다. 즉 부활도 그리스도 십자가를 증거하고 확인하는 차원의 부활이다. 마찬가지로 하나님 나라도 십자가를 높이는 아들의 나라(골 1:13)이다. 구원도 십자가를 높이는 구원이고 영생이다. 그리스도 십자가는 수단이 아니라 목적이고 중심이다. 십자가를 이용하여 자기 포부를 이루고자 하는 자들은 성령을 통하여 책망받는다(요 16:8).

구속사 설교 논쟁에서 구속사 설교자들이 멀리하고자 하는 모범적 설교는 절대적으로 배척해야 할 비성경적 설교인가? 이에 대하여 황창기 목사는 "한국교회의 강단은 윤리와 도덕적 모범설교의 전용 강단이 되어 간다. 이는 한국교회의 가장 심각한 위기라 해도 과언이 아니다"라고 우려하였다. 윤리와 도덕적 모범설교는 하나님 구속의 은혜와 상관없이 인간의 노력과 힘으로 무엇인가를 할 수 있다는 착각을 불러일으킨다. 이러한 설교가 단지 "누구처럼 되라, 선한 사람이 되라, 좀 더 훈련하라"는 식의 메시지로 그친다면 자칫 그리스도가 필요 없는 설교가 되고 말 것이다.

하지만 그리스도 중심 설교라고 해서 반드시 모범적 설교를 배격하는 것은 아니다. 모범적 설교를 할 수밖에 없는 자신에 대해 자숙하고 회개하는 것은 바람직하다. 기독교의 본질도 아니고 생명 복음도 아닌 비본질적인 세상 교훈을 설교단에서 외치면 성령이 나타나 십자가에 못 박아야 할 죄의 본성임을 알려주신다. 성령께서는 성령의 인도를 받는 설교자에게 반드시 회개에 이르게 하신다. 성경은 약속의 생명책이다. 윤리 체계 그 이상으로서 진리이며 생명 복음이다. 성경은 하나님의 말씀이기 때문에 먼저 하나님 차원에서 본문을 보아야 한다. 인물들을 통하여 자신을 나타내시며 이스라엘을 구원하시고, 그리스도를 통하여 죄와 사망 가운데서 우리를 구원하시려는 하나님의 구속 사역을 먼저 살펴보아야 한다. 따라서 그리스도 중심의 설교는 모범적 설교의 모든 교훈과 책망이 인간 노력의 산물이 아니라 성경에서 계시하고 있는 예수 그리스도의 은혜를 통해서만 가능하다는 것을 말해준다.

복음주의자들이 그리스도 중심의 해석을 말하면서 단지 예수님의 일부분을 닮아가자고 말하는 것은 19세기 자유주의자들이 예수님을 윤리적 모범을 보인 선생이나 위인으로 만드는 것과 같다. 그래서 '작은 예수가 되자'라고 설교하는 우를 범하곤 한다. 이처럼 자유주의자들과 다른 성경적인 그리스도 중심적 설교를 하기 위해서는 성경의 연속성과 통일성에 주목해야 한다. 구약에서 역사하신 하나님은 그 모든 구원 역사를 성취하시기 위해 신약에서 예수님 안에서 성육하신 하나님이시다. 그는 십자가를 통하여 완성을 선언하셨다.

구약이나 신약의 어떤 인물을 닮자는 식으로 한 개인을 영웅시하는 오류에서 벗어나 하나님께서 사용하신 인물이 속한 공동체를 향한 하나님의 구원과 사역을 바라볼 수 있어야 한다. 그렇게 할 때 예수 그리스도를 중심으로 하는 모범적 설교도 가능하다. 즉 모범적 설교가 가능하기 위해서는 예수님을 십자가에 못 박아 죽이는 믿음 없음을 나타내야 한다. 구약의 인물들도 자신의 믿음 없음을 통해서 하나님의 열심으로 이루신 믿음으로 이끌려 갔기 때문에 자기를 주장하지 않는다. 항상 자신으로부터 온전하게 하신 주님을 바라보는 믿음을 선물로 받았을 뿐이다. 모든 것을 용서하시는 주님의 믿음은 인간의 믿음 속에 들어있는 불신을 품어주신다.

그러므로 모범적 설교가 비성경적 설교라는 이유로 무조건 배격하는 것은 불합리하다. 많은 학자가 구속사적 설교의 전제와 기본적인 방향에 대해서는 타당하다고 인정하지만 배타적이고 일방적이며 극단적인 구속사적 설교에 대해서는 반대하는 이유 또한 마찬가지다. 왜냐하면 완전한 설교란 없기 때문이다. 이 점을 그리스도 중심 설교에서 주의해야 할 것이다.

이에 대하여 고려신학대학원에서 신약학을 가르치는 변종길 교수는 구속사적 설교에 대한 논쟁을 분석한 후, 구속사적 설교 주창자들이 잘못 이해하거나 놓치고 있던 것들을 지적하면서 좀 더 균형 잡힌 이해를 위한 방향을 제시하였다. 그는 구속사적 설교 방법에서는 어떤 특정한 성경 역사에서 오늘날 우리를 위한 교훈을 끌어내는 것을 반대하는 반면, 모범적 설교 방법에서는 구속사적 맥락을 인정하는 동시에 오늘날 우리를 위한 교훈을 끌어내는 데 좀 더 적극적이라는 점에서 사실상의 차이가 존재한다고 주장한다. 이러한 주장은 모범적 설교의 타당성을 긍정하는 것으로 복음적인 논평이 아니다. 왜냐하면 벌써 '균형 잡힌'이라는 판정을 자신이 내리고 있기 때문이다. 생명 복음을 줄 수 없는 교훈을 주장하기 때문이다. 성경적 교훈은 이러한 것이 아니라 오직 십자가에 달리신 그리스도를 증거하는 것이다. 그 증거하게 하신 분이 성령이시다. 이것은 결코 세상의 교양강좌를 말하는 인간의 긍정적인 모범이 아니다.

이처럼 예수님을 표본으로 삼고 섬기며 예수님과 연합된 자로서 본질적 임무를 살아내야 한다는 말은 모범적 설교를 심판하면서 그리스도 완성을 드높이는 계기가 된다. 황창기 목사는 "기독교는 예수님이 하시는 그대로 따라 하는 종교로만 오해하지 말아야 한다. 그보다도 예수님의 형상을 닮아가는 삶이라는 것"을 강조하였다. 이에 대하여 필자는 하나님의 형상은 복음을 위한 하나님의 형상이 되어야지, 하나님의 형상을 위한 복음은 다른 복음이라고 주장하고자 한다. 신약 사도들은 이미 예수님의 그리스도 되심을 보여주기 위해 세상 만물이 있음을 전제로 하고 구약을 해석한다. 구약 선지자들이나 아브라함 같은 사람도 오직 그전부터 일하신 그리스도의 영이 아니면 그 누구도 복음을 믿을 수가 없다(벧전 1:10-11). 아브라함 자신의 믿음으로 하나님의 약속을 믿은 것이 아니다.

아무도 이해할 수 없는 복음, 감추어진 비밀을 위하여 하나님의 형상은 창세기 5장부터 아담의 형상으로 전환된다. 아담을 구원하고 아담을 회복하는 아담을 위한 아담의 형상이 아니다. 아담의 형상으로 전환된 이유는 인간 속에 들어있는 하나님의 형상을 회복하기 위함이 아니라 본래 하나님의 형상이신 예수 그리스도를 드러내기 위함이다. 아담의 형상은 당연히 죽어야 하지만 택한 자에 한하여 아담의 형상을 마지막 아담이신 예수님의 모형으로 사용하신다. 그 방식은 새 언약을 통해서 완성된 취지에 따라 시간을 초월한 복음이다.

이때 아담의 형상 속에는 두 가지 현상이 나타나게 된다. 하나는 죄가 자신을 지배함으로 아담의 형상이 성경 말씀을 통해서 구원받겠다고 나서는 것이다. 또 하나는 예수님만이 지닌 하나님의 형상을 성령을 통해서 받는 자가 등장하는 것이다. 예수님을 믿는 자만이 마지막 아담으로서의 하나님의 형상을 보여주는 자이다.

결론적으로 하나님의 형상은 전 우주를 십자가로 통일하신 예수님과 관련하여 언급될 수 있다. 인간이 하나님의 형상을 제대로 소유하게 되었다는 인식을 거부하고, 하나님의 형상이신 예수님을 위하여 우리가 뽑히게 되었다고 보아야 한다. 예수님은 인자이시며, 옛 언약의 완성자로서 창세전부터 택정함을 입은 자이다. 십자가의 일은 인자라면 마땅히 벌어질 일이 일어난 것이다. 말씀이 육신이 된 것도 옛 언약을 성취하시는 일의 과정이요 일환임을 인정하게 된다. 인간의 '인식론'으로는 인자 됨을 그대로 받아들일 수 있는 능력이 없다. 인간의 인식론은 인간 됨에서 출발하기 때문이다. 그러나 성령이 오게 되면 이러한 인식론 자체에 문제가 있음을 알고 회개하게 된다. 이때부터는 예수님을 분석하려는 마음은 사라지고 예수님께서 택한 자들을 위하여 무슨 일을 하셨는가만 증거하게 된다. 그래서 예수님이 하신 일을 무조건 옛 언약을 홀로 완성하신 일로 믿고 기뻐하게 된다.

설교의 근본적인 목적을 잊지 않는다면 그리스도 중심의 설교를 한다고 해서 설교의 본질적인 목적을 상실하지 않는다. 즉 설교의 목적은 본문 해석이 아니다. 설교는 본문의 말씀을 전하여 청중에게 거룩한 변화를 일으키는 것이다. 따라서 설교의 목적은 적용에서 가장 확실하게 드러난다. 성경 신학적 시각에서 예수 그리스도를 전할 것을 강조하는 그레엄 골즈워디 교수 역시 모든 설교에서 적용의 중요성을 강하게 지적한다. "설교는 그 본문의 의미에서 시작해서, 오늘날 청중의 정황에서 그 의미에 대한 합당한 적용으로 복음에 비추어서 진행해야 한다"고 하였다.

따라서 설교의 궁극적인 대상은 청중이고 설교의 궁극적인 목적은 청중의 변화이다. 설교자는 본문에서 구속사의 위치와 객관적인 의미를 드러내는 것에 머물러서는 안 되며, 청중을 향하여 어떻게 나아갈 것인지를 고민해야 한다. 그리고 청중에게 지루하고 어려운 설교가 되지 않도록 설교의 스타일을 다양화할 필요가 있다. 언제나 일정한 틀에 박힌 방식의 설교는 청중에게 지루하고 어렵게 느껴질 수 있기 때문이다.

개별 본문의 다양성을 존중하고 본문의 문학적 장르에 따라서 설교의 스타일을 다양하게 할 수 있다. 성경은 구속사적 관점을 갖고 있지만 성경의 구속사가 전개되는 방식은 주로 이야기 형식을 활용하고 있음을 잊어서는 안 된다. 특히 성경 장르가 역사적 본문일 때 형식을 무시하는 것은 성경 해석과 설교사역에서 결코 작은 문제가 아니다. 또한 성경 메시지에서 전달 형식을 무시하는 것은 본문의 내용과 형식을 분리하는 우를 범하게 한다. 내용뿐만 아니라 형식도 본문의 의미를 결정하는 일에 중대한 역할을 감당한다. 따라서 성경의 중심 메시지를 분명히 파악하는 것과 메시지를 그 시대의 청중에게 정확하게 전달하는 것 모두 중요하다.

한편 김창훈은 구속사적 설교의 약점으로 하나님의 은혜와 도우심, 인도하심과 역사하심을 강조하면서 인간의 책임을 과소평가하고 인간의 자유의지를 무시할 우려를 나타냈다. 즉 성숙과 거룩을 위한 인간의 책임과 노력도 함께 강조해야 하며 설교는 다양한 목적을 복음 선포, 신앙의 성장, 삶의 변화와 회복과 관련시켜야 한다. 따라서 일방적이고 배타적인 구속사적 설교는 인간의 책임과 설교의 다양한 부분을 무시할 가능성을 가지고 있다. 그러나 그리스도 중심의 설교는 결코 인간의 책임과 노력을 무시하거나 과소평가하지 않으며, 신앙의 성장과 삶의 변화와 회복 등에 대해서도 설교한다. 다만 이러한 신앙의 성숙과 삶의 거룩한 변화를 위한 인간의 노력에 있어서 그 근원과 원동력이 오직 그리스도와 그 은혜에 있음을 강조하는 것이다. 사실 인간의 책임과 노력을 강조해도 그 책임과 노력이 말씀 앞에서 그리스도의 십자가를 높이는 것이 아니라 오히려 마음속에 다른 한 법이 '자기의 의'를 구축하는 것으로 작용한다는 사실을 깨닫는 순간, 회개하는 삶 속에서 그리스도의 십자가의 피를 바라보게 된다.

따라서 거룩한 삶을 향한 추구는 하나님이 우리에게 주신 은혜에 대한 진실한 반응이어야 한다. 그러나 복음에 근거한 삶의 변화를 촉구하는 것이 아닌 소위 'How to'의 설교를 통해 그리스도를 수단으로 하는 삶의 윤리만을 강조하는 것은 예수 그리스도가 중심이 되지 않고 인간의 종교로 전락시킬 위험을 안고 있다. 도덕적 삶을 촉구하는 것은 기독교의 필수적인 가르침이 아니다. 도덕을 신앙생활로 여기는 것은 존경받을 수 있을지 모르지만 그리스도를 증언하거나 생명 복음을 누리는 상태는 아니다. 마지막 시대가 되면 "사탄의 미혹은 완전한 인간이 되어서 그리스도의 십자가를 벗어버리고 고상한 삶을 사는 것이 아니겠느냐?"라는 그럴듯한 말로 설교에도 개입할 것이다. 이는 그리스도의 십자가의 효력을 무효화하며, 예수 그리스도께서 인자로 오셔서 십자가에서 '다 이루신 일'을 미완성으로 여기게 하여 십자가에서 멀어지게 한다. 마지막 때는 이러한 종교의 거짓 영에 휘둘리는 신학자들의 주의가 요청된다. 그러므로 설교가 생명이 없는 세상의 도덕주의로 빠져서는 안 된다.

류응렬 목사는 바람직한 적용의 동인에 대해서 다음과 같이 설명한다. 성경 본문을 성도에게 적용하되 "적용은 '오직 그리스도 안에서, 오직 그리스도를 통해서' 실현된다는 것을 명확히 하지 않은 채 적용하는 설교가 있다면 어떤 설교든 기독교적인 설교가 아니다"고 하였다. 따라서 그리스도 없는 적용은 기껏해야 소원이나 경건주의적 생각을 드러낼 뿐이다. 최악의 경우 그것은 그리스도를 부인하는 율법주의라는 점에서 사탄적이다. "성령으로 시작하였다가 이제는 육체로 마치겠느냐"(갈 3:3)는 바울의 책망을 들어야 한다. 처음 성령에 의한 하나님의 은혜로 시작하였으면 마지막도 은혜로 마쳐야 한다.

우리가 설교에서 적용을 논할 때, 그리스도의 은혜를 설명하고 선포한 다음에 '그러므로'라는 연결구를 통하여 이제 인간들이 해야 한다고 촉구하는 것은 위험하다. 설교자가 설교의 시작과 끝까지 하나님의 은혜, 즉 그리스도의 인격과 사역 또는 가르침을 선포하는 것이 복음 설교이지만 마지막에 결단을 요구하는 것은 행위인 육체로 마치는 격이다. 대부분 설교의 패턴이 '직설법+명령법'으로 진행된다. 그러나 직설법이든 명령법이든 인간에게 촉구하는 미완성의 언약이 아니라 그리스도께서 십자가에서 완전히 이루셨다는 복음으로 선포될 때는 완성의 복음이 되며, 구약의 '율법'마저도 십자가 복음이 적용되어 '복음'이 되는 것이다. 성경의 모든 말씀(명령어를 포함하여)은 이루어진 말씀인 은혜로 받게 된다. 이것이 자유롭게 하는 복음이다. 그 외에는 모두 율법주의나 성화주의로 몰리게 된다. 그러면 인간의 행위를 강조하게 된다. 여기에 이어지는 것은 상급 차등론이다. 구원받기 전의 행위나 구원받은 후의 행위나 그리스도 완성의 복음(시간의 순서가 없는 완성의 세계)에서 보면 모두 죄인들의 구원을 위한 욕망 행위이다.

그러므로 하나님의 창조 경륜과 구속사의 큰 맥락을 고려할 때 구약은 반드시 설교되어야 하며, 구약을 설교할 때는 구약에만 머물러서는 안 되고 반드시 그리스도의 빛 가운데로 나아가야 한다. 구약의 윤리적 말씀들도 반드시 예수 그리스도 중심적으로 그리스도의 프리즘을 통해서 설교할 수 있다. 그리스도를 통하지 않고 구약을 설교하면 윤리적이고 인간의 욕구를 반영하게 된다. 하지만 십자가에서 탐심이 단절된(연속성이 끊어짐) 후 십자가를 통하여 구약을 해석하게 되면 이전의 해석적 태도가 예수님을 십자가에 못 박은 행위였다는 것을 알게 되고 회개할 수밖에 없게 된다. 이러한 회개를 경험하지 않으면 그리스도를 찾고 그리스도의 과녁을 향하는 노력을 할지라도 설교자 본인이 아직 구약에 머물러 있는 것이다. 그러한 설교자는 그리스도 안에 들어온 자가 아니기에 그리스도 밖에서 하는 '비(非)복음'을 설교하게 된다.

그러나 그리스도 안에 있으면 새로운 피조물로서 주님께서 말씀을 이루신 그리스도의 십자가를 바라보며 항상 회개와 감사만 나오게 된다. 그리하여 그리스도의 언약 완성 자리인 십자가를 자랑하는 삶이 그리스도인의 삶이다. 그리스도를 증거하는 자가 그리스도인이라는 것이다. 그리스도의 영이 이같이 언약 백성인 그리스도인을 그리스도 안으로 부르시고 들여보내준다. 그리스도 안에서 그리스도의

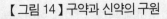

【 그림 14 】 구약과 신약의 구원

봄으로 교회를 이루는 것이다. 그리스도 안으로 구원받는 것이며, 그리스도 밖에서의 개인 구원은 존재하지 않는다(〈그림 14〉 참조).

'그리스도 안' 에 있다는 말은 죄를 용서 받았다는 뜻이다. 영원히 예수 그리스도 안에 있다는 말은 영원히 죄를 용서받고 있다는 의미이다. '언약의 능력' 은 십자가의 능력이다. 언약이란 역사 속에서 사건화되어 적용된 약속이다. 언약의 주인공이 예수 그리스도이며 약속의 실체이다.

>>> CHAPTER · 02

설교의 논쟁에서 핵심을 찾아라

전통 구속사
설교 패턴을 주목하라

1) 구속사 설교의 의미

▶ 구속사

기독교의 원천은 성경이다. 여기에서의 성경은 신구약으로 예수 그리스도가 중심이다. 이는 예수 그리스도가 하나님의 자기 계시의 중심이기 때문이다. 이를 위해 성령께서 역사하신다. 구약의 모든 계시는 정차 오실 하나님의 아들에 관한 약속의 말씀, 구원의 말씀이며, 신약은 이러한 예언과 약속이 예수 그리스도 안에서 성취되었다고 말씀한다. 이제 구약성경은 예수 그리스도 안에서 설명되어야 하며, 그 설명을 통해 하나님이 어떠한 분이시며, 어떻게 구원하시는지 알게 한다.

신구약 성경은 하나님의 특별계시다. 성경 말씀은 예수 그리스도 통해 하나님을 알게 만든다. 예수 그리스도를 믿음으로 하나님의 구원을 받는다. 즉 하나님의 구원은 예수 그리스도를 통해서만 가능하다. 예수 그리스도를 믿음으로 하나님의 구원과 의로우심이 우리에게 임한다. 이것이 바로 기독교이다. 기독교는 예수 그리스도를 통해 하나님을 말하고 하나님의 구원을 말한다. 이것이 바로 복음 선포 형식이자 구원 형식이며 신앙 원리이자 설교 형식이다. 그러므로 구속시는 예수 그리스도의 아버지께서 사랑의 교제 가운데 자기 백성과 함께 살려는 목적을 실현하기 위해 활동하시는 역사적 사실 전체로 이해되어야 한다.

'오직 예수'란 예수를 통하지 아니하면 하나님의 자기 계시와 구원이 불가능하다는 뜻이다. 기독교는 구약과 신약을 정경으로 삼는다. 그러나 유대교에서는 기독교의 구약성경에 해당하는 타나크(Tanakh, Hebrew Bible, 유대교 성경)를 경전으로 인정한다. 타나크는 성경을 구성하는 세 분류명인 '토라, 네비임, 케투빔'을 늘어서 쓴 형태로, 각 분류명의 맨 앞글자를 따서 약칭으로 '타나크'가 된 것이다. 이를 '히브리 성경'이라고 한다. 유대교의 히브리 성경은 기독교의 구약성경에 해당하나, 유대교는 신약성경과 예수 그리스도를 인정하지 않기 때문에 신약성경을 전제한 구약이라는 용어를 원치 않는다. 그냥 히브리 성경이라 한다. 문제는 유대교가 히브리 성경을 해석하는 것과 기독교가 구약성경을 해석하는 것은 다르다는 점이다. 본문의 문맥과 역사적, 문학적 배경이 일치하더라도 히브리 성경은 구원에 대해서 기독교와 전혀 다른 맥락에서 해석한다.

여기서 오늘날 우리 설교자들이 구약의 역사적 본문을 어떻게 해석하고 설교할 것인가에 대한 문제가 제기된다. 이 문제 제기는 구속사적 해석과 모범론적 해석 사이의 논쟁으로 이어져 왔다.

▶ 구속사 설교

구속사 설교의 기초적인 원리인 역사적 원리, 통일성의 원리, 점진성의 원리는 신구약 성경 전체를 한 눈으로 바라보는 관점이다. 그리스도 중심의 구속적인 관점으로 설교해야 한다는 구속사 설교는 인물 중심의 모범적 해석과 적용을 거부하는 것이 특징이다. 신학의 분과는 교의신학, 성경신학, 역사신학, 실천신학으로 분류한다.

구속사 설교는 실천신학에서 논의된 주제이다. 설교는 성경 주해와 밀접한 관계를 맺고 있다. 성경 계시의 점진적 발전 등을 다루는 성경신학은 설교학과 밀접한 관계를 맺는다. 구속사 설교는 성경신학과 맥락을 같이하고 있다. 이런 의미에서 구속사 설교는 성경 신학적 설교(Biblical Theological Preaching)와 거의 유사하다. 성경의 근본 목적은 하나님의 자기 계시이다. 즉 하나님이 스스로 인간에게 자신을 알려주시는 것이다. 그렇다면 우리는 성경을 통해 하나님이 어떠한 분이신지를 아는 것과 믿는 것이 중요하다.

성경 신학적 배경에서 설교학을 주창하는 에드먼드 클라우니는 "독특하면서 가치 있는 연구로서의 성경신학은 성경에 나타난 역사적 발전과 신학적 단일성을 깊이 있게 다루어야 한다"라고 주장한다. 네덜란드 신학자 게르할더스 보스(Geerhardus J. Vos)는 계시의 점진성과 유기성에 근거하여 성경신학을 제시하였다. 하나님은 자신을 계시하실 때 예수 그리스도를 통해 계시하셨다는 점이다. 따라서 예수 그리스도를 통해 믿는 하나님이어야 한다. 이런 관점에서 성경을 그리스도 중심으로 이해하여 하나님이 어떤 분인지 확인해야 한다.

삼위 하나님이 우주 만물을 창조하셨고 인간을 하나님의 형상으로 창조하셨다. 그러나 하나님만을 섬겨야 하는 인간이 범죄하여 하나님 저주의 형벌을 받았다. 그 형벌의 저주에서 구원받는 방법은 하나님이 제시한 방법이어야 한다. 그 방법은 하나님의 아들이신 예수 그리스도를 통해서만 가능하다. 구약은 이 진리에 대한 약속이며, 신약은 이를 성취한 말씀이다. 따라서 하나님의 구원은 오직 예수 그리스도를 통해서만 가능하다. 이런 의미에서 성경은 하나님 구원의 말씀이고, 신구약 성경은 예수 그리스도 중심일 수밖에 없다. 성경을 통해 예수 그리스도를 강조한 이유는 그리스도가 하나님 구원의 '유일한 길'이기 때문이다.

이런 의미에서 성경을 하나님의 구속사라고 할 수 있다. 구속사적 설교는 삼위 하나님의 구원 역사를 중심으로 설교하지만, 구원을 이루는 중심인 예수 그리스도에게 집중하기에 예수 그리스도 중심의 설교 또는 기독론적 설교라고도 말할 수 있다.

▶ 구속사적 설교의 시작

구속사적 설교가 구체적으로 언급되고 본격적으로 등장하게 된 것은 1930년대에 네덜란드에서 모범적인 설교 방법에 대한 반발로 인해 시작되었다. 총신대학교 김대혁 교수는 구속사적 설교의 배경에 대해서 크게 두 가지 이유를 말하고 있다. 첫째는 이성주의, 합리주의에 바탕을 둔 고등비평의 영향이며, 둘째는 인본주의 신학적 해석학의 부정적인 영향으로 설교에서 인간 중심적, 영해적, 도덕적 설교가 난무하게 되었기 때문이라고 말한다. 이런 인간 중심적, 영해적, 도덕적 설교를 모범적인 설교라고 할 수 있다. 모범적 설교는 성경의 말씀에 나타난 인물이나 상황에서 오늘날의 모범적인 모습을 찾아 닮아가자는 식의 설교 방법이다. 그러나 설교자들이 모든 본문을 단순히 모범적으로 따라야 할 대상으로만 해석하는 것에 반기를 든 것이 바로 구속사적 설교이다.

초창기 구속사적 설교를 주장하던 학자로는 클라스 스힐더르(K. Schilde), 베네 홀베르다(B. Holwerda), 반트 비어(M. B. Van't Veer)를 꼽을 수 있다. 여기서 신학자 코르넬리스 트림프(C. Trimp)는 스힐더르를 구속사적 설교의 시작이라고 말한다. 그레이다누스 교수 또한 구속사적 접근의 창시자로 스힐더르를 지목하면서 홀베르다는 구속사적 설교를 일반화시켰다고 말한다.

구속사적 접근은 '오직 성경'의 입장을 해석학과 설교학에 일관성 있게 적용한다. 홀베르다의 말을 들어보자. "성경은 하나의 역사, 계속 진행되는 하나님의 계시의 한 역사, 늘 점진하는 하나님의 구속 사역의 한 역사를 담고 있다." 그렇기에 성경 역사의 각 부분은 자신의 독특한 위치와 의미가 있으며 설교자는 구속사의 중심인 그리스도와의 관계 속에서 본문을 해석하고 이해한다. 이렇게 시작된 구속사적 설교는 역사적 본문에 대해서 모범적으로 설교하는 방법에 대해 반대한다. 모범적 설교는 성경의 바른 의미를 파악하지 않은 채 성경 본문을 부당하게 취급하기 때문이다.

구속사 설교에서 가장 큰 중심 기둥은 구약의 역사적 본문에 대한 문맥보다는 신구약 성경 전체를 통한 맥락의 중요성이다. 여기서 '문맥'(文脈)과 '맥락'(脈絡)이라는 단어가 나온다. 문맥의 사전적 의미는 "문장과 문장이 이어지면서 전달되는 중심적인 의미나 논리적 연관 관계"라고 한다. 맥락은 "어떤 일이나 사물이 서로 연관되어 이루는 줄거리"를 의미한다. 구약의 역사적인 본문은 일정한 이야기와 사건을 중심으로 기록되고 있다. 인간의 언어를 통해 하나님의 계시를 기록하게 했다. 그 기록은 일정한 단락을 통해 문장 형식을 취한다.

일차적으로 성경을 바르게 이해하기 위해서 문맥을 살피는 것이다. 설교하고자 하는 본문의 문맥이 한 단락으로 구성되어 있는가? 아니면 한 단락의 전반부인가, 중반부인가, 하반부인가? 아니면 하반부와 중반부인가, 중반부와 하반부인가를 확인해야 한다. 이러한 해석은 '정경적 해석'으로서 신구약 성경 전체의 맥락 속에서 살펴야 한다. 맥락에서 '락'(絡)은 '이을, 얽을 락'이라는 한자로, '잇다, 얽다'를 뜻한다. 맥락은 서로 다른 다양한 인물과 사건, 역사를 통한 유기적이고 정경적 의미를 파악하는 일이다.

네덜란드에서 제기된 구속사와 모범론의 성경 해석 논쟁은 "성경을 어떠한 관점과 맥락에서 해석하여 설교할 것인가"에 관한 문제였다. 설교자는 역사적인 본문을 인물 중심으로 해석하는 인간 중심적 해석을 거부하고 하나님 중심적으로 해석하는 그리스도 중심 설교를 해야 한다. 교회사에서는 정경 계시를 통해 예수는 인간과 같은 피조물이 아닌 신적 권위를 가진 분으로서 신성을 강조하고 이를 교리상으로 확정하여 체계화하였다. 구원의 유일한 길은 오직 예수 그리스도이며, 그분을 통하지 않고는 하나님의 의가 주어지지 않는다. 그런 의미에서 오직 그리스도이시다.

이런 이유로 구속사 설교에서 '오직 그리스도 중심 설교'라고 한다. 그래서 그리스도만을 강조해야 한다. 네덜란드에서 제기된 구속사 설교는 이와 같은 접근방식이다. 구속사 설교 또한 본문의 앞뒤 전후 문맥과 문예적, 역사적 배경에 충실하면서 신구약 성경 전체의 문맥과 계시의 유기적 통일성을 이해하는 그리스도 중심의 설교이다. 구속사적 설교의 원리는 주어진 성경 본문에 충실하면서 성경 전체를 거시적으로 보는 것이다. 본문의 문맥 자체에 충실하지 않고 오로지 정경적 문맥을 통해 설교하는 것도 한계이지만 본문의 문맥을 지나칠 정도로 강조하면서 정경적 문맥을 외면한 설교 또한 한계이다. 이런 한계는 한국교회에서 논쟁거리가 되고 있으며 지금도 여전히 이러한 논쟁은 계속되고 있다.

2) 구속사 설교 해석

▶ 구속사 안에서의 해석

구속사적 접근은 오직 성경의 입장을 해석학과 설교학에 일관성 있게 적용하고 싶어 한다. 홀베르다는 "성경은 하나의 역사, 계속 진행되는 하나님의 계시의 한 역사, 늘 점진하는 하나님의 구속 사역의 한 역사를 담고 있다"고 말한다. 그렇기에 성경 역사의 각 부분은 독특한 위치와 의미가 있으며 설교자는 구속사의 중심인 그리스도와의 관계 속에서 본문을 해석하고 이해한다. 구속사적 설교를 주장하는 자들은 설교 본문에 나타나는 인물이나 상황을 우리가 본받아야 할 좋은 모범이나 피해야 할 경고의 메시지로 취급하는 것에 대해서, 설교 본문에 대한 부당한 사용이며 구속 역사를 세속역사의 수준으로 전락시키는 것이라고 주장한다. 그래서 신학자 반 다이크(Van Dijk)

는 말하기를 "모범적 설교 방법은 거룩한 역사를 전락시켜 세속역사와 동등한 위치에 놓는다"고 했다.

개혁주의자들은 성경을 읽되 흩어진 조각들과 책들을 수집한 것으로 읽지 않고 통일체로, 곧 예수 그리스도 안에 있는 하나님의 자기 계시라는 하나의 책으로 읽는다. 성경에서 우리는 구약에서 신약으로, 그림자에서 실체로, 희미한 빛에서 더욱 밝은 빛으로, 예언에서 성취로, 모형에서 원형으로, 이 시대에서 다가올 시대로 이어지는 계시의 전진을 본다. 이것이 바로 구속사적 설교의 공통된 전제이다. 역사적 본문을 바르게 취급하는 해석 방법에는 유기적 해석과 종합적 해석이 있다.

▶ 유기적 해석

유기적 해석이란 성경 본문을 단편적으로 해석하는 것이 아니라 보다 큰 전체 구성 아래서 한 부분으로 이해하며 해석하는 것이다. 클라스 스힐더는 "우리가 본문을 하나의 일반적인 도식과 관련하여 구속사의 통일성, 하나님의 위대하고, 결코 부서지지 않으며, 결코 단편화되지 않는 로고스 안에서의 단일한 자기 계시와 직접 관련지어 이해해야 한다"고 말한다. 이는 구속사가 통일성을 가지므로 모든 역사적 본문은 그리스도 중심적 속성이 있다는 것이다. 이에 대해서 반트 비어는 구속사가 갖는 통일성과 그리스도 중심성에서 출발하여 성경이 갖는 통일성, 그리고 그리스도 중심성으로 나아가기에 구속사의 통일성은 곧 유기적 해석이 필요하다고 본다. 그렇기에 역사적 본문은 구속사와 관련하여 해석해야 하며 구속사의 모든 부분이 그리스도 중심적으로 해석될 때 정당한 해석이 되는 것이다.

반트 비어는 "구속사의 통일성을 상실하는 것은 그리스도 중심적인 해석을 돌이킬 수 없을 정도로 상실하는 것을 의미하며, 이 통일성을 설명해 주는 유기적 해석만이 진정으로 그리스도 중심적인 설교를 가능하게 해준다"고 주장한다. 과거와 현재의 연속성은 구속사의 통일성을 통해서 증명된다. 그러나 이런 연속성이 결코 과거와 현재를 연결하는 일대일 등식 부호가 될 수는 없다. 왜냐하면 과거와 현재 사이에는 구속사에서의 점진이 있고, 또한 이로 인한 단절이 있기 때문이다. 그러므로 이런 유기적 해석을 보완하는 것이 바로 종합적 해석이다.

▶ 종합적 해석

종합적 해석은 모범적 설교의 원자적 해석과 반대되는 개념으로 설교자가 본문에 담긴 특별한 관계의 요소들에 주의를 기울이는 것이다. 어떤 성경 본문은 다른 본문과 비슷한 내용의 주제들을 담고 있지만 본문의 고유성이 있으며 결과적으로 고유한 메시지를 가지고 있다. 왜냐하면 구속사는 점진하고 있어 결코 똑같은 방식으로 되풀이할 수 없는 단회적 특성을 가졌기 때문이다. 본문에 나오는 사람과 청중 사이에 아무렇게나 그어진 평행선은 원자주의에 빠질 수 있다. 그러나 종합적 해석은 본문 안의 모든 요소가 역사의 특정한 위치에서 구성하는 특별한 종합을 고려함으로써 각 역사적 본문 하나하나를 공정하게 취급하고자 애쓴다. 그리고 그 본문을 설교할 때 이 고유성은 처음부터 끝까지 보존되어야만 한다.

그러나 모범론은 적용에서도 이런 고유성을 인정하는 것에 주저한다. 왜냐하면 본문의 만인을 위한 하나님의 메시지와 건전한 적용의 가능성을 막아버리기 때문이다. 성경은 오늘날 우리에게 경건한 모범을 보여주며 설교자는 그런 모범을 제시해야 한다. 그러나 홀베르다는 건전한 적용에 있어서 역사적 순간을 고려할 것을 요구한다. 내용에서는 역사적 순간을 고려했다가 적용 과정에서 무시하는 것은 설교의 이중성이라고 비난한다. 그러므로 종합적 해석은 적용까지 지속되어야 한다. 모든 본문에 나름의 고유한 내용이 있는 것처럼 본문 나름의 적용이 있는 것이다.

초창기 구속사적 설교 해석의 방법을 정리하면 유기적 해석은 본문을 전체 구속사의 관련 속에서 보는 것이며 종합적 해석은 본문을 그 고유성 안에서 보는 것이다. 다시 말해 역사적 본문이 보여주는 것은 역사적 사건으로서의 구속사, 곧 사실이다. 따라서 역사적 본문의 올바른 해석을 위해서는 구속사 일부로 이해되어야 한다. 이것은 본문을 그리스도 중심으로 해석하게 하고 본문의 사건은 하나의 구속사 안에서 다른 사건들과 연속성을 갖게 한다. 그레이다누스는 유기적 해석은 역사의 특정한 위치에 있는 요소들을 특수하게 종합하여 본문의 고유성을 드러내주는 종합적 해석으로 완성된다고 말한다. 이것은 유기적 해석과 종합적 해석이 나눠질 수 없는 하나의 과정임을 말하는 것이고 연속성과 단절이 설명에서뿐만 아니라 적용까지도 지속된다는 것을 뜻한다.

3) 전통 구속사적 설교의 패턴

▶ 그리스도 중심적 구조

신학자 훅스트라 박사는 "그리스도가 없는 설교는 설교가 아니다. 죽으시고 살아나신 그리스도와 아무런 관련이 없는 설교는 말씀에 대한 사역이 아니다"라며 그리스도가 설교되어야만 한다고 강조한다. 물론 구약의 모든 역사적 본문에서 그리스도를 끌어내어 관련 짓는 것은 쉬운 작업이 아니다. 그러나 구속사적 설교자들은 설교에 있어서 그 핵심과 결론이 그리스도를 향해야 하며 이것이 바로 설교의 중심이 되어야 한다고 말한다. 이것이 바로 구속사적 설교 구조의 핵심이다. 결국 역사적 본문을 설교 구조화할 때 구속사 안에서의 역사적 위치를 고려해서 유기적으로 해석하고 본문의 고유성을 종합적으로 해석하여 그리스도 중심의 설교 구조를 가져야 한다. 즉 본문에서 베들레헴으로 이어지는 선들을 발견하는 것으로, 여자의 씨, 실로 위대한 선지자, 다윗의 자손, 평강의 왕의 모습을 바라보는 것이 구속사적 설교의 기본 구조이다.

그러나 설교의 그리스도 중심적 성격은 성육신이나 십자가와 같은 한 점을 드러내는 것만을 말하는 것이 아니다. 창조에서부터 재림에 이르는 긴 구속사의 선들 가운데 성육신이나 십자가가 있는 것이고 이것들 역시 지극히 중요한 것이긴 하나 역사를 관통하여 전진하는 구속사의 한 점이다. 그래서 그리스도 중심적이라는 것은 성육신을 향할 뿐만 아니라 십자가와 부활, 승천 그리고 재림을 향한다. 그렇기에 그리스도 중심적인 설교의 구조화는 단순 십자가나 성육신으로의 선이 아니라 구약 전체를 관통하여 행진하고 계시하고 구속하시며 육체로 오기 위한 길을 준비하시는 영원하신 그리스도, 그분을 중심으로 한 구조화를 이루는 것이다. 또한 그리스도 중심적인 설교는 그리스도께서 주제 되시는 교의학에 요약된 그리스도나 그분의 사역을 구조화하는 것이 아니라 하나님의 일꾼으로서 그분의 사역

계획의 어떤 점에 도달하신 그리스도를 구조화하는 설교이다.

▶ 하나님과 사탄의 구도

구속사적 설교에서 역사적 본문의 목표는 하나님의 도래를 보여주는 것이다. 그래서 하나님의 사역과 하나님이 그리스도 안에서 이루고자 하시는 것을 말해야 한다. 그러다 보니 구속사적 설교는 자칫 본문에 등장하는 사람들을 간과할 수 있다. 물론 성경 인물에 집중하여 성급하게 적용하는 것은 잘못되었지만 본문에 나오는 인물들의 세목들 하나하나에도 주의를 기울여야 한다. 왜냐하면 인간 행동은 언제나 히나님의 행동에 대한 반응으로 나타나기 때문이다. 하나님은 이렇게 하나님의 행동에 반응하는 사람을 통해서 하나님의 구속사를 이루어가신다.

성경에서 만나는 사람들은 우리에게 모범이나 경고의 메시지를 전함이 아니라 오히려 구속사에서 특별한 임무와 사역을 하고 있어서 하나님은 그들을 사용하심으로 본문에서 특별한 의미가 있게 만든다. 이것을 반 다이크는 다음과 같이 표현하고 있다. "기록된 모든 것은 진정 우리의 교훈을 위한 것이다. 그렇지만 그것은 경건하거나 경건치 않은 사람들의 행동으로 기록된 것이 아니라 주 하나님께서 당신 왕국의 역사를 만들어 가시는 수단인 인간적 행동들로 기록되었다. 이 사실에 비추어 볼 때만이 그런 행동들은 우리에게 위로와 경고를 가져다주게 된다."

그렇다면 그것은 설교로 구조화할 때 하나님과 사람의 문제로 구조화하는 것이 아니라 사람을 통해서 일하시는 하나님의 문제로 구조화하는 것이다. 그래서 하나님과 사탄을 대조하여 구조화하고 어느 편에 속하였든 그 구도 안에서 사람은 행동한다. 본문에 등장하는 사람은 그 거대한 싸움 안에서 행동하는 것이며 자기가 갖는 특별한 역사적 위치로부터 분리되어서는 안 된다. 따라서 하나님과 사탄 구도의 구조화는 등장인물의 모범적 요소로 보는 것이 아니라 하나님과 사탄의 구도 속에서 사람이 어떻게 행동하는가를 다룸으로 구조를 이루는 것이다.

▶ 구속사의 점진성

성경의 역사적 인물들과 지금의 우리 사이에는 분명한 연결 관계가 있다. 그러나 이 연결 관계는 공통된 신앙 경험이라는 영역에 있는 것이 아니라 그리스도 안에 즉, 동일한 큰 싸움에 참여하고 있다는 사실에 있다. 족장들의 이야기와 출애굽의 사건들은 구속사에서 중요한 역할을 차지하기에 우리에게 의미가 있다. 그렇다고 해서 과거의 모습과 오늘 우리의 모습이 같은 것은 아니다. 그때는 지금이 아니다. 그렇기에 구속사적 설교가 구조화 과정에서 구속사의 점진성을 무시한 채 구조를 만드는 것은 잘못된 것이다. 오늘의 청중은 성경의 본문과 전적으로 다른 상황 속에서 살고 있다. 단순히 시간적, 공간적, 문화적인 차이뿐만 아니라 구속사의 다른 단계, 곧 예수의 부활과 오순절 이후 수천 년이 흐른 시대에 살고 있다.

그런데 이런 구속의 점진성을 무시한 채 심리화나 신령화, 도덕화의 방법을 통해서 그때의 사람과 오늘의 청중을 연결해서는 안 된다. 하나님께서는 아브람에게 이삭을 바치라고 하셨던 것처럼 우리에게 아들을 바치라고 말씀하시지 않는다. 구속사에서 특정한 때와 특정한 사람에게 임했던 사건과 사명들은 구속사 안에서 그 특별한 의미를 알게 되었을 때 역사의 다음 단계에 사는 우리에게 신적 교훈을 가져다준다. 역사적인 이해 속에서 구속사적 설교의 구조화가 이루어진다. 다른 방법으로 역사적 간격을 피해 가는 것은 결국 역사적 본문을 왜곡시키는 것이다. 이것이 바로 구속사적 설교의 구조화에 중요한 특징을 이룬다. 역사적 본문을 같은 선상의 오늘날 의미로 연결하는 구조를 지양하고 역사적인 이해와 구속사의 점진 속에서 역사적 본문의 깊은 영적인 의미를 발견해야 한다. 이것이 오늘날의 의미로 연결하는 설교의 구조화이다.

▶ 모형론

모형론은 구속사적 설교의 중요한 구조 중 하나이다. 초창기의 구속사적 설교는 그리스도에 대한 모형의 사용을 제한하기도 했고 확장하기도 했다. 제한이란 모형을 발견하려는 무절제한 환상을 억제하고 성경 인물과 나사렛 예수 사이에 그려지는 독단적인 평행선에 정지를 명한 것이다. 임의로 모형을 만들어서는 안 되고 하나님께서 주신 모형들에 자신을 한정시켜야 한다. 그저 예수의 생애와 연결되는 평행선을 발견한다고 해서 설교가 그리스도 중심적으로 되는 것은 아니다.

클라스 스힐더는 그리스도가 이미 그 역사 속에 현존해 있다고 말한다. 이는 모형론의 확장이라고 할 수 있다. 하지만 그리스도께서 본문에 현존해 계신다는 사실은 단순히 이름, 성격, 특성과 같은 비본질적인 것이 예수에게서 발견된다는 것을 의미하지 않는다. 오히려 영원하신 그리스도께서 본문 안에서 그리고 사람 안에서 그를 통해 역사하고 계신다.

반 다이크는 "구약에 나오는 인물들이 그리스도의 모습을 좇아 만들어진 것이 아니라 그리스도께서 친히 그들 안에서 밖으로 역사하시고 말하자면 닮도록 만드셨다"고 말한다. 이는 단지 특정된 몇몇 사람에게서 발견되는 것이 아니라 구약시대 하나님의 교회를 건설하는 데 공헌한 모든 남녀에게서 발견된다는 모형론을 말하는 것이다. 모형론의 설교 구조는 분명하다. 성경이 언급하는 범위 안에서 구약 한 부분을 직접 예수에게로 연결하는 구조를 갖거나 아니면 그리스도의 성품을 드러내는 본문의 모습을 그리스도를 연결하는 구조를 형성한다.

현대 구속사 설교의
다양성으로 생동감을 주라

설교 변화에 대한 요청은 시대마다 항상 있었고, 그 요구 속에서 설교는 지속해서 변화됐다. 설교자와 청중 사이의 효율적인 전달을 위해 신(新) 설교학이 등장했고, 무엇을 전달할 것인가라는 고민 속에서 강해 설교가 주목받는 것처럼 구속사적 설교는 끊임없이 발전해 왔다. 구속사와 그리스도를 중심으로 하는 핵심을 바꾸지 않으면서도 오늘날 청중을 사로잡는 설교 방법을 개발하고 발전시킬 때, 성경적 설교 방식으로서의 구속사적 설교는 여전히 설교자에게 유용하게 사용되는 설교 도구가 될 것이다. 방법론에서 구속사적 설교가 발전되어야 하는 여러 부분 중 설교의 구조를 살펴보자. 설교의 구조는 설교의 내용을 담아내는 그릇이다.

설교의 구조는 설교의 가장 기본적인 토대이며 중요한 골격을 형성한다. 설교자는 해석된 본문을 청중이 잘 받아들일 수 있도록 재구성해서 구조화하여 전해야 한다. 내용은 구조를 통해서 전달되며, 내용을 담지 못하는 구조는 아무런 의미가 없다. 내용은 구조라는 그릇에 어떻게 담느냐에 따라 달라지며 구조는 담긴 내용을 통해서 완성된다.

설교학 교수 웨슬리 앨런(Wesley Allen)은 "다른 형식(구조)들은 청중에게 복음에 대해 다른 경험들, 다른 방식의 생각과 느낌과 행동들을 제공한다"고 말했다. 이는 설교 구조의 변화가 내용에도 영향을 미친다고 보는 것이며 더 나아가서는 설교의 구조가 내용을 드러낸다고 말할 수 있다. 따라서 설교 구조와 내용은 분리할 수 없다. 청중은 구조를 통해 설교의 내용을 수용하고 이해하기 때문에 구조 자체를 내용으로 인식하기도 한다.

신학자 라처드 젠슨(Richard Jensen)은 "설교의 형식과 내용 모두에 관심을 기울여야 한다. 즉 성경 본문의 의미를 도출하여 설교하는 것만으로 충분하지 않다. 설교자는 반드시 성경 본문의 형식과 내용이 조화된 전체적인 설교 형식에 주목해야 한다"고 말한다. 구속사적 설교를 할 때도 마찬가지다. 구속사적 관점으로 본문을 해석했다면 그것을 어떻게 설교로 구조화하느냐는 구속사적 설교의 방법적인 측면에서 매우 중요하다.

설교의 구조는 설교의 전체적 프레임을 만들어주며 생동감을 부여하고, 현대설교를 위한 성경 신학적 설교가 더욱 의미 있는 설교가 될 수 있는지를 결정하는 중요한 요소가 되기도 한다. 따라서 현대 구속사적 설교의 대표자들이 주창한 설교 구조를 살펴보고자 한다.

1) 에드먼드 클라우니의 설교

「설교자 지침서」의 저자 에드먼드 클라우니(Edmund Clowney)의 구속사적 설교의 특징과 해석 방법이 어떻게 설교 구조에 영향을 미치는지 살펴보자. 클라우니의 주된 설교 구조화 과정은 '① 상징 → ② 예표 → ③ 의미'로 요약할 수 있다. 〈그림 15〉는 클라우니 설교의 성경 해석과 더불어 구조화 과정을 잘 보여준다.

【 그림 15 】 클라우니의 성경 해석 / 설교 구조화 과정

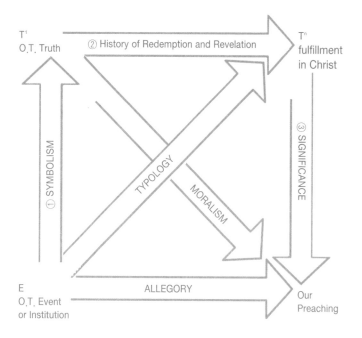

〈그림 15〉에서 E는 구약 본문에 나타난 어떤 사건이나 제도를 말한다. E는 상징(Symbolism)이라는 관점을 통하여 하나님 계시의 진리를 드러낸다. 클라우니는 E에서 발견된 계시의 진리를 T1이라 부른다. 그리고 구약의 진리 T1이 구속과 구원의 역사를 거쳐 그리스도 안에서의 계시에 이르렀을 때 이를 Tn이라고 부른다. 어떤 계시된 진리(T1)도 하나님의 구원과 계시 역사(History of redemption and revelation) 과정 중에 낙오되지 않으며 그리스도와 연관하여 성취된다. 이것이 바로 예표(Typology)이며 삼각형의 빗변에 해당한다. 그리고 그리스도 안에서 완전히 계시된 진리(Tn)에서 메시지를 듣는 청취자에게로 선을 내려그을 수 있다. 이 선은 그리스도에서 의미(Significance)를 두기 시작하며, 그 중요성은 해석자에 의해서 분별된다.

요약하여 설명하면 클라우니의 구속사적 설교는 '① 상징 ② 예표 ③ 의미' 라는 구조 형태를 취한다. 상징(Symbolism)은 구약 본문에 나타난 사건(E)에 담긴 구약의 진리(T1)를 찾아내는 과정이며, 예표(Typology)는 구약의 진리(T1)가 구원과 계시의 역사 가운데 어떻게 그리스도로 연관되어 성취(Tn)되었는지를 찾아가는 과정이다. 그리고 의미(Significance)는 그렇게 찾아낸 그리스도 안에서의 계시가 오늘 청중에게 어떤 의미가 있는지 발견해 낸다.

〈그림 15〉에서 표시되는 도덕주의(Moralism, T1→Our Prea-ching)는 예수 그리스도에서 진리가 완성 됨을 언급하지 않고 구약의 '계시된 진리' 를 직접 청취자들에게 전달한다. 풍유(Allegory, E→Our Preaching)는 본문 중 어떤 하나를 선정하여 문맥이나 의미와 전혀 상관없이 해석하려는 것이다. 클라우니는 이 두 가지 모두를

잘못된 설교라고 말한다. 클라우니의 구속사적 설교가 '상징-예표-의미' 의 구조를 가지게 되는 까닭은 구약을 인류 역사와 구속에 관한 하나님의 큰 계획의 결과로 나타나는 구속사로 보기 때문이다. 여기에서 그리스도는 하나님의 구속 계획의 실현 매체이며 최종 실현이기 때문에 구약에는 그리스도가 나타난다고 이해한다. 그래서 그리스도의 고난과 부활을 통해 구약의 본문을 이해하는 과정을 거쳐 설교를 완성하고자 한다.

▶ 상징(Symbolism)

클라우니는 구속사의 구조에 관해서 관심을 가지며 그 의미를 추적하고자 하는데 그것이 바로 상징(Symbolism)이다. 왜냐하면 상징은 과거 시대의 계시와 그리스도 안에서의 성취를 연결하기 때문이다. 성경에 언급된 많은 상징은 우연한 것이 아니라 유기적이며 점진적인 구속사의 구조에 위치한다. 물론 클라우니는 모든 성경을 상징으로 해석해야 한다고 말하지 않는다. 그러나 상징의 구체성과 상상력에 대한 호소는 언어의 개가라고 말하며 풍부한 성경적 상징 역시 강단에 힘을 불어넣어 줄 것이라고 말한다. 상징은 이중적 참조점과 함께 작용하는데 그 두 참조점 중 하나는 땅의 상징을 통해 묘사되는 당대의 '모형' 이고, 다른 하나는 그 모형의 대형인 하늘의 '원형' 이다.

물론 클라우니는 잘못된 상징의 오남용을 지적한다. 지나친 공상적 오역이나 독단적 알레고리에 대해서 경계한다. 그러나 분명한 상징적 의미가 있는 본문의 해석은 해석자의 의무라고 말한다. 그러면서 상징에 대한 네 가지 해석 원리를 제시한다. 첫째, 상징은 그것이 나타내는 것과 구별된다. 하나님 백성들의 출애굽은 위대한 구원적 예표이다. 이것은 바다를 건넜던 사람들에게 신앙의 결정적 징표가 되었다. 그러나 홍해를 건넌 자 중에 많은 사람이 불신앙으로 말미암아 광야에서 멸망하고 말았다. 출애굽 자체는 그것이 상징하는 구원이 아니었다. 신약에서도 상징과 실재의 구별은 계속 이어진다. 상징에 대한 분명한 이해는 항상 상징과 그것이 나타내는 것 사이의 구별을 요구한다.

둘째, 상징과 실재 사이에는 관련성이 있어야 한다. 이러한 관련성을 뒷받침하는 것은 하나님의 섭리와 창조적인 능력이지만 상징의 풍성한 결실은 우리 생각과 경험이 하나님의 창조적인 말씀에 반응할 때 나온다. 남편과 아내의 연합은 그리스도와 교회의 관계에 대하여 훨씬 의미 있는 상징을 보여준다. 왜냐하면 여기서 말하는 인간의 사귐에 대한 최상의 표현은 그리스도와의 연합을 가리키며, 그의 형상은 이러한 연합의 바탕이 되기 때문이다. 상징에 대한 의미 부여는 비단 사회적 삶과 연결된 인간 경험의 풍성하고 복잡한 양태에 제한되지 않는다. 사고와 경험의 모든 영역이 상징에 이용될 수 있다.

셋째, 성경의 상징에 대한 언급은 계시 가운데 신적으로 확립된다. 성경의 상징은 말씀 계시로 전달되었으며 그 요소들은 합리적인 의미를 지니고 있다. 성경의 상징은 관념적이라기보다는 추론적인 특징이 있다. 즉 사고를 어렵게 하는 하나의 전체적 상징이라기보다 일관성 있게 개념적으로 조직된 상징이라고 할 수 있다. 이는 상징이 상상력에 의한 묘사나 환상적인 형태가 아니라 개념적 의미라는 뜻이다. 또한 상징이 힘을 얻는 것은 시적 모호함이나 무의식의 전형적인 이미지의 예증이 아니라 그것이 나타내는 진리 때문이다. 따라서 성경의 상징을 해석하는 사람은 본문의 문맥 안에서 상징에 나타난 각 요소의 의미를 찾아야 한다.

넷째, 성경의 상징은 다양한 그룹으로 분류된다.

- 신적 상징들 : 매우 초자연적이며 직접적인 신적 기원으로 말미암아 하나님의 임재와 권능의 징표가 된다.
- 제도적 상징들 : 원래 제의적 성격을 지닌다. 하나님은 제사를 통해 예배를 요구하신다.
- 예언적 상징들 : 첫 번째 부류의 확장으로 볼 수 있으며 하나님의 명령으로 선지자가 취한 상징적 행동도 포함한다.
- 역사적 상징들 : 첫 부류와 밀접한 관계가 있으며 하나님은 직접 징조를 주시고 사람들에게 상징적 의식을 수행하라고 하셨을 뿐만 아니라 역사적 사건을 통해 영적 실재들이 상징적 의미가 있도록 구속사의 진리를 인도하셨다.

▶ 예표(Typology)

두 번째 구조화 과정은 바로 예표이다. 성경신학에 대한 분명한 이해와 시대별 계시의 신학적 지평에 대한 예리한 분석을 통해 성경의 상징을 찾아냈다면 그 상징을 통해서 이제는 예표적 선을 그어 그리스도로 연결해야 한다. 클라우니는 이런 상징과 예표를 통해서 구약을 그리스도 중심적으로 읽을 수 있다고 본다. 예표가 상징과 다른 점은 신약에서 성취될 진리에 대한 미래 언급이라는 데 있다. 상징에 제도 및 제의적 상징과 역사적 상징이 있듯이 예표도 그것에 상응하는 예표가 있다. 출애굽, 광야생활과 가나안 입성, 또는 성막과 성전, 제사제도, 그리고 각종 절기는 모두 구속사의 상징적인 사건이며, 그리스도 안에서 성취될 구속에 대한 예표적 언급이다. 설교자가 약속과 성취 사이의 유기적 관계의 원리를 인식한다면 예표를 통해서 그리스로 연결되는 구속사의 풍성함을 누릴 수 있다.

T1에서 Tn으로 가는 길에서 항상 염두에 두어야 하는 것은 계시와 구속의 역사 속에서의 점진성과 통일성이다. 이것은 비교와 대조의 방법을 통해서 가능하다. 특별히 방법적인 부분에 있어서 구속사의 특정 시대에 사용된 용어들의 용법을 유의하라고 말한다. 또한 용법에 관한 연구는 주로 본문의 유사성을 통해서 구약과 신약을 연결하는 다리 역할을 한다.

클리우니의 예표는 본문의 사건에서 바로 그리스도로 넘어가는 것이 아니라 철저한 상징의 연구를 통해 본문이 구속사적 관점 아래서 상징하는 진리를 찾아내고 그 진리가 그리스도를 예표하는 방식으로 논리를 전개해 나가고 있다. 예표는 상징과 매우 밀접하게 연관되어 있으며 상징의 결과라고 할 수 있다. 상징의 의미를 몇몇 단어와의 문맥적 유사성과 대조를 통해서 그리스도로 연결해 나아간다.

▶ 의미(Significance)

클라우니는 상징과 예표 그리고 의미의 과정을 통해서 설교를 구조화한다. 여기서 의미라는 부분은 상징과 예표를 통해서 발견된 것이 오늘의 청중에게 어떤 의미가 있는가를 말하는 것이다. 클라우니는 의미라는 부분을 무시하지는 않지만 많은 비중을 두지도 않는다. 오히려 청중에게 있어 필요한 것은 향단 곁에 선 이스라엘의 대제사장 아론이 지성소로 들어가 대속물의 피를 속죄소에 뿌리는 것을 볼 때 믿음의 눈으로 바라보는 것이다. 위대한 제사장께서 땅의 장막이 아니라 참된 모형인 하늘에 들어가 영원한 속죄소에 자신의 피를 뿌리는 것을 바라보는 것 자체에 의미를 둔다. 성경 신학적 관점 속에서 상징과 예표를 통하여 성경 본문을 예수와 연결하고, 그 연결의 과정에서 새로운 의미를 발견하는 것이 곧 오늘날 청중에게 감동과 의미를 줄 수 있다.

2) 시드니 그레이다누스의 구속사적 설교

「성경 해석과 성격적 설교」의 저자 시드니 그레이다누스(Sideny Greidanus)의 설교 구조화 과정은 〈그림 16〉과 같이 대략적으로 ① 본문의 의미 ② 오늘날의 의미로 말할 수 있다. 본문의 의미 과정에

【그림 16】그레이다누스의 설교 구조화 과정

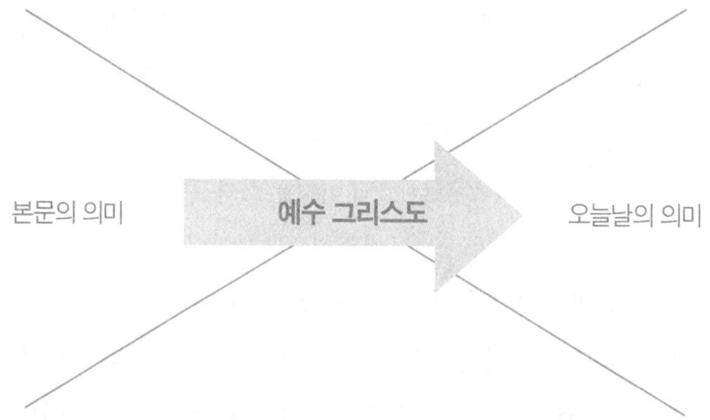

본문의 의미   예수 그리스도   오늘날의 의미

서는 본문의 문예적, 역사적, 하나님 중심적 해석을 통해서 본문의 저자가 그 당시의 청중에게 전하고자 하는 주제를 파악한다. '오늘 날의 의미'의 과정에서는 당시 본문의 저자가 말하고자 하는 주제가 오늘날의 청중에게 어떤 의미가 있는가를 '그리스도의 관점'으로 조명하여 찾아낸다. 본문의 주제를 오늘의 청중에게 적용하기 위해서는 상황과 시간과 공간의 벽을 뛰어넘어야 한다.

그레이다누스는 구약에서의 모든 구속의 행위가 그리스도로 완결된다고 보기에 그리스도라는 관점을 통해서 본문의 의미를 오늘날 청중의 의미에 적용시켜 설교를 구조화한다. 그는 설교 원고의 첫머리에 설교의 주제와 목표를 적어 놓는다. 설교의 주제는 본문을 해석하는 과정에서 나오며, 목표는 본문의 주제를 그리스도와 연결시켜 오늘날 청중에게 어떤 의미를 전달하고자 하는지를 제시한다.

창세기 1장 1절부터 2장 3절에 나오는 '온 우주의 왕'이라는 설교에서 그레이다누스는 본문의 주제를 "온 우주의 왕이신 하나님께서 그분의 권능 있는 말씀으로 이 땅을 그분의 선한 나라로 창조하셨다"로 정했다. 설교의 목표는 "이 세상의 운명과 우리의 운명을 주재하시는 분은 다름 아니라 창조주이신 하나님이시라는 지식을 통해, 두려움 속에 있는 하나님의 백성을 위로하는 것"이었다. 이와 같은 본문의 주제와 설교의 목표는 그레이다누스가 구속사적 설교를 어떻게 구조화하고 있는지를 잘 보여준다. 그레이다누스의 구속사적 설교는 오늘의 관점이나 구속사적 관점으로 본문을 해석하는 것이 아니라 철저히 본문이 말하고자 하는 의미 안에서 주제를 찾아내는 것이다. 그렇게 찾아낸 주제를 바로 청중에게 적용하는 것이 아니라 그리스도의 관점으로 조명하여 설교의 목표, 곧 오늘날의 청중을 향한 메시지를 찾아내야 한다. 이런 구속사적 설교는 기존의 구속사적 관점을 중심으로 한 해석 방법이 본문의 의미를 왜곡하는 실수, 즉 도식주의나 사변, 객관주의와 같은 실수를 '본문의 의미'를 강조함으로 극복하고자 한다.

그레이다누스는 구속사적-그리스도 중심적 방법론의 일곱 가지 길을 제시했다.

첫째, 점진적 구속사의 길이다. 한 본문이 역사 속에서 나타난 하나님의 구원 활동을 증거 할 때, 이것은 그의 아들 예수 그리스도를 보내신 하나님의 궁극적인 구원 행위로 인도되며, 승리하신 예수의 다시 오심으로 절정에 이르는 길 위에 있는 자신을 발견하게 된다. 그렇기에 그레이다누스는 구약성경의 본문에서 예수 그리스도에게로 나아가는 가장 넓고도 기본적인 길이 바로 점진적 구속사라는 측면에서의 방법을 말하며 설교자가 구속사의 흐름 안에 설교 본문을 둠으로써 그리스도에게로의 이동을 찾아낸다고 하였다.

둘째, 약속과 성취의 길이다. 본문이 오실 메시아에 대한 약속을 포함하고 있다면 설교자는 예수 그리스도 안에서 그 약속의 궁극적인 성취를 보여주기 위하여 신약으로 이동할 수 있으며 이를 통해 구약 의미의 중요성을 설교할 수 있다. 하나님의 약속은 점진적으로 완전히 채워질 때까지 지속된다. 따라서 구약의 약속으로부터 그리스도 안 성취의 길로 나아가 어떻게 성취되었는지를 확인하고 다시 구약 본문으로 거슬러 올라와 앞으로 더 성취될 것을 명확하게 하여 신약에서는 나타나지 않은 소망과 약속도 볼 수 있어야 한다.

셋째, 모형론(Typology)의 길이다. 구약의 구속적 사건과 사람과 제도들은 위대한 예표인 예수 그리스도의 인격과 사역을 예시하는 모형으로 기능할 수 있다. 그러나 그레이다누스는 모형론을 성경에 드러난 대로 구속사에서 하나님의 행위들의 축을 따라 구체적인 유비를 발견하는 것으로 제한한다. 그레이다누스는 모형론의 해석이 예언처럼 예보일 수도, 소급하여 발전할 수도 있다고 말한다.

넷째, 유비(Analogy)의 길이다. 유비는 하나님께서 이스라엘에게 가르치셨던 것과 그리스도께서 교회에 가르치신 것, 하나님께서 이스라엘에 약속하셨던 것과 그리스도께서 교회에 약속하신 것, 하나님께서 이스라엘에 요구하셨던 것과 그리스도께서 그의 교회에 요구하신 것 사이의 병행을 드러낸다.

다섯째, 통시적 주제들의 길(Longitudinal Themes)이다. 이것은 구약에서 신약에 이르는 성경 전체를 통하는 주제들이다. 예를 들어 하나님의 도래하는 나라, 하나님의 섭리, 하나님의 은혜, 하나님의 사랑, 하나님의 언약, 하나님의 구속, 하나님의 현존, 하나님의 신실하심, 하나님의 심판, 하나님의 회복 등이 그 주제들이다. 구약의 모든 주제가 그리스도로 나아가고 있기에 그리스도를 설교하기 위하여 통시적 주제들을 신약을 통해 추적하여 오늘날의 교회를 위한 메시지를 확립할 수 있다.

여섯째, 신약 관련 구절 사용의 길이다. 이는 구약을 설교할 때 메시지를 지지하기 위해 관련된 신약성경 구절과 연결하는 방식이다. 이런 신약의 인용은 그리스도에게 나아갈 수 있는 다리의 역할을 한다. 그레이다누스는 설교자들이 헬라어 성경 부록, 좋은 성구 사전, 좋은 관주 성경 등을 조사하여 본문과 관련된 구절을 발견할 수 있고, 이렇게 발견된 신약의 관련 구절은 확인용은 물론 설교 때 회중에 강조하기 위한 디딤돌로 사용할 수 있다고 말한다.

일곱째, 대조의 길이다. 구속사에 나타나는 점진성 때문에 구약의 메시지가 때때로 신약의 메시지와 대조를 이룬다. 이때 그리스도를 중심으로 하여 구약과 신약을 대조하는데 이는 그리스도께서 구약의 메시지와 신약의 메시지 사이의 변화에 일차적인 책임이 있기 때문이다. 예수님의 희생은 단번에 제사 의식의 법을 온전히 성취하였다. 예수님의 희생은 교회가 이스라엘의 시민법을 넘어서게 하였다. 이처럼 예수 그리스도의 인격, 사역, 가르침은 구약과 신약의 대조에 대한 주요한 이유이며 대조의 길 아래, 즉 구약에서 직면하는 문제들의 해결책으로 예수 그리스도와 연결된다.

3) 브라이언 채펠의 설교

「그리스도 중심의 설교」의 저자 브라이언 채펠(Bryan Chapell)의 구속사적 설교의 구조화 과정은 〈그림 17〉에서 볼 수 있듯이 ① FCF(타락한 세상에 초점 맞추기) ② 그리스도(구원의 메시지 해석) ③ 은혜(동기와 수단)로 구분할 수 있다..

첫째, 'FCF'는 설교 전체의 서론으로서 문제를 제기한다. 본문을 통해서 맞닥뜨리게 되는 타락한 세상의 모습을 제시하고 청중과 동일시함으로 그들의 문제점을 드러낸다. 분명한 본문의 FCF는 설교의 흐름을 주도한다.

둘째, '그리스도'는 FCF에서 제시된 문제점이 어떻게 해결될 수 있는지 구원의 메시지를 제시한다. 이는 성경 본문을 통해 제시된 FCF를 인간의 행위가 아닌 하나님의 은혜, 즉 그리스도의 구원을 통해서 타락한 인간의 문제점을 해결하는 것에 활용한다.

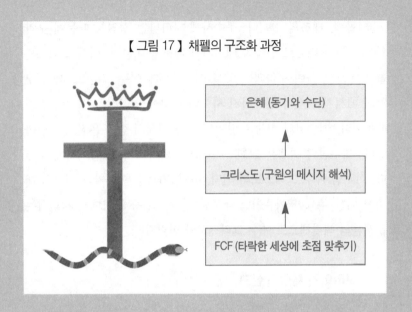

【 그림 17 】 채펠의 구조화 과정

은혜 (동기와 수단)

↑

그리스도 (구원의 메시지 해석)

↑

FCF (타락한 세상에 초점 맞추기)

셋째, '은혜'는 설교의 결론이나 적용의 부분으로, 해결된 문제들을 통해서 우리가 무엇을 해야 하는지에 대한 교훈을 준다. 그러나 주된 핵심은 인간의 행동 변화를 일으키는 동기나 수단이 바로 그리스도의 은혜임을 강조함으로 인간 중심적이 아닌 그리스도 중심적인 결론이나 적용을 끌어낸다. 그렇다면 각 단계가 어떻게 이루어지는지 좀 더 구체적으로 살펴보자.

▶ FCF(타락한 세상에 초점 맞추기)

성경의 궁극적인 목적은 인간의 타락한 측면을 영적으로 완숙한 상태로 회복시키는 것이다. 우리는 타락한 세상에서 타락한 존재로 살고 있기에 구속 사역이 필요하다. 단순히 구원받기 위해서뿐 아니라 지속해서 성화되기 위해서도 그렇다. 채펠은 메시지를 구속과 성화의 내용으로 이끌기 위해서 먼저 본문을 쓰게 만든 FCF를 물어보는 것이 필요하다고 말한다. FCF는 본문을 적절하게 해석하여 효과적으로 전할 수 있으며 청중에게 이 글을 쓴 성령의 목적을 그대로 나타내 보일 수 있다. 무엇보다 설교의 구조가 FCF와 관련하여 한 가지 목적에 집중할 수 있다. 따라서 FCF가 설교 초기에 구체적으로 제시될 때 그 설교는 더욱 힘 있고 예리한 설교가 된다.

또한 구체적인 FCF는 성경이 현실적인 문제에 관한 관심을 보여줌으로 청중을 설교에 집중시킬 수 있고 인간 능력에 대한 허세와 교만을 버릴 수 있게 한다. FCF가 모든 성경에 근본적으로 깔려 있기에 설교자는 FCF를 발견하기 위해서 노력해야 하며 이는 설교의 진정한 주제를 결정해 준다. 그러나 FCF라고 해서 반드시 우리의 죄와 관련된 것이어야 할 필요는 없다. 인간이 처한 특정한 상황, 성경의 위로나 교훈 또는 경고가 필요한 상황이기만 하면 된다. 또한 본문의 FCF는 청중의 상황과 설교자의 강조점에 따라 달라질 수 있지만 본문에 포함된 여러 가지 FCF 중에 하나라는 사실을 증명할 수 있어야 한다.

채펠은 3가지 질문을 통해서 자신이 찾은 FCF가 성경 본문에 충실하면서 설교 목적에 부합하는지 확인하라고 말한다.

① 본문에서 말하는 것은 무엇인가?

② (그 상황에서) 본문이 다루는 관심사는 무엇인가?

③ 본문의 등장인물이나 본문의 저자와 여러분의 청중이 공유하는 공통된 상황은 무엇인가?

채펠은 청중이 처한 상황과 성경 본문의 상황을 동일시함으로 FCF를 제시하고, 이런 FCF를 제시하는 것은 단지 문제점을 밝히기 위한 것이 아니라 우리의 온전함을 위함이며 더 나아가 FCF에서 우리에게 어떤 행동을 원하기 때문이다.

▶ 그리스도(구원의 메시지 해석)

채펠이 우리의 타락한 상태에 초점을 두는 이유는 성경이 보증하는 구원의 특성을 명확하게 설명하고 우리의 타락한 상황에 적용하기 위해서라고 말한다. 그래서 설교의 목적은 구속의 암호를 해독함으로써 청중이 복음적인 상황에서 본문의 의미를 더 완벽하게 이해하게 하는 데 있다. 설교의 시작에서 FCF를 보여주었다면 이제는 본문에 담긴 문제해결, 즉 그리스도를 통한 구원의 메시지를 해석해야한다. 이것이 바로 설교의 구조에서 그리스도 부분이라고 할 수 있다. 만약 설교자가 성경 본문 안에서 구원의 취지를 밝혀내지 못한다면 비록 그것이 옳은 말이라 할지라도 잘못된 설교가 된다. 왜냐하면 인간은 죄인이므로 아무리 훌륭한 행동을 해도 하나님 앞에서는 타락한 행동일 수밖에 없고, 자비로우신 하나님의 구원 사역을 무시한다면 그 메시지는 반기독교적인 메시지가 될 수밖에 없기 때문이다.

본문에서 구원의 메시지를 식별하는 것은 무엇보다 현재의 본문이 성경의 전체 메시지 안에서 어떤 기능을 하는지를 살펴보는 것이다. 성경 본문 중에서 어떤 의미는 해석상의 돋보기를 사용하여 하나하나 연구하여 찾거나 신학적인 어안렌즈를 사용하여 본문 사이의 관계가 어떠한지, 그 본문의 메시지가 역사나 전개 과정이 다른 본문과 어떤 관련이 있는지 살핀 후 찾아낸다. 이는 클라우니가 말한 성경 신학적 관점에서 성경 본문을 바라보는 것으로 본문이 하나님의 구속 사역을 어떻게 나타내는지를 설명하는 것이다. 또한 설교자가 성경을 타락한 인간의 상황을 다루기 위한 구원 계시로서 인식한다면 그리스도 중심 설교의 중심이 되는 구원이라는 요소를 발견할 수 있다. 본문의 FCF가 인간의 궁핍함을 나타낸 만큼 하나님의 자비를 명백하게 보여준다. 이는 개인의 구원 서정의 관점이며, 본문을 통해서 우리의 궁핍함을 말하고 더 성화하게 만드는 구원자와 구원 사역을 설명해준다.

성경이 구원에 초점을 맞추고 있다는 사실을 인정하기는 쉽지만, 그것을 직접 밝혀내는 일은 훨씬 어렵다. 이에 채플은 본문의 성격을 3가지로 분류하여 구체적인 구원의 메시지를 해석하는 방법에 관해 이야기한다.

첫째, 본문 설명이다. 본문이 그리스도에 대해서 혹은 그의 메시아 사역에 대해서 직접 언급하고 있을 수 있다. 이런 경우에는 본문에서 밝히는 구원 사역을 그대로 설명하면 된다.

둘째, 예표 설명이다. 하나님이 그리스도를 통해서 구원의 역사를 이루셨다는 사실을 구약의 예표들을 통해서 알 수 있다. 성전에서 드리는 제사는 그리스도가 무엇을 하실지 예언하지만, 또한 예표로 하나님의 백성이 구세주 구속 사역의 성격을 이해하도록 예비하는 역할도 한다. 설교자들은 예표를 통해서 구약 속에 구원이라는 의미가 함축되어 있다는 사실을 성경적으로 보증받아 구약의 본문에 적절하게 접근할 수 있다.

셋째, 상황 설명이다. 본문 설명이나 예표 설명으로 그리스도의 사역을 설명하지 않는 본문이 있다면 설교자는 정황에 근거해서 구원에 초점을 맞출 수 있다. 다시 말해 설교자가 하나님의 전체적인 구원 계획 안에서 본문이 차지하는 위치를 설명함으로 그리스도와 연결할 수 있다.

채펠은 상황 설명을 4가지의 본문으로 또다시 분류한다.

첫째, 예언적인 본문은 그리스도의 강림과 그의 사역을 특수하게 언급하여 그리스도를 통한 하나님의 구원 사역을 예언한다. 또 어떤 본문에서는 그를 분명하게 언급하지 않고서 오실 그리스도가 누구이며 어떤 일을 행할 것인지 계시한다.

둘째, 그리스도의 사역을 준비하는 본문이다. 어떤 성경 본문은 하나님의 백성이 그리스도의 인격과 사역을 이해하도록 준비시키기 위해서 쓰였다. 준비하는 본문은 당시의 독자와 더불어 현대의 독자를 위해서 그리스도가 하실 일이 무엇이며 그런 사역이 우리에게 어떻게 적용될 것인지 보여준다.

셋째, 그리스도의 사역을 반영하는 본문이다. 그리스도가 전혀 언급되지 않은 본문일지라도 구원의 하나님이 가진 특성을 얼마든지 찾을 수 있다.

넷째, 그리스도 사역의 결과를 나타내는 본문이다. 그리스도의 구원 사역 때문에 우리가 타락한 상황에서 벗어나며 정죄를 받지 않게 되었다. 그리스도가 우리의 과거를 정결하게, 우리의 결심을 확고하게, 우리의 미래를 안전하게 해주셨기 때문에 우리가 믿음으로 행하는 일은 그가 행하신 일의 결과로 이해해야 한다. 본문의 진리가 그리스도의 구원 사역을 예언하거나 설명하는 것이 아니라면 최소한 구원 사역의 결과로 설명할 수 있다.

채펠은 구원이라는 상황에서 볼 때 모든 성경 구절은 그리스도의 사역을 예언하거나, 그리스도의 사역을 준비하거나, 그리스도의 사역을 반영하거나, 그리스도 사역의 결과를 나타내는 네 가지 초점 중에 적어도 한두 가지 의미는 가진 것으로 본다.

4) 팀 켈러의 설교

「팀 켈러의 설교」의 저자 팀 켈러(Timothy Keller)는 설교의 개요, 곧 구조에는 움직임, 진전, 긴장이 있어야 한다고 말한다. 이는 본문을 그리스도 중심적으로 주해한 후에 단순히 좋은 생각의 나열로 그쳐서는 안 된다는 것을 지적한다. 본문에 신실하게 나왔고 설교 주제와 연관이 되어있다고 할지라도 밋밋하게 묶인 청중을 설득할 수 없다고 보는 것이다. 켈러가 말하는 구체적인 설교의 구조는 강해와 내러티브의 분리가 아니라 강해를 내러티브의 틀 속에 두는 것이다. 그래서 각 대지가 설교 주제를 향해 새롭게 이바지하고, 때론 앞선 대지를 딛고 오르거나 실마리를 활용하여 대지를 구성하는 등 모정의 긴장감과 다음 내용을 듣고자 하는 열망을 불러일으킨다. 목적지를 향해 여행을 떠나는 느낌을 받을 수 있도록 설교의 대지들이 내러티브의 부분들처럼 느껴져야 한다고 주장한다.

이는 클라우니나 그레이다누스의 구속사적 설교 구조가 구속사적 해석 구성을 그대로 쫓아가는 것이라고 한다면, 켈러의 구속사적 설교 구조는 구속사적 관점으로 해석된 내용을 청중과 상황화하여 청중을 설득할 수 있는 완전히 다른 내러티브 구조로 재편하는 것이다. 이런 내러티브 구조에 따라 재편된 켈러 설교의 메타 개요, 즉 모든 설교의 기저를 흐르는 구성의 흐름은 〈표 2〉와 같다.

도입	문제가 무엇인가?	우리시대의 문화적 맥락: 이것이 우리가 직면한 현실이다.
초기 대지	성경은 무엇이라고 말하는가?	원독자의 문화적 맥락: 이것이 우리가 행해야 하는 것이다.
중간 대지	우리를 막아서는 것은 무엇인가?	현대 청중의 내면의 맥락: 왜 우리는 그렇게 할 수 없는가?
말미 대지	예수님은 어떻게 성경 주제를 완성하고 이 핵심문제를 해결하시는가?	예수님은 어떻게 그것을 행하셨는가?
적용	예수님을 믿는 믿음을 통해 우리는 이제 어떻게 살아야 하는가?	

　이런 구성 흐름의 저변에는 복음의 향취를 부여하는 타락–구속–회복이라는 움직임의 구도가 있다. 구속과 회복의 주체는 모든 율법의 요구를 완성하신 예수 그리스도이시며, 이 예수를 받아들일 때 청중의 가치관이 변화되고 세상의 문화를 변혁시키게 된다. 이런 켈러 설교의 메타 개요에는 3번의 상황화가 이루어진다. 첫 번째 상황화는 청중의 문화와 성경 본문 주제 사이의 상황화이다. 두 번째는 청중의 구체적 적용과 성경 저자의 구속사적 의미 적용 사이의 상황화이다. 세 번째는 그리스도 중심적인 복음으로 나아가기 위한 상황화이다.

　켈러는 내러티브 구조의 메타 개요를 이야기하지만 실제로 그의 설교에서 그런 구조를 구분하기는 쉽지 않다. 오히려 켈러는 설교의 서론 부분에 앞으로 설교에서 다룰 3가지 정도의 주요 대지를 제시하고 하나하나 설명하며 설교를 진행한다. 전형적인 3대지 설교라고 할 수 있다. 대지마다 각각의 상황화, 즉 청중의 문화와 성경 본문의 주제 사이의 상황화(문제가 무엇인가?), 청중의 구체적인 적용과 성경 저자의 구속사적 의미 적용 사이의 상황화(우리를 막아서는 것은 무엇인가?), 그리스도 중심적인 복음으로 나아가기 위한 상황화(우리는 어떻게 살아야 하는가?)를 제시하고, 그에 대한 답변이나 대조를 통해서 대지를 연결하고 앞에서 말한 메타 개요와 같은 내러티브의 흐름을 유지한다.

따라서 켈러의 설교 구조화 과정을 메타 개요를 따라 이해하기보다는 상황화를 중심으로 이해하는 것이 용이하다. 상황화를 중심으로 설교의 구조화 과정을 표현하면 〈그림 18〉의 화살표 방향과 같이

【 그림 18 】 켈러의 설교 구조화 과정

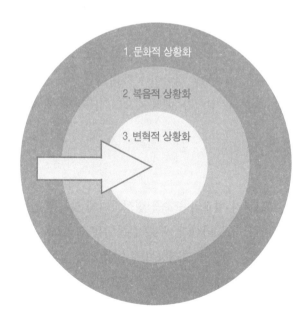

1. 문화적 상황화

2. 복음적 상황화

3. 변혁적 상황화

① 문화적 상황화 ② 복음적 상황화 ③ 변혁적 상황화로 이루어진다.

문화적 상황화는 청중의 문화와 성경 본문의 주제 사이의 상황화로 청중의 문화를 설교의 자리로 가져오는 것이다. 그래서 우리 시대의 문화적 맥락과 원독자의 문화적 맥락을 주로 비교하며 문제점을 이야기한다. 메타 개요에서 도입과 초지 개요를 합친 것으로 설교 전체의 문제점을 제시하며 내러티브에서 갈등이 발생한다.

복음적 상황화는 청중의 구체적인 적용과 성경 저자의 구속사적 의미 적용 사이의 상황화로 문제에 대한 해결책을 이야기한다. 성경의 가르침대로 살 수 없는 청중에게 복음을 상황화하여 예수 그리스도가 어떻게 그 일을 행하셨는지를 보여줌으로 문제가 해결될 수 있음을 보여준다. 이는 메타 개요에서 중간 대지와 말미 대지에 해당한다. 복음적 상황화는 내러티브에서 갈등이 증폭되지만 그리스도 안에서 그 갈등이 해결되는 과정을 설명한다.

변혁적 상황화는 그리스도 중심적인 복음으로 나아가기 위한 상황화로서 문제해결이 된 후 청중이 문제해결을 통해 어떻게 살아가야 하는지를 적용하는 것이다. 메타 개요의 적용 부분에 해당한다.

1) 문화적 상황화

켈러는 설교자가 설교의 구조를 형성하기에 앞서 본문을 통해 주제를 선정해야 한다고 말한다. 무슨 본문이든 그리스도를 설교하지만 그 설교를 듣는 청중을 고려하여 중심 주제로 삼아야 하며, 설교 주제를 선택하면서 3개의 질문을 던지라고 말한다.

첫째, 본문의 주된 사상을 질문 : 성경 본문은 무엇을 이야기하고 있으며, 그것에 대해 본문은 무엇이라고 말하는가?

둘째, 목회적 목표 질문 : 이 가르침은 원독자들에게 어떤 실천적인 변화를 만들었을까? 우리에게는 어떤 변화를 만들어야 할까?

셋째, 그리스도 질문 : 본문은 어떻게 그리스도를 가리키는가? 그의 구원은 어떻게 우리가 목회 목표를 좇아 변화되도록 돕는가?

이렇게 찾아낸 주제가 청중의 문제를 보여주고 해결책을 제시하여 변혁을 이끄는 설교가 되기 위해서는 먼저 문화의 상황화가 필요하다. 이것은 주제와 관련된 청중의 문화 내러티브를 설교로 끌어들여 그들의 관심과 흥미를 유도하고 청중의 문화와 공명하는 것이다. 또한 청중의 문화 내러티브에 대해서 성경이 무엇을 말하는지 규범적 해석을 통해 들려줌으로 청중의 문화에 저항하는 것이다. 그래서 문화적 상황화를 '공감적 고발'(Sympathetic accusation)이라고 부를 수 있다. 이것은 세상의 문화를 공감하면서도 성경의 가르침을 떠난 반기독교적인 것임을 고발한다. 켈러는 설교에서 3개의 대지를 먼저 말하고 한 대지씩 설명하는데 주로 첫 번째 대지가 문화적 상황화에 해당된다. 청중의 문화와 성경 원문의 메시지를 대조함으로 문제점을 발견하고 청중의 문화에 상황화가 될 때 비로소 포스트모던 시대의 청중이 귀를 기울이게 된다는 것이다.

문화에 다가가기 위해서는 켈러의 여섯 가지 건강한 실천 원리를 기억해야 한다.

첫째, 이해하기 쉽거나 익히 알려진 어휘를 사용하라.

둘째, 권위 있는 사람의 말을 활용해 논지에 힘을 실으라.

셋째, 의구심과 반대 이견을 잘 이해하고 있음을 보여주라.

넷째, 기본적인 문화 내러티브에 도전하기 위해 먼저 긍정하라.

다섯째, 복음을 제시할 때 문화의 압점들을 눌러라.

여섯째, 복음이라는 동기로 초대하라.

이는 켈러 설교의 메타 개요에서 도입 부분과 초기 대지 부분이라고 할 수 있다.

2) 복음적 상황화

복음적 상황화는 켈러 설교 메타 개요의 중간 대지와 말미 대지에 해당한다. 켈러의 설교에서 주로 두 번째 대지에서 복음적 상황화가 나타나지만 가끔 세 번째 대지까지 가서 말미 대지와 적용이 같이 언급되기도 한다. 복음의 상황화는 성경 본문이 말하는 규범적으로 해석된 내용을 감당할 수 없는 청중의 상황을 말하는 것이다. 본문의 규범적 의미를 감당할 수 없는 청중의 이유를 설명하고 더불어 그것을 해결할 방법도 함께 제시한다. 해결 방법은 그리스도를 중심으로 예수가 어떻게 완성하고 해결하셨는가를 보여주는 것이다. 이는 정황적 해석으로 구속사적 정황 속의 문제점을 해결해 준다. 문화적 상황화에서는 청중의 문화를 설교로 끌어들이고 이해하려는 측면을 말했다면, 복음적 상황화는 그런 청중의 문화에 복음이 성육신, 즉 상황화되어 문제점을 극복할 수 있음을 보여주고 있다.

켈러는 그리스도로 연결하는 정황적 관점에 대한 해석에 있어서 4가지 복음 조각, 즉 주제 해결, 율법 수납, 이야기 완성, 상징 성취의 조각들을 통해서 그리스도로 연결하여 복음의 상황화가 가능하다고 말한다. 본문에서 그리스도로 연결하는 네 가지 복음 조각은 다음과 같다.

① 주제 해결(Theme Resolution)의 조각

구약과 신약을 관통하는 핵심적인 주제들은 구약에서 시작되어 신약에서 성취에 이르는 과정을 거치면서 발전한다. 주제 해결이라는 복음 조각은 성경을 관통하는 주제들이 그리스도 안에서 어떻게 해결되는지를 살펴보는 것이다. 이는 단순히 그리스도의 모형들을 찾아가는 구조가 아니라 본문에서 나타나는 어떤 주제가 그리스도 안에서 어떻게 해결되거나 성취되었는지를 보는 설교 구조이다. 예를 들어 율법과 은혜라는 주제는 하나님의 거룩하심과 자비하심을 동시에 보여준다. 성경은 때론 인자와 진실로(출 34:6) 표현하고 때론 은혜와 진리(요 1:14)로 표현한다. 하나님의 거룩하심과 자비하심이 함께 만나게 되는 것은 예수 그리스도의 인격과 사역을 통해서이다. 즉 그리스도 안에서 하나님의 거룩하심과 자비하심이라는 주제가 해결된다. 이처럼 켈러는 왕의 나라, 창조와 재창조, 언약 안에서의 율법과 은혜 같은 성경의 넓은 주제들과 예배와 성소, 결혼과 신실함, 의로움과 부끄러움 등과 같은 보다 좁은 주제 모두를 그리스도 중심적으로 살펴보도록 권고한다.

② 율법 수납(Law-Reception)의 조각

이는 율법의 목적을 이해하는 방법으로 율법의 목소리를 경청하는 접근이다. 그러나 율법의 소리에 경청하게 되면 그것을 준수하고 따르는 것이 불가능하다는 것을 깨닫게 되면서 율법은 기쁨이 아니라 절망을 가져다준다. 갈라디아서 3장 24절이 말하는 율법은 우리를 그리스도께로 인도하는 초등교사라고 할 수 있다. 율법을 충족시키지 못하는 우리에게 필요한 구원자, 율법을 수납할 예수 그리스도에게 인도한다. 소돔과 고모라의 이야기에서 아브라함은 그들을 위해 하나님께 간청한다. 의인 10명만 있으면 성을 구원해 달라고 요청한다. 그러나 소돔과 고모라는 의인 10명이 없어서 멸망한다. 신약성경이 주는 분명한 답은 의인은 없나니 하나도 없다(롬 3:10)는 것이다. 누구도 의의 요구사항을 지킬 수 없다. 그러나 율법의 모든 요구사항을 성취하신 예수 그리스도는 유일한 의인이며 우리의 소망이 된다. 특히 켈러는 윤리적 명령의 근본적인 핵심을 모든 죄 아래에 있는 죄에 둔다. 이는 설교를 듣는 청중이 율법의 완벽한 요구의 무게로 인하여 구세주를 간절히 찾도록 만드는 방식이다.

③ 이야기 완성(Story Completion)의 조각

이 방법은 본문의 미시 내러티브 플롯의 이야기를 성경의 거시 내러티브 플롯과 연결하는 것이다. 따라서 성경은 그냥 이야기가 아니라 목적과 목표가 있는 역사인 구속사라는 것을 강조한다. 성경에는 개인의 이야기, 하나님의 백성이 형성되는 역사에 자리한 주요 사건, 곧 공동의 이야기, 구속사에 걸쳐 암시되는 은혜의 패턴을 보여주는 이야기의 유형이 존재한다. 켈러는 하나님께서 이 모든 이야기 속에 관여하시며 그들을 새로운 존재로 재창조해 가시는 점을 이야기의 완성 방식으로 연결하고자 한다. 궁극적으로 성경의 이야기는 예수님이 모든 일의 최종적이고 완전한 해결책임을 지시한다.

켈러는 이런 이야기의 완성 방식이 기본적으로 세 가지 단계에서 일어난다고 본다. 첫째, 개인적인 이야기는 그리스도를 향하게 한다. 다시 말해 성경의 등장인물을 통해서 그리스도를 볼 수 있다. 둘째, 공동체적 이야기 속에서도 일어난다. 구속사의 중요한 사건들 역시 그리스도를 향한다. 출애굽 사건은 단순한 이스라엘의 구원 사건이 아니라 전 인류의 구속 사역으로 연결할 수 있다. 셋째, 그리스도는 이야기의 흐름 속에서 '은혜 패턴'을 완성한다. 이는 하나님의 백성에 대한 구속의 다루심이 삶에 전형적으로 나타나는 특정한 내러티브 패턴, 즉 죽음을 통한 생명, 약함을 통한 승리, 버려짐을 통한 회복 등이다. 예를 들면 에스더를 그리스도의 모형으로 부르지는 않지만 그녀의 백성을 향한 희생의 행동을 그리스도께서 우리의 구속을 위해 값을 치른 희생으로 이해한다. 이처럼 켈러는 구속적 패턴을 통해 넓은 의미에서 이야기들을 복음과 그리스도에게 연결할 수 있다고 해석한다.

④ 상징 성취(Symbol Fulfillment)의 조각

이 방식은 모형론적 접근 방법으로 그 상징이 원래의 저자와 청중에게 상징적 의미를 지니고 있을 때 정당하게 사용될 수 있다. 심지어 저자가 명백하게 그리스도를 의식하지 않은 경우에도 이러한 모형들은 장차 오게 될 더 위대한 실재를 가리키는 역할을 한다. 그러나 이런 상징 성취의 방법은 본문과 그리스도를 연결하는 것이 남용되거나 알레고리화하는 것에 대한 주의를 필요로 한다. 켈러는 4개의 복음 조각을 통해 본문에서 그리스도로 연결한다.

3) 변혁적 상황화

켈러는 특정한 문화 안에서(문화적 상황화) 특정한 세계관 복음을 가지고 기독교 신앙을 성육신화하는(복음적 상황화) 것으로 설교를 끝내지 않고, 이런 상황화를 통해서 세계관을 변혁시키고 더 나아가 도시와 문화를 변혁시켜야 한다고 말한다. 이것이 바로 변혁적 상황화이다. 켈러의 설교는 세상의 문화 속에서 그리스도를 변증하고 그리스도를 통해서 세상의 문화를 변혁하고자 하는 복음 중심적 변증설교이다.

켈러는 포스트모더니즘의 영향 아래 절대 진리에 대한 회의주의와 해체주의, 상대주의와 반전제주의의 세계관을 가진 청중에게 그리스도를 통해서 복음을 상황화하므로 청중의 세계관과 문화를 근본적으로 그리스도의 복음에 기초한 세계관으로 변혁해야 한다고 본다. 그래서 변혁적 상황화는 켈러의 메타 개요에서 적용에 해당하며 예수를 믿는 믿음을 통해서 어떻게 문화를 변혁해야 하는지를 말한다.

켈러는 적용, 곧 변혁적 상황화에 있어서도 삼중적(교리주의자적, 경건주의자적, 문화변혁주의자적) 적용의 균형을 이야기한다. 이는 기독교 세계관의 렌즈 역할을 하는 그리스도를 중심으로 하나님 나라의 전 영역에 적용을 추구하는 것이다. 율법주의적 세계관을 변혁하기 위해서 규범적 관점으로 교리적 적용을 추구하고, 개인주의적 세계관을 변혁하기 위해서 실존적 관점으로 경건적 적용을 추구하며, 문화를 변혁하기 위해서 상황적 관점으로 문화—변혁적 적용을 추구한다.

4) 설교의 형식

켈러는 본문을 통해서 청중을 '죄 아래의 죄'로 인도하며 본문을 그리스도의 사역과 인격으로 연결되도록 한다. 이것은 궁극적으로 그리스도가 청중의 삶의 문제의 해결책인 동시에 해석학적 주제의 완결로 이어지도록 하는 기본적인 내러티브 흐름의 설교 구조이다. 이는 북미 설교학계에 가장 영향력 있는 설교학자로 알려진 유진 라우리(Eugene Lowry)의 내러티브 설교의 형식과 유사하다. 켈러의 구조화 과정을 살펴보면, 청중이 직면한 현실의 문화와 성경이 말하는 문화를 비교하며 갈등이 시작되고, 성경이 말하는 대로 살아가려 할 때 막아서는 청중의 막힌 담을 통해서 갈등이 극대화되며, 예수가 어떻게 그 막힌 담을 해결하셨는가를 보여줌으로 반전이 일어나고 갈등이 해결되는 설교의 형식을 보여준다. 기존의 구속사적 설교가 구속사라는 인지적인 측면에서 내용의 전달에 집중하였다면, 켈러는 내러티브라는 효과적인 전달 형식을 바탕으로 구속사의 내용을 청중과 문화에 전달하고자 한다.

그러나 켈러 설교의 표현 방식은 전체의 내러티브적인 흐름과는 달리 연역적 강해 설교와 유사하다. 설교의 내러티브식의 흐름에도 3개의 대지를 제시하고, 그것에 대해서 하나하나 풀어가는 과정은 일반적인 연역적 강해 설교이다. 더불어 핵심 주제를 통해 풀어가는 주제 설교의 형태도 취하고 있다. 그러나 강해적이든 주제적이든 그 흐름은 매우 논리적인 내러티브의 흐름을 가지고 있다고 할 수 있다.

5) 설교 혁신과 전망

구속사적 설교는 1930년 네덜란드에서 시작된 이후로 끊임없이 연구와 발전을 거듭해 왔다. 많은 학자가 구속사적 설교를 실제 설교에 접목하기 위해 많은 방법론을 제시하였고 그 구조화 과정에 다양한 시각을 제공해 왔다. 클라우니는 성경 신학적인 관점으로 본문을 해석하여 상징과 예표 그리고 의미를 통해서 설교를 구조화하여 하나님의 전체 구속사 아래에서 성경 본문의 의미를 보여줌으로 청중에게 적용하였다. 이것은 하나님이 이루시고자 하는 구속사적 관점으로 본문을 해석하고 그리스도로 연결하여 오늘날의 의미를 찾는 구조화 과정이다.

성경 신학적 관점은 성경과 설교의 무너진 권위를 회복하게 하고 도덕주의나 풍류적 해석이 아닌 성경 본문에 합당하게 그리스도로 연결하여 하나님의 구속사를 분명하게 제시한다. 이것은 모든 성경 본문에서 그리스도를 발견하고 하나님 구속의 은혜를 경험하도록 하는 구속사적 설교 흐름의 모판이 되는 관점이라 할 수 있다. 그러나 성경 신학적 관점은 본문을 해석할 때 전체 구속사 안에서 해석하려는 경향 때문에 본문 자체나 저자의 의도를 놓칠 수 있다. 그뿐만이 아니라 성경 신학적 관점은 설교 주제가 구속사와 관련된 것으로 한정될 수 있다. 적용에서도 본문에 담긴 구속사적 관점의 역할과 의미를 찾아내는 것에 제한되거나 청중의 정황 속에 더 깊이 적용되는 것이 어렵다는 한계도 있다.

그레이다누스는 성경 본문을 중심으로 본문과 저자 의미를 파악하고 그리스도 인격과 사역, 그리고 가르침에 비추어 재해석하여 문화와 역사를 뛰어넘는 오늘날의 의미를 찾아 청중에게 적용하였다. 이 관점은 성경 본문 자체를 강조함으로 성경 신학적 관점의 구조화가 가지는 해석과 주제의 한계를 극복한다. 먼저 역사적—문맥적 해석을 통해서 성경 본문과 저자의 의미를 충분히 파악하고 그 이후에 본문의 의미를 그리스도의 관점으로 재해석함으로, 본문의 시대와 청중의 시대가 가진 역사적-문화적 차이를 극복하여 오늘날의 의미를 발견하고자 하는 관점의 구조화이다.

이 관점의 구조화는 본문의 의미와 성경 저자의 의도를 충분히 다루며 구속사적 설교에서 다루기 힘든 성경 본문의 다양한 주제를 그리스도의 인격과 사역 그리고 가르침으로 조명하여 오늘날의 청중에게 적용할 수 있는 장점이 있다. 그뿐만 아니라 성경 본문의 전달 방식이나 형식까지도 고려하여 본문에 충실한 설교가 가능하게 한다. 그러나 다양성 보장에도 불구하고 그리스도와의 연결고리는 다소 느슨해지는 경향이 나타나며 적극적인 청중의 정황으로의 적용보다는 인지적인 측면에서의 적용에 머무르는 한계가 있다.

브라이언 채펠은 구속사를 전 인류의 구속사적 관점보다는 개인의 구속사 관점으로 제한하여 타락한 세상에 초점을 맞춘다. 이것은 해결 방편으로 그리스도를 제시하고 은혜를 힘입어 거룩한 삶으로 나아가도록 적용하는 구조화이다. 이 관점은 구속사를 담고 있는 성경이 단순히 전체 구속사뿐만 아니라 사람을 온전하게 하려는 개인의 구원 서정도 담고 있다는 것에 시작한다. 그래서 수평적인 전체 구속사의 관점이 아니라 수직적인 개인 구원 서정의 의미에 더 집중하는 것이다. 먼저 개인 구원에 있어서 걸림돌이 되는 죄의 상황과 문제점에서부터 설교를 시작하고 그것을 극복하고 문제를 해결해 주시는 그리스도로 연결한 후에 그리스도의 은혜를 힘입어 거룩한 삶으로 나아가도록 하는 관점의 구조화이다. 이는 성경에 담긴 개인의 구원 서정의 문제점들을 오늘의 청중과 동일시함으로 말씀을 청중의 정황 속에 깊이 적용시킬 수 있다. 또한 성경에 기록된 모범적이고 도덕적인 요소들을 은혜의 관점으로 바라보게 하여 인간 중심이 아닌 그리스도를 중심으로 한 거룩한 삶에 도전하도록 적용할 수 있다.

마지막으로 켈러는 상황화를 강조한다. 문화의 상황화를 통해서 청중의 문화를 성경으로 가져와 성경의 의미와 비교한 후, 복음의 상황화를 통해서 청중의 문제에 그리스도를 상황화하여 극복하게 하고 교리적, 경건적, 문화 변혁적 적용을 통해서 청중의 세계관을 변혁하려는 설교의 구조화를 이룬다. 이 관점은 그리스도를 단순히 교리적, 경건적 적용을 넘어 문화 변혁적 적용이 되도록 하는 것이다. 이를 위해서 청중의 문화를 설교로 상황화하여 성경의 가르침과 비교하며 갈등을 유발하고, 성경의 가르침을 따를 수 없는 청중의 상황을 그리스도를 통해 극복할 수 있도록 하며, 청중이 가진 세계관과 청중의 문화까지 변혁하고자 하는 관점의 구조화이다.

문화 변혁적 관점의 구조화는 설교 전반에 걸친 상황화를 통해 정황적인 적용이 강하게 나타나며 성경과 대치되는 청중의 문화를 그리스도를 통해서 변증한다. 또한 효과적인 전달을 위해서 내러티브 구성의 흐름을 가지게 함으로 청중의 마음을 움직이게 하는 것이다. 이 관점의 구조화는 구속사적 설교가 적실한 적용이 약하다는 편견을 깰 수도 있지만 청중에 대한 지나친 상황화와 적용은 성경 본문을 왜곡할 가능성도 있다.

이처럼 구속사적 설교의 구조화에 대한 다양한 인식과 패턴은 설교자가 더 넓은 안목을 가지고 더욱더 효과적인 구속사적 설교를 구현할 수 있도록 한다. 설교자는 다양한 구조의 구속사적 설교를 성경 본문과 시대적인 요청, 청중의 정황 그리고 목회적 판단에 따라 적절하게 활용함으로 더 영향력 있는 구속사적 설교가 되도록 해야 할 것이다. 특히 구속사적 설교에서 본문에 나타난 그리스도에 집중하여

인지적으로 구성의 흐름을 만들 것인지 아니면 드러난 그리스도를 청중의 정황 속에서 적용하여 구성의 흐름을 만들어 갈 것인지에 대한 판단과 균형은 목회의 현장에서 찾아야 할 것이다. 그뿐만 아니라 설교자들도 기존의 방법론에 만족하지 말고 지속적인 시대의 변화와 요구에 따라 효과적으로 구속사적 설교를 구현할 수 있는 구조에 대한 더 많은 연구를 해야 할 것이다.

최근에 켈러의 설교는 미국의 맨해튼을 중심으로 많은 영향을 주었으며 한국에서도 큰 열풍을 일으키고 있다. 상황화를 통해 청중의 문화를 중요시하는 켈러의 설교가 주목받는 것은 포스트모더니즘 시대의 청중이 구속사적 설교에 어떤 변화를 요구하는지를 보여준다.

해석된 구속사를 설교로 구조화할 때 단순히 인지적인 또는 수평적인 설교의 구조화보다는 정황적이고 수직적인 설교의 구조화가 요청되고 있다. 또한 설교의 형식과 전달 방법에서도 단순히 본문을 강해하는 것으로 만족하지 말고 신(新) 설교학이 추구하는 효율적인 설교형식의 다양한 접근에 관한 연구가 필요하다.

설교의 새로운 패러다임을 적용하라

1) 적용 방법 논쟁

▶ 설교 적용의 의미 논쟁

현재 설교의 형태는 전반부에 복음을 설명한 후 '그러므로' 라는 접속사를 사용하여 그리스도인의 윤리적인 행위의 당위성을 강조하는 형식을 사용하는 것이 일반적이다. 이러한 구성은 설교를 위한 적용을 도출해 내려는 방법을 모색하게 만든다. 그것이 구속사적 관점과 모범적 관점의 균형을 이루는 것이다. 설교에서 하나님의 구속사 사실에 관한 진술만으로는 부족하기에 청중은 하나님께 반응하라는 요구를 하나님이 그리스도를 통해 행하신 일과 연결해야 한다. 이러한 설교의 논리적 형식은 '직설법'과 '명령법'을 함께 포함한다.

많은 신학자가 성경에 나오는 '직설법-명령법'의 패턴을 오랫동안 연구해 왔다. 직설법과 명령법의 병렬구조는 바울 서신에서 발견되는 바울신학의 논리적 구조뿐만 아니라 성경 전체 장르에서 논의되고 있다. 성경 저자들이 따르는 패턴의 논리적 형식은 직설법이 참이기 때문에 명령법대로 해야 한다는 것이다. 그런데 명령법이 모범적 설교로 치우쳤을 때 율법주의나 방임주의라는 문제점이 나타난다. 인간의 반응에 초점을 맞추면 이런 현상이 발생하기 마련이다.

그러므로 이러한 현상을 방지하기 위해서 설교의 시작도 과정도 마침도 그리스도여야 한다. 또한 명령법에서 율법의 명료함이 은혜의 애매함보다 더 확실하다고 느끼는 청중은 설교자들이 강단에서 어떤 규정들이나 행동강령과 같은 명확한 교훈을 주기를 원할 수도 있다. 설교가 그리스도 중심으로 선포되기 위해서는 청중에게 높은 규범을 줄 필요도 있다. 이러한 규범은 그리스도인답게 살아가는 데 도움이 될 성경적 원리들을 깨닫게 도와준다. 설교학의 대가이자 설교자로도 영향력 있는 인물로 〈크리스처니티 투데이〉에 선정되기도 한 해돈 로빈슨(Haddon W. Robinson)은 설교자의 임무는 사람들을 도덕적으로 만드는 데 있지 않고 '그리스도인답게' 생각하도록 돕는 데 있다고 하였다. 성도의 삶을 위한 설교에서 점진적 성화에 대한 명령(imperative)은 항상 결정적인 성화의 사실(indicative)에 근거해야 한다.

설교자가 그리스도 안에서 이루신 그리스도의 십자가를 보여주기 전까지 성경 본문 말씀의 명제들은 추상적일 뿐이다. 하지만 그리스도 완성을 통하여 설교하게 되면 이러한 명제들이 새롭게 변하여 청중의 마음을 사로잡는 실재가 된다. 오직 예수 그리스도야말로 정보 전달을 넘어 언약 관계의 연결(연합) 자리인 십자가를 통하여 청중의 마음을 사로잡아 이끄는 자리가 되는 것이다. 그 자리가 그리스도의 십자가이다. 그리스도인의 삶이란 그리스도와 분리된 별도의 영역이 아니라 그리스도의 십자가를 증언하는 삶이다.

성경이 증언하는 바에 따르면 하나님 뜻에 의한 약속 성취를 받

【 그림 19 】 직설법 + 그러므로 + 명령법

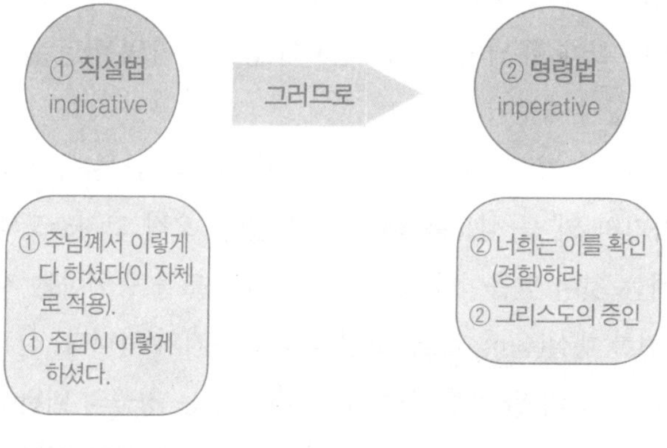

① 직설법
indicative

그러므로

② 명령법
inperative

① 주님께서 이렇게 다 하셨다(이 자체로 적용).
① 주님이 이렇게 하셨다.

② 너희는 이를 확인(경험)하라
② 그리스도의 증인

아들이는 자는 그리스도인이다. 또한 완성의 세계인 그리스도 안에서 주님의 이루심을 증언하는 자가 설교자이다. 따라서 예수 그리스도께서 십자가에서 '다 이루었다'는 것을 증거하고 선포하는 것이 설교이다. 예수님께서 홀로 이루신 완성의 복음을 미완성으로 여기고 적용이라는 이름으로 성도들에게 짐을 지우는 설교자는 구약에 머문 자이다. 복음을 접한 설교자의 역할은 그리스도께서 언약을 완성하신 이루심(공로)을 선포하는 것이다.

그리스도를 선포하고 가르치고 소개하는 것 자체가 적용이라면 인간의 복음 반응을 일으키려는 별도의 적용이 필요할까? 이는 지극히 인본주의적 발상이다. 설령 그렇지 않더라도 설교자의 능력으로 청중을 설득해보겠다는 것이 바탕에 깔려 있다. 복음의 적용은 성령의 역할이지 설교자의 역할이 아니다. 그러니 이렇게 적용하고자 하는 마음마저도 십자가에 못 박혀야 할 것이다. 십자가 완성의 복음은 그리스도께서 다 이루셨다는 사실을 믿지 않는 자의 행위를 벌하신다(고후 10:4-6). 인간이 선하다고 여기는 모범적인 그 어떠한 것이라도 십자가에 못 박히신 그리스도 앞에서는 다 죄가 된다는 사실을 기억해야 한다. 주님의 완전한 십자가 앞에 인간의 어떤 완벽함도 온전할 수 없기 때문이다.

그래서 '~처럼 되어라', '선하게 살아라'와 같은 식의 적용을 통해 '자기의 의'를 삼도록 해서는 안 된다. 오직 그리스도의 의만을 의지하는 것이 믿음이다. 설교자는 그리스도를 증언하는 자이지 청중의 선한 행실(윤리, 도덕)을 만들어 주는 자가 아니다. 설교자는 오직 '그리스도의 완성'을 외치라. 그러면 듣는 청중의 미완성 죄악이 드러나면서 그리스도 십자가 완성의 은혜인 용서가 성령을 통하여

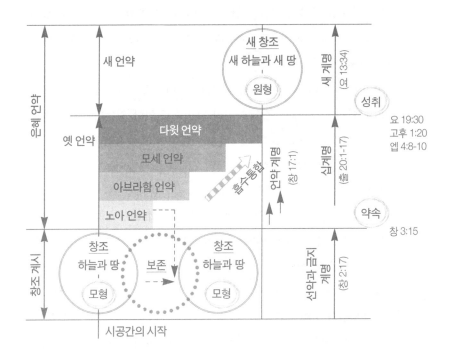

청중에게 임할 것이다. 이것이 설교이며 십자가 복음 전파이다.

[은혜+계명]은 전체가 묶여서 은혜언약이다. 신구약에서는 〈그림 20〉과 같은 구조로 되어있다. 설교의 패턴도 〈그림 20〉과 같다. 은혜와 구원과 복음 뒤에 계명을 주는 것은 앞의 은혜와 구원과 복음을 받쳐주는 역할을 계명이 담당하기 때문이다. 즉 계명을 별도로 행하여 앞에 있는 복음으로부터 분리되어 나가라는 명령이 아니라 더욱 복음에 매달리라는 명령이다. 인간이 지킬 수 있고 행할 수 있으므로

계명이 주어진 것이 아니라 은혜와 구원과 복음이 얼마나 큰 것인지를 드러내고 감사의 역할을 감당하게 하려고 주어졌다. 한마디로 죄가 많은 곳에 은혜가 많게 하려는 것이다. 그리하여 은혜의 주님을 더욱 높이게 된다.

바울은 그리스도 완성의 세계를 '그리스도의 몸'이라고 언급한다. 교회는 그 자체가 몸이 아니라 그리스도 안에 있는(in Christ) 몸이며(롬 12:5) 그리스도의(of Christ) 몸이다(고전 12:27). 교회가 그리스도의 몸이라는 것은 예수 그리스도의 실체를 세상 가운데 드러내어 보여주는 기관으로서의 정체성을 말한다.

설교의 궁극적인 목적은 청중에게 점진적으로 그리스도의 형상을 닮아가도록 하는 것이라는 생각은 주의를 필요로 한다. 이런 생각에는 그리스도 십자가를 적용하여 미완성된 나를 하나님의 형상을 닮은 완전한 나로 만들어 가야 한다는 논리가 숨어 있다. 그러면 바로 성화주의에 빠지고 만다. 생명 복음인 그리스도 십자가 복음을 경험하면 예수님을 믿는 자만이 마지막 아담(맏아들)으로서의 하나님 형상인 그리스도를 보게 된다. 복음을 위한 하나님의 형상(롬 8:29)은 우주를 십자가로 통일하신 예수님과 관련하여 언급될 수 있다. 이것은 인간이 하나님의 형상을 제대로 소유하게 되었다는 인식을 거부하고, 하나님의 형상이신 예수님의 형상됨을 보여주기 위하여 우리가 그리스도 안으로 뽑혀 들어온 것을 인정한다.

그러므로 팀 켈러는 설교자가 설교의 마지막을 '이렇게 살라'라는 문장으로 끝내지 말아야 한다고 말한다. 대신 "우리는 이렇게 살 능력이 없습니다. 그런데 그렇게 사신 분이 계십니다. 그리고 그분을 믿는 믿음으로 우리도 이런 삶을 시작할 수 있습니다"로 마무리할 필요가 있다고 한다. 더 나아가 "그렇게 살 수 없는 우리를 위하여 예수님은 그리스도의 십자가에서 모든 것을 다 이루셨습니다. 우리는 이러한 그리스도의 이루심 안에서 살아가면 됩니다"라고 하면 더욱 그리스도 십자가의 증인으로 살게 되며 하나님께 영광이 된다.

한편 구속사적 설교에서는 모범적 설교에 반대하며 (윤리적) 적용 자체를 거부한다. 적용은 구속사적 진리를 선포할 경우 자연스럽게 따라오는 결과이다. 구속사적 방법은 성경을 설명하는 데 적용이 이용되고, 모범적 방법은 적용하는 데 본문이 이용된다고 본다. 그레이다누스는 17세기 이후로 신학자들이 설교를 하나님 말씀에 대한 설명 및 적용으로 정의해 왔으며, 이는 '설명-적용'의 이원론에 이를 수 있다고 보았다. 그레이다누스의 이원론은 "설교가 반드시 일관된 두 부분, 즉 먼저 나오는 설명과 그다음에 나오는 적용으로 나누어져야 한다는 뜻은 아니다." 따라서 구속사 설교에서는 '모범은 곧 적용'이라는 등식을 거부한다. 성경의 역사적 본문에 등장한 각 인물의 모범적 행동과 그로 인한 모범적 적용을 인정하지 않는 구속사 설교자들은 본문 설명(해석)과 적용을 이원론적이라고 주장한다.

네덜란드에서 제기된 구속사적 설교를 한국이라는 상황에서 실행에 옮기려면 설교는 설명으로 끝내야 하고 별도로 적용하면 안 된다. 왜냐하면 성경 본문을 구속사적으로 해석하여 설명하면 그것이 곧 현대 그리스도인들에게 적용되기 때문이다. 그런 의미에서 그레이다누스는 "설교자의 임무는 말씀에다 적용을 더 하는 것이 아니다"라고 말한다. 류응렬 목사는 "그레이다누스를 비롯하여 구속사적 설교를 주창하는 사람들의 설교학적 오류는 적용에 대한 무용론 내지 실제적 적용에 대한 부정적 시각이다"라고 말하여 모호한 태도를 보였다. 류응렬은 그레이다누스의 견해에 대해 "그에 의하면 본문에서 시작하여 구속 역사를 통하여 구속하시는 하나님과 그리스도의 모습이 설교에서 자연스럽게 소개되면 이미 설교의 적용이 이루어진 것으로 여긴다. 적용이 없는 것이 아니라 적용에 대한 정의가 다른 것이다"라고 평가하였다. 이런 이유로 그레이다누스에 대한 구속사적 설교의 방법론 중 10단계에는 적용이라는 방법이 없다.

이러한 적용의 개념에 대해 성경학자 리 아이언즈(Lee Irons)는 "본문은 우리 상황에 알맞게 뽑아내거나 맞추거나 적용해야 할 어떤 추상적인 원리나 사고를 가진 것이 아니다. 오히려 본문 자체가 성육신의 연장으로 보아야 한다"라고 했다. 아이언즈는 존 스토트가 말하는 성경 시대와 오늘날 시대의 소위 다리 놓기의 설교에 대한 부정적 시각을 표출하면서 성경을 오늘날 적용할 필요성을 느끼지 못한다고 강변한다. 구속사적 설교를 주창한 고재수 교수의 「구속사적 설교의 실제」라는 책은 적용에 대해 닫혀 있음을 확인할 수 있다. 그런데도 구속사 설교는 적용을 무시하지 않는다고 주장한다. 단지 모범론 설교와 적용 방법이 다를 뿐이다. 구속사 설교에서는 본문을 설명하면 그 본문에 의해 적용이 자동으로 이루어진다고 믿는다. 즉 성령이 본문을 통해 본문 해설을 듣는 청중에게 역사한다고 믿는다. 따라서 본문 설명 후에 별도로 적용이라는 과정을 둘 이유가 없다.

그러나 모범적 설교에서는 하나님의 행동뿐만 아니라 사람의 반응까지 원한다. 모범론에서는 구속사적 방법 그 자체를 반대하지 않지만 모범적 요소를 배제하고서 그 방법을 사용하는 것을 반대한다. 모범론 측은 구속사적 방법만을 고집하는 것은 배타적이라고 비판한다. 비판의 내용은 객관적인 설교, 단순한 설명, 구속사에 관한 강의,

현실에 대한 적실성이 없는 설교라고 비판했다. 모범적 설교에서는 객관적인 것뿐만 아니라 주관적인 것까지 원하고 설명뿐만 아니라 적용까지를 원했다. 그리스도 완성의 세계인 십자가를 믿고 경험한 사람들에게 설교에서의 적용은 "그리스도 안에 사는 우리의 실체를 확인하라"는 것이지 윤리적인 삶을 살라는 것이 아니다. 사도 바울의 권면이나 명령도 사실은 그리스도인으로서 십자가를 날마다 확인하고 증언하라는 내용일 뿐 개인의 삶의 변화나 윤리나 도덕이나 성화의 삶을 만들어 가라는 말이 아니다.

결론적으로 어느 설교에나 적용은 있지만 적용의 주체에 차이가 있다. 그리스도 완성의 십자가 복음 설교는 그리스도 자체가 적용이다. 복음 전파 자체가 적용일 수 있고, 그리스도를 소개하는 것도 적용이며, 십자가 사건을 경험하게 하는 것 역시 적용이다. 단 성령이 역사하여야 의미가 있다.

그리스도는 항상 살아계신다. 우리는 말씀(계명)대로 살 수 없지만 만약 말씀대로 산다면 그리스도는 우리와 상관이 없고 십자가의 완성된 복음도 의미가 없다. 구원받아 부름을 받은 자들은 그리스도의 십자가를 증언해야 하며, 자신의 완벽한 윤리적 삶을 증언하기 위해 부름 받은 것이 아니다.

▶ <u>윤리적 적용 문제</u>

선을 행하고자 하는 인간의 노력은 모두 헛된 것에 불과하다. "그러면 어떠하냐. 우리는 나으냐. 결코 아니라 유대인이나 헬라인이나 다 죄 아래에 있다고 우리가 이미 선언하였느니라. 기록된 바 의인은 없나니 하나도 없으며 깨닫는 자도 없고 하나님을 찾는 자도 없고 다

치우쳐 함께 무익하게 되고 선을 행하는 자는 없나니 하나도 없도
다"(롬 3:9-12)라는 말씀은 인간에게서 선이 나올 수 없다는 결론에
이르게 한다. 따라서 선한 일을 행하기 위해서 힘쓰는 윤리 역시 하
나님과는 아무런 상관이 없는 한낱 허구에 불과하다는 결론을 내릴
수밖에 없다.

　도대체 윤리가 무엇인가? 사람은 사회적 관계 속에서 살아간다.
이 사회적 관계 속에서 요구되는 규범과 질서는 다른 사람에게 해가
되는 행동을 해서는 안 된다는 것이다. 개인의 자유가 타인의 행복을
침해해서는 안 되고 국가의 발전을 저해해서도 안 된다. 국가의 발전
은 곧 국민의 행복과 직결된다. 이 때문에 국가의 발전과 질서를 무
너뜨리는 행위는 곧 악이 되고 민중의 분노를 살 수밖에 없다. 결국
윤리라는 것은 내가 살아가고 있는 국가라는 단체, 즉 대한민국이라
는 사회가 아름답고 이상적인 삶의 환경이 되기를 기대하는 인간의
희망 사항을 내포하는 규범이라고 말할 수 있다.

　그러므로 윤리는 사회적인 관계에 있는 인간이 자신의 환경을 좀
더 선하고 의로운 쪽으로 만들어 가고자 하는 열망과 기대감에서 도
출된다. 자신의 환경이 선하고 의로운 쪽으로 성숙해 갈수록 그 혜택
은 결국 자신에게로 돌아오기 때문에 윤리로 가득 찬 이상 사회를 꿈
꾸게 되는 것이다. 살기 좋은 세상, 도둑이 없고 폭력이 없고 밤거리
를 마음대로 다닐 수 있고 아이들을 마음 놓고 학교에 보낼 수 있는
좋은 환경의 사회를 기대한다. 타인을 위해서가 아니라 자신을 위해
서 윤리를 요구하는 것이다. 이 때문에 민중은 윤리를 거부하고 파괴
하는 행동을 용납하지 않는다. 반윤리적인 행동이 자신이 원하는 아
름다운 사회에 대한 꿈을 무너뜨리기 때문이다.

이와 같은 인간 세계에서 과연 어떤 사람이 위대한 영웅으로 등장하며 민중의 찬사와 존경을 받겠는가? 당연히 윤리적인 사람이다. 결국 사람이 윤리적인 환경을 원하는 것은 이상적인 사회에 대한 기대감 때문이며, 스스로 윤리적인 사람이 되고자 하는 것은 사람의 칭찬과 존경을 받고자 하기 때문이다.

사람이 사회적인 관계 속에서 살아가면서 느끼는 강한 충동 중의 하나는 자신의 우월성을 존경받고자 하는 욕망이다. 이 우월성은 여러 가지로 나타난다. 육체의 우월성은 힘과 건강이고 정신의 우월성은 지혜와 총명이며 소유의 우월성은 물질이고 지식의 우월성은 학력이다. 그 가운데서 덕스러움, 관대함, 공정함, 용기, 온유함, 겸손 등을 포함하는 '윤리'는 인간다움의 최고 우월성으로 자리하고 있다. 자신의 우월성을 증명하고 싶은 욕망에 사는 인간이 윤리적인 사람이 되고 싶어 하는 것은 극히 자연스러운 모습이다. 즉 사람은 자신의 가치를 지키기 위해서 윤리적인 사람이 되고자 하고 이것을 근거로 해서 칭찬과 존경을 받기를 원한다. 윤리에 대한 '욕구'이다.

이러한 윤리의 개념은 종교적인 차원으로까지 올라간다. 종교는 사람의 윤리적인 능력을 계발해서 이상적인 사회를 건설하고자 한다. 그것이 종교가 할 일이라고 생각한다. 그래서 세상의 모든 종교는 윤리를 내포한다. 윤리를 내포하지 않은 종교는 외면당한다. 그 때문에 모든 종교는 자기 종교가 참 종교이고 사회에 꼭 필요한 종교이며 아름다운 사회를 건설하는 데 없어서는 안 될 종교라는 것을 부각하기 위해서 인간이 할 수 있는 모든 윤리를 실천 덕목으로 내세우게 된다.

고대로부터 모든 종교는 인간으로 시작해서 인간으로 마친다. 인간에 의한, 인간을 위한 종교이다. 종교는 인간이 신과 함께하는 세계를 만들어 놓고 신에게 파격적인 권위와 가치를 부여한 데서 시작한다. 그리고 인간 편에서 신을 치장하며 신에 대한 의식을 계획하고 실행해 나간다. 신으로부터 주어지는 것은 아무것도 없다. 교리라는 것도 신이 직접 계시한 것이 아니라 인간이 자기 종교를 다른 종교와 차별화하기 위해서 짜놓은 각본에 지나지 않는다. 그리고 그 교리에 인간 스스로 권위와 가치를 부여해서 종교에 참여하는 모든 사람에게 믿음을 요구한다. 그 교리 안에 윤리가 포함된다.

결국 종교를 통해서 나오는 윤리는 무한한 권위와 가치를 지닌 채 신의 요구사항으로 등장한다. 윤리에서 이탈하는 것은 신의 명령에 대한 불복종이며 신의 노여움을 살 수밖에 없는 행위로 규정해 버린다. 그래서 고대로부터 윤리를 벗어난 행동은 하늘의 진노를 사게 되지만 윤리 안에서 착함과 의로움을 보일 때는 신으로부터 주어지는 상이 있음을 말해왔다. 이처럼 인간은 스스로 인간의 감정과 정서에 맞는 신을 만들었으며, 신의 명령에 따라 자발적으로 신의 통제로 들어갔다. 이러한 통제를 통해 아름다운 사회를 깨뜨리는 인간의 나쁜 행동을 제약하고 사회를 선한 쪽으로 유도하고자 하는 '종교'가 탄생한다. 그리고 윤리에 대한 실천을 신에 대한 믿음으로 내세운다. 결국 종교란 이상적인 사회에 대한 인간의 기대감과 열망을 싣고 있는 허구의 세계라는 결론을 내릴 수밖에 없다.

그래서 어떤 결과가 생겼는가? 종교가 윤리에 대한 가치를 높이 평가할 때 나타나는 필연적인 현상은 신을 윤리적인 감정과 종교적 상상력으로 묘사한다는 것이다. 그래서 모든 종교는 절대자의 모습을 하나같이 대자대비와 자애로움과 사랑으로 묘사한다. 불교는 부

처의 모습을 대자 대비한 모습으로 보여주기에 힘쓰고, 천주교에서
도 예수님의 모습이나 마리아의 모습을 나타낼 때 인자하심과 사랑
과 자비가 풍성한 모습으로 나타내기에 힘쓰고 있다. 기독교도 예외
가 아니다. 이 모든 것이 윤리적 감정 속에서 살아가는 인간의 신에
대한 종교적 상상이다.

어른이나 어린이에게 예수님의 얼굴을 그려보라고 하면 백이면
백 모두가 자비하고 사랑이 많은 모습으로 표현하려고 한다. 영이신
하나님의 모습을 그림으로 그리는 것은 성경에 어긋나는 것이라고
해서 그리지는 않지만, 모든 사람의 생각에는 자비하시고 사랑이 많
으신 하나님으로 자리하고 있을 것이다. 이런 모든 것이 윤리적 감정
을 가진 인간들의 종교적 상상력이라는 것을 알아야 한다. 인간을 죽
이시는 하나님의 모습에 대해서는 전혀 상상하지 못한다. 사랑의 하
나님이 그럴 리가 없다고 한다. 무서우신 하나님이 아니라 귀여운 손
자를 바라보는 할아버지 같은 하나님이 하나님답다고 생각한다.

결국 윤리적 감정과 종교적 상상력에 빠진 채 하나님을 찾고 성
경을 보기 때문에 오늘날의 기독교가 윤리를 신앙화해서 믿음의 기
준으로 세우게 된 것이다. 그 결과 교회 역시 하나님과 윤리를 뒤섞
어 버렸다. 윤리적인 하나님, 윤리적인 예수님을 가르친다. 이런 현
실에서 윤리가 부족한 성도는 자연히 신앙이 부족한 성도가 되어 버
린다. 윤리가 있으면 신앙이 좋고, 윤리가 없으면 신앙이 좋지 않은
자로 간주 된다. 윤리가 있는 불신자가 천국에 가고 윤리가 없는 성
도는 천국에 갈 수 없다고 주장한다.

물론 윤리가 우리를 천국에 보낸다고 말하지는 않는다. 그렇게
되면 그리스도를 부정하는 이단이 된다는 것을 잘 알기 때문이다. 그

렇다고 윤리를 소홀히 할 수도 없다. 하나님을 믿는 성도가 세상 사람보다 윤리적으로 뒤처지는 것은 있을 수 없는 일로 여기기 때문이다. 하나님은 사랑이 많으신 분이기 때문에 우리도 이웃을 사랑해야 한다고 강조하고, 이것을 '기독교 윤리'로 포장한 채 교회에서 가르치는 것이 현실이다.

사람들은 하나님이 윤리적인 분임을 증명하기 위해서 하나님의 계시를 뒤진다. 하나님의 계시 안에서 윤리를 찾아내기에 혈안이 된 것이다. 그리고 하나님 뜻과는 상관없이 윤리에 대한 인간의 기대와 요구를 들어주는 구절을 추출하여 사용한다. 이런 자들에게 신성수훈은 눈이 번쩍 뜨이게 하는 말씀일 것이다. "남을 미워하지 말라", "오른손이 한 것을 왼손이 모르게 하라", "오른편 뺨을 치거든 왼편도 돌려대라" 등의 말씀은 완벽한 윤리적 말씀으로 들린다. 다른 종교에서도 최고의 윤리로 가득 차 있는 예수님의 말씀에는 머리를 조아릴 수밖에 없을 것이라며 으스대기도 한다. 역시 기독교만이 참된 진리라고 자화자찬하고 만족해한다.

예수님은 성도를 단지 윤리적인 인간으로 만들기 위해서 산상설교를 하셨는가? 그렇다면 석가나 공자, 맹자와 같은 사람들의 가르침과 다를 바가 무엇인가? 미워하지 말라는 것이 기독교에만 있는 말인가? 원수를 용서하고 사랑하라는 말을 예수님만 하셨는가? 공자도 했고 석가도 했다.

종교적 윤리의 이상은 사랑이다. 종교는 자애심을 절대화하여 도덕생활의 규범과 이상으로 삼고 있다. 그리고 이웃의 생명에게 절대적인 가치를 부여해서 이웃을 사랑의 대상으로 삼는다. 이러한 현실에서 기독교가 우리의 사랑만이 절대적이라고 주장할 수 있는가? 사랑의 내용이 같은데 어떻게 차별화할 것인가? 결국 교회가 예수님의 용서와 사랑을 계시적인 차원에서 보지 못하고 단지 윤리적인 차원으로 해석해 버렸기 때문에 공자나 석가와 다를 바가 없는 윤리가 교회에서 튀어나오게 된 것이다.

지금의 교회에는 소위 기독교 윤리가 있다. 세상에는 세상 나름의 윤리가 있다. 이런 상호관계 속에서 모순이 발생한다. 인간 세계에서 가르치는 윤리는 선한가? 만약 세상의 윤리가 선한 것이라면 세상에 있는 모든 것은 악하고 더럽다고 선언한 말씀에 어긋난다. 세상에 있는 것이란 인간의 모든 정신과 사상, 윤리와 도덕까지 다 포함하는 말이기 때문이다.

이런 이유로 세상의 윤리를 절대로 선하다고 말할 수 없다. 윤리가 선하다면 예수님은 세상에 오실 이유가 없다. 단지 선한 윤리를 실천하면 구원을 얻을 수 있기 때문이다. 만약 윤리가 악하다면 산상설교는 세상 윤리와 같아서는 안 된다. 세상 윤리가 악한 것인데 어떻게 산상설교가 세상 윤리와 같은 모습을 가질 수 있겠는가? 그런데도 지금 많은 교회는 산상설교를 단지 세상의 윤리 차원에서 그리스도인으로서 가져야 할 중요한 덕목으로 가르치고 있다. 산상설교를 인간의 악함을 고발하고 인간의 실체를 깨닫게 하는 계시적인 차원에서 이해하지 못하고 있다. 산상설교는 인간에게는 의가 전혀 있을 수 없음을 고발하는 율법의 역할을 하고 있다. 스스로 의를 행하고자 하는 인간의 악함을 지적한다.

산상설교는 자신에게 의를 행할 가능성이 없음을 인정하고 완벽한 죄인으로서 주님을 의지할 때만 의가 주어지는 것임을 계시한다. 미워하는 것도 살인이고, 마음에 음욕을 품는 것도 간음이라는 말씀 앞에서 도대체 누가 윤리를 운운하겠는가? 그런데도 산상설교를 힘써 실천해야 할 성도의 덕목으로 가르치기 때문에 사람들은 자기 노력으로 의를 창출해서 죄인의 자리에서 벗어나려고 한다. 그렇다면 십자가의 필요는 없어진다.

신앙을 윤리로 치장하려 하고 신앙의 부족함도 윤리를 통해서 메우려고 한다. 거듭남의 모습도 윤리를 통해서 확인하고자 하고, 소위 성화라는 것도 윤리적 삶의 확대로 이해하며 경건의 모습 또한 윤리에서 찾으려고 한다. 지금의 현실은 그리스도를 가리려는 윤리주의자인 마귀에 의해서 철저하게 기만당하고 있다. 신앙은 윤리를 요구하지 않는다. 신앙의 세계는 인간의 세계와 전혀 다른 세계이다. 인간 세계 안에 신앙 세계가 포함된 것이 아니다. 완전한 구별이고 단절이다. 따라서 인간 세계의 것이 신앙 세계로 들어올 수 없다. 하나님은 인간 세계의 것을 철저하게 부정하신다. 모두 더럽고 악한 것이기 때문이다. 인간의 윤리도 마찬가지이다. 윤리가 선으로 가장해서 신앙의 세계로 들어오는 것을 하나님은 용납하지 않으신다.

하나님은 왜 윤리를 용납하지 않으시는가? 교회는 이상적인 사회에 대해 기대하고 있다. 윤리가 악에 저항할 수 있다는 생각이다. 윤리가 악에 저항할 수 있다면 세상은 분명 천국으로 점점 변해갔어야 한다. 고대로부터 인간세계는 윤리를 강조해 왔지만 세상의 악은 전혀 달라진 바가 없다.

윤리가 악에 대한 저항력을 가지고 있다면 그리스도의 십자가는 아무런 의미가 없다. 십자가는 죄를 이길 수 있는 그 어떤 수단과 방법도 세상에 존재하지 않는다는 선언인데 윤리로써 죄를 극복하고 이상적인 세상을 건설하고자 하는 것은 십자가에 대한 정면 도전이 되는 셈이다. 그렇다고 해서 인간이 십자가를 믿으면 선한 삶을 살게 되고 죄를 이길 수 있는 능력을 보유한다는 것은 아니다. 많은 기독교인이 오해하는 것이 바로 이점이다. "인간은 죄인이다. 죄인이라는 것은 죽었다는 선언이다. 죽은 자는 아무것도 할 수 없다. 죽은 자를 살리는 것은 믿음이다. 그러나 죽은 자가 스스로 믿을 수는 없다. 외부의 힘으로 믿음이 가능하다. 그래서 믿음을 은혜라고 한다." 여기까지는 그들도 이해할 것이다.

하지만 다음부터 꼬이기 시작한다. "믿음으로 살아났으니까 선한 삶을 살아가야 하지 않는가?"라고 주장하는 것이다. 믿음이 있기 전에는 죽은 자이니까 선한 삶을 살 수 없다는 것은 인정하지만 믿음이 주어졌다면 당연히 선한 삶을 살아가면서 죄를 극복한 모습이 보여야 한다는 것이다. 선한 삶, 즉 온유하고 겸손하고, 어려운 자들을 돕고 교회에서 봉사하고 교통질서를 잘 지키는 등 윤리적인 선한 모습을 믿음의 증표로 여긴다. 그러나 사실 이 모든 것은 믿음 없는 자의 주장일 뿐이다.

은혜를 말하면서도 은혜를 제공하신 분을 바라보지 않고 여전히 자기를 바라보고 있다. 진심으로 은혜를 아는 자는 자신을 십자가 뒤에 감추어 버린다.

"그러나 내게는 우리 주 예수 그리스도의 십자가 외에 결코 자랑할 것이 없으니 그리스도로 말미암아 세상이 나를 대하여 십자가에 못 박히고 내가 또한 세상을 대하여 그러하니라"(갈 6:14).

또한 성령을 받은 자는 하나님의 은혜만 알고자 한다.

"우리가 세상의 영을 받지 아니하고 오직 하나님으로부터 온 영을 받았으니 이는 우리로 하여금 하나님께서 우리에게 은혜로 주신 것들을 알게 하려 하심이라"(고전 2:12).

하나님은 우리에게 선한 삶을 통해 사람들을 그리스도에게로 인도하라고 성령을 주신 것이 아니다. 오직 하나님의 은혜를 알게 하시기 위해서 주셨다. 따라서 성령 받은 자, 즉 거듭난 자는 자기 가능성을 모두 포기하고 은혜만을 앞세운다. 은혜만 앞세운다는 것은 자기부인을 말한다. 마찬가지로 믿음은 행함을 위해서 주어진 것이 아니라 하나님의 영광을 나타내기 위해서 주어졌다. 속에 불의가 없는 자는 보내신 이의 영광만을 구한다(요 7:18). 자기 영광이 아니라 보내신 이의 영광만 구한다는 것은 자신을 죽이는 것이다. 이것이 성령의 일하심이다. 육체의 소유욕을 죽이고 성령을 따라 살게 하는 것이다.

그런데 믿음이 인간에게 선을 행하도록 하고, 성령을 받기만 하면 자동으로 능력을 주고, 슈퍼맨이 되어서 윤리적인 삶이든 능력이든 모든 것을 할 수 있다고 주장하는 것은 은혜 아래 있지 아니한 것이다. 이런 자들이 많이 애용하는 성구가 "내게 능력 주시는 자 안에서 내가 모든 것을 할 수 있느니라"(빌 4:13)라는 말씀이다. 그러나 바울이 말하는 능력은 궁핍하든 풍부하든 자족하는 것을 말한다(빌 4:11-12). 주님이 계시기 때문에 궁핍하든 풍부하든 물질에 매이지 않고 주님으로 만족하는 삶을 살아야 한다는 것을 말한다.

하지만 주님으로 만족하는 삶을 스스로 행할 수 있는가? 만약 스스로 행할 수 있다면 인간이 윤리를 주장하는 것은 타당하다. 자신의 환경이 어떠하든 원망과 불평 없이 주님으로 만족하고 사는 삶만큼

고차원적인 윤리가 없기 때문이다. 그러나 주님으로 만족하는 삶은 하나님의 은혜로 가능한 일이지 인간의 능력이 아니다. 이 때문에 우리는 하나님의 은혜를 구할 수밖에 없다. 내가 그리스도 안에 있다는 것은 윤리적인 삶을 사는 것으로 증거되는 것이 아니고 자신의 가능성을 다 포기하고 주님만 의지하는 것으로 드러난다. 이것이 하나님 보시기에 선한 모습이다.

인간은 영원히 죄의 그림자를 벗어날 수 없다. 그런데 윤리를 통해 죄의 그림자에서 조금씩 벗어나고자 한다면 교만에 지나지 않는다. 교만한 인간은 하나님의 은혜를 기다리는 것이 아니라 자신의 가능성을 앞세운다. 인간은 아무것도 할 수 없다는 하나님의 선언에 벌컥 화를 낸다. 그리고 인간의 윤리와 종교심으로 하나님의 일을 성취해 보겠다고 설친다. 이러한 모습은 하나님의 일은 하나님이 하신다는 것을 도저히 인정하지 못하는 모습이다. 그러면서도 "나는 은혜로 하는 것이지 내 힘으로 하는 것이 아닙니다"라고 한다. 내면에는 이런 일을 하는 자신에 대한 가치와 우월성으로 가득 차 있으면서 '은혜로 한다' 고 하는 그 말 한마디까지도 자신의 신앙 우월성을 드러내기 위한 위장극에 지나지 않는다. 결국 윤리란 인간의 가능성을 앞세우는 교만이기에 하나님은 윤리를 용납하지 않으신다.

이상 세계의 건설은 우리 능력 밖의 일이다. 종교인들이 윤리를 통해 이상적인 세계를 꿈꾸는 것도 하나님의 계획과 정면으로 대치되는 것이다. 세상에 대한 하나님의 계획은 심판이다. 세상의 보존은 심판과 멸망의 날까지다(벧후 3:7). 심판과 멸망은 인간의 윤리와 도덕도 포함하고 있다. 하나님은 세상에 대해 기대하지 않으신다.

하나님께서 세상에 대해서 기대하고 계신다면 무엇 때문에 세상을 멸망시키겠다고 하시는가? 하나님은 세상을 심판하시기 위해서 일하시지 결코 고상하고 이상적인 나라로 만들어 가기 위해서 일하시지 않는다. 우린 그것을 이스라엘을 통해서 알 수 있다. 이스라엘은 세상을 변화시키기 위해서 이 땅에 파견된 것이 아니다. 이스라엘은 하나님의 심판을 보여주기 위해서 택함을 받은 나라이다. 하나님은 유월절 어린양의 피를 기준으로 해서 죽음과 생명으로 나누신다는 것을 이스라엘을 통해서 증거하셨다(출 12:13).

결국 이스라엘의 소명은 윤리와 도덕을 통해서 세상을 변화시키는 것이 아니라 유월절 어린양의 피의 의미를 드러내어 세상의 심판을 선포하는 것이다. 간혹 어떤 이들은 "하나님이 그 아들을 세상에 보내신 것은 세상을 심판하려 하심이 아니요. 그로 말미암아 세상이 구원을 받게 하려 하심이라"(요 3:17)는 말씀을 근거로 하나님은 세상을 구원하시기를 원하신다고 주장하기도 한다. 그리고 그 구원은 세상의 변화라는 것이다. 하지만 여기에서 말하는 세상이란 땅 전체를 말하는 것이 아니라 세상 안의 택함 받은 백성을 지칭하는 말이다. 그리스도는 분명히 세상을 위하여 존재하시지 않는다. "내가 그들을 위하여 비옵나니 내가 비옵는 것은 세상을 위함이 아니요. 내게 주신 자들을 위함이니이다. 그들은 아버지의 것이로소이다"(요 17:9)라는 말씀이 분명히 이를 증거하고 있다.

그리스도께서 십자가의 피로 교회를 세우신 것은 세상의 구원을 위해서가 아니라 십자가의 의미를 드러냄으로 그리스도 밖에 있는 자들의 심판을 외치라는 것이다. 그럴 때 세상에는 차별화가 일어난다. 십자가의 도가 멸망 받는 자들에게는 미련하게 보이고 구원을 얻는 자에게는 능력의 말씀으로 들려지기 때문이다(고전 1:18). 육체의 소욕을 죽이기를 원하는 십자가 앞에서 진짜와 가짜가 여실히 증명된다. 이것이 오늘날 교회의 모습이어야 한다. 교회의 교회 됨은 십자가이지 결코 윤리의 모습이 아니다.

그런데도 윤리를 교회다운 모습, 성도다운 모습으로 주장한다면 그 윤리는 분명히 교회에서만 보여야 한다. 참된 교회의 모습이 불교에서 보일 수는 없기 때문이다. 다시 말해서 사랑이 교회의 모습이라면 그 사랑은 교회에서만 보이는 것이 당연하며 불교나 하나님을 믿지 않는 성도들에게서는 보여서는 안 되는 것이다. 그러나 현실은 그렇지 못하다. 기독교가 말하는 사랑은 기독교 외에서도 얼마든지 볼 수 있다. 그런데 지금의 교회가 윤리적인 예수를 가르치고 있기에 많은 사람이 교회가 가르치는 윤리가 교회에만 있는 것이 아니고 다른 종교에도 있다는 점을 주장하면서 모든 종교에도 구원이 있다는 생각을 가지게 되었다.

흔히 교회가 세상을 변화시켜야 한다고 한다. 도대체 어떻게 변화시킨다는 것인가? 아름다운 세상이나 사랑과 자비로 가득 찬 세상으로 변화시켜야 하는가? 교회가 사랑을 베풀고 덕을 실천하면 세상이 하나님을 찾을 것으로 기대하지만 천만의 말씀이다. 윤리로 세상을 바꿀 수 없다. 사랑과 덕이 하나님을 찾는 데 도움이 된다면 왜 예수님 때는 온 세상이 총체적으로 복음을 거부했는가? 주님의 사랑이 부족해서인가? 주님이 덕이 없어서인가? 사실 예수님은 윤리적 감정에 파묻힌 인간이 상상하는 것처럼 사랑과 덕을 내세워서 복음을 전하지 않으셨다. 선지자, 사도들도 마찬가지다. 사람들은 예수, 선지자, 사도들에게서 훌륭한 인품과 덕목을 떠올리겠지만 성경에는 전혀 그런 모습이 나타나지 않는다.

종교인들은 목사를 윤리의 대표자로 여긴다. 목사 역시 최대한 선한 인품과 덕목으로 자신을 위장하고 사람들의 신임을 받고자 한다. 십자가와 복음은 관심 밖으로 밀려난다. 오히려 십자가 지신 주님을 교회에서 몰아내고 훌륭한 인품을 소유한 윤리가로서 예수를 내세운다. 이 모든 것은 고매한 인품을 소유함으로 자신의 가치를 드높이고 존경과 칭찬을 받고자 하는 인간의 욕구에 부응한다. 성도들의 윤리와 덕이 전도에 도움이 된다는 생각은 오직 성령만이 우리에게 그리스도를 알게 하신다는 말씀에 어긋난다(요 14:26). 성령의 활동은 독자적이다. 그런데도 인간의 윤리가 도움이 된다는 생각은 결국 은혜를 바라보지 못하고 인간에게 가능성을 두는 불신잉에 불과하다. 성령의 지배를 받는 자가 아니라 조력자, 협력자로서 자신을 내세우는 것이다.

윤리적 감정으로 그리스도를 찾고 성경을 해석하며 사랑과 덕을 앞장세워 세상을 변화시키고 죄인을 그리스도에게로 인도하겠다는 발상은 그 자체가 악이다. 인간의 행함은 오직 악함뿐이다. 의는 행함에 있지 않고 믿음으로 된다(롬 3:28). 아브라함의 의도 행위가 아니라 믿음으로 주어진 의다(롬 4:1-5). 행함이 믿음을 증거한 것이 아니라 믿음이 믿음을 증거한 것이다. 따라서 믿음의 결과란 우리에게 행함을 요구하는 것이 아니라 주님의 행함만 의지하는 것으로 나타난다. 인간의 행함에는 어떤 가치도 두어서는 안 된다. 윤리 역시 마찬가지다.

윤리를 주장하면 필연코 새로운 법칙이 등장하게 된다. 성도로서 갖추어야 할 덕목을 제정해서 성도에게 요구하는 것이다. 결국 성도는 교회가 가르치는 몇 가지의 덕목에 순종하면 성도가 되어 가는 줄로 착각한다. 또한 회개의 범위도 축소되어 버린다. 한 가지 덕목을 순종할 때마다 자신에게서는 회개 거리가 한 가지씩 줄어드는 셈이 된다. 그리고 회개 거리가 줄어들수록 신앙에 자신감을 가지게 되고 교만에 빠지게 된다.

흔히 야고보서의 행함을 윤리로 연관 지어서 생각하지만 그렇지 않다. 야고보서의 행함은 주님의 길에 대한 순종을 말한다. "너희는 도를 행하는 자가 되고 듣기만 하여 자신을 속이는 자가 되지 말라(약 1:22)"에서의 '도'란 십자가의 도를 가리킨다. 즉 윤리적인 행함을 요구하는 것이 아니라 십자가의 길에 대한 순종을 요구한다. 윤리를 나타내기 위한 행함이 아니라 십자가에 자신을 부인하는 모습을 말한다.

결국 믿음이란 그 어떤 행함도 요구하지 않는다. 하나님이 성도에게 요구하는 것은 십자가만 바라보는 것이다. 윤리적인 삶이 없다고 불안해하는 것은 구원의 능력이신 십자가를 불신하는 것이다. 모든 일을 주님이 하신다. 성령이 내 안에 내주하심으로 터져 나오는 것이 성령의 열매이다. 육체와 함께 정과 욕심을 십자가에 못 박을 때 성령의 주도 아래 보일 것이다(갈 5:24). 그런데도 인간 스스로 성령의 열매를 맺고자 하는 것은 성령을 가장한 육의 모습에 불과할 뿐이다.

우리 삶은 오직 은혜로 인함이다. 윤리란 인간의 망상이다. 성도는 오직 은혜 아래 살 뿐이다. 행함이란 십자가 앞에 자신을 부인하고 성령의 다스림 아래 있을 때 자연적으로 발산된다. 십자가 아래서 자신을 바라보는 자는 모두가 죄인임을 알기에 우월감을 드러내지 않는다. 자랑이 없고 교만이 없다. 주님이 계시는 것으로 만족하기 때문에 욕심이 없고 시기와 미움이 없다. 하나님이 인도하시는 인생에 순종하기 때문에 불평과 원망이 없다. 이런 것이 성령의 다스림을 받아 살아가는 성도의 모습이다. 인간의 행함으로는 전혀 드러날 수 없는 삶이다.

성도는 윤리를 추구할 것이 아니라 십자가에 의해 온전히 점령된 삶을 추구해야 한다. 성령이 우리 안에 오셨다는 것은 모든 일은 주님이 하시겠다는 뜻이다. 인간의 계획과 목표를 달성하기 위해서 성령을 구하는 것이 아니라 주님의 계획과 목표에 순종하기 위해서 성령을 구해야 한다. "나는 포도나무요 너희는 가지라. 그가 내 안에, 내가 그 안에 거하면 사람이 열매를 많이 맺나니 나를 떠나서는 너희가 아무것도 할 수 없음이라"(요 15:5)는 말씀과 같이 우리는 그리스도를 떠나서는 아무것도 할 수 없다. 그렇다고 그리스도 안에 있으면 우리 스스로 열매를 맺을 수 있다는 것도 아니다.

우리는 가지에 불과하다. 열매란 가지가 스스로 맺는 것이 아니라 나무에 붙어 있기에 저절로 맺어지는 것이다. 성령의 인도를 받아 살 때 성령에 의해서 맺어지는 것이다. 선은 자기를 극복한 하나님의 사랑에 의해서만 보이는 것이지 결코 우리의 노력이나 의지로서 보이는 것이 아니다.

인간의 노력으로 할 수 있는 윤리라면 이미 하나님과 상관이 없는 것이다. 하나님은 "너희가 마음만 먹으면 할 수 있는데 왜 하지 않으려고 하느냐"라고 말씀하시려는 것이 아니라 "너희는 할 수 없는 존재인데 왜 자꾸 너희 힘으로 하려고 하느냐"를 책망하신다. 이 사실을 안다면 우리가 인격과 양심을 가지고 윤리와 도덕으로 나아가려는 것이 얼마나 헛된 짓이며 하나님의 뜻과 반대된 것인지를 알 수 있다.

존 칼빈은 우리의 선한 일마저 십자가 복음으로 용서 받아야 한다고 했다. 그러므로 사도 바울이 '지키라, 행하라'는 말을 한 까닭은 신약에서 신자다운 새 법적 규칙을 제시하기 위한 것이 아니다. 오히려 사랑이 역사하고 성령의 다스림을 받는 삶의 실체가 어떤 것인가를 깨우치고 확인시키기 위함이다. 그리스도 안에 사는 우리의 실체를 확인시키기 위함이다. 율법을 통해서 이루어지는 것은 오직 죄의 인식임을 잊지 말아야 한다.

▶ 거룩과 성화의 적용 문제

종교생활과 신앙생활은 다르다. 종교생활은 자기 영광을 위해서 하는 것이지만 신앙생활은 하나님의 영광을 위해서 하는 것이다. 많은 사람이 그릇된 구원관을 가지고 신앙생활을 한다. 율법의 준수를 자기 의로 삼아서 영광을 누리고자 한 바리새인과 같은 자들이 많이 나타나 하나님의 말씀을 지킨 것으로 자기 영광을 챙기려고 한다. 이들을 일컬어 인본주의적 성화주의자라고 한다. 이들은 예수도 믿고 하나님 말씀대로 살아야 온전해진다고 한다. 예수님의 십자가에 자기 공로를 섞는 것이다. 갈라디아서에서 바울은 이를 두고 '다른 복음'이라고 했다.

범죄한 인간에게서 거룩은 나오지 않는다. 모든 사람은 율법을 통해서 부정한 죄의 상태에 놓여 있다. 그러나 예수님의 피로 말미암아 새로운 창조와 질서 체계가 거룩과 부정으로 나뉘게 된다.

그렇다면 이 땅의 거룩은 어떻게 얻어지는가? 한 몸으로 오신 그리스도로 인하여 더는 율법이 담당했던 거룩과 부정함의 기준은 끝났다. 예수 그리스도의 몸을 단번에 드리심으로 말미암아 우리가 거룩함을 얻게 된 것이다(히 10:10). 또한 거룩을 예수님께서 담당해 주시기에 예수 그리스도 안에 있는 우리가 거룩한 성도가 된 것이다. 이것은 아버지와 예수님 간에 맺은 창세전의 협약에 근거하여 이 땅에서 언약의 완성자로서 예수님이 십자가를 지셨기 때문에 가능해졌다. 즉 언약을 완성하신 결과로 주어진 선물을 제공하신 것이다(엡 4:8).

이러한 원리는 구약에서 벌어지는 여호와의 전쟁에서 하나님의 이름 되시는 분이 친히 용사가 되셔서 이루어 놓으신 그 결과로 이스라엘이 구원 얻게 된 것과 같은 법칙이다. 거룩이란 이 세상의 모든 가치와 구별되는 하늘의 뜻이며 예수님의 마음이다. 예수님의 마음은 우리의 부정하고 더러운 죄에 대하여 거룩하신 분의 지속적인 용서하심이다. 성도의 거룩은 하늘에 계신 예수님의 선물로 입혀진 거룩이며, 자신의 행위로 만들어나가는 거룩이 아니다. 그러므로 거룩이 유지되기 위한 은사 또한 함께 계신 예수님에 의해서 주어지게 된다(엡 4:23-24).

성경에서 거룩이란 언약 완성 상태를 말한다. 구약에서는 옛 언약 안에서의 '결속 관계'를 뜻하며 신약에서는 예수님 안의 '사귐 상태'를 의미한다. 성도가 거룩함을 입었다는 말은 언약의 혜택 속에 놓여 있다는 말이다. "너희도 거룩하라"는 명령은 우리가 실천해야 하는 내용이 아니라 성도 안에 계시는 성령님의 활동 내용과 그것을 실천하는 능력이 계속됨을 뜻한다.

성령의 능력 안에 있는 성도는 십자가만 있음을 증거하고 자랑하는 자이다. 그 십자가 안의 세계가 곧 거룩이며 구원이고 생명이며 천국이다. 성도는 십자가 안에서 죽은 자이며 단지 성도와 함께 계시는 예수님이 사심으로 산 자가 된다.

성경적인 성화와 성화주의는 완전히 다르다. 성화는 그리스도를 믿음으로 살아가는 것이지만, 성화주의는 그리스도를 본받고 닮아가는 것이다. 믿음으로 사는 것과 본받고 사는 것의 차이는 엄청나다. 믿음으로 사는 것은 자기의 불가능성을 전제하는 것이지만 본받고 닮는 것은 자기 가능성을 두고 있다. 성화는 예수 그리스도의 구속에 감사하고 십자가를 자랑하지만 성화주의는 바리새인처럼 말씀을 지킨 자기를 자랑한다. 현대 성화주의자는 신종 바리새인이다. 그들은 자기의 행한 것을 의로 여기고 자랑한다. 이들에게 예수님의 공로와 예수 그리스도는 자랑이 되지 않는다. 모두 자기는 이렇게 저렇게 살았다고 자랑한다.

바울은 이렇게 자기 자랑하는 것을 '불의' 라고 했다. 이들은 율법 주의자이다. 바로 인본주의적 성화주의자이다. 그들은 모두 말씀대로 살았다는 것을 의로 여기고 자랑삼아 살아간다. 그래서 이 시대 성화주의자는 신앙의 중심을 '무엇을 믿을까' 에 두지 않고 '무엇을 행할 것인가' 에 두고 있다. 말씀대로 산 것으로 자기 영광을 취하는 성화주의자는 모두 불의한 자이다(마 7:21-23). 사탄은 항상 하나님께 돌아갈 영광을 인간들이 취하도록 미혹한다. 사도 바울은 "사람을 기쁘게 하랴 하나님을 기쁘게 하랴. 사람을 기쁘게 하는 것이면 다른 복음"이라고 했다.

청중은 예수님의 십자가를 바라보면서 자기 안에 죄가 날마다 고발당해야 한다. 성령께서는 우리를 책망할 때 우리가 상한 심령으로 회개하며 나아가게 하신다. 우리가 날마다 세상에 대한 정과 욕심을 십자가에 못 박아야 하는데 반대로 하고 있기 때문이다. 그래서 그리스도 예수의 사람은 육체와 함께 정욕과 탐심을 십자가에 못 박고 산다(갈 5:24). 설교를 듣는 청중은 십자가 앞에서 자기를 부인함으로 예수 그리스도께 영광이 되는 삶을 살아간다.

2) 그리스도 중심 논쟁

▶ 구속사 해석 논쟁

구속사는 성경 자체를 온전한 계시로 간주하지 않고 역사를 계시로 본다. 따라서 역사에 토대를 둔 계시의 조각들을 성경 대신 계시로 간주하려는 계몽주의 사고를 보인다. 즉 성경에 나오는 이야기들을 한데 묶어서 역사화시켜 보는 것이 구속사이다. 이것은 자기 부인이 안 된 것으로써 하나님은 이러한 인간들의 역사의식을 죄악된 것으로 보고 거부하신다. 역사 자체가 허구적이라는 사실을 고려하면 그런 계시관도 철학의 일종에 속한다. 이러한 구속사는 개인의 신앙을 정당화하는 해석을 하게 된다. 그러나 성경 해석에 있어서 구속사로 해석할 필요가 있는 것은 구속사가 인간 범죄사이기 때문이다.

예수 그리스도의 모든 말씀은 이 역사 세계를 고발하는 차원에서 하신 말씀이며, 이 역사 안에 묵시 세계를 표출하는 언어이자 표현이다. 이러한 역사 속에 자기의 의를 따로 담아 마치 신앙인처럼 행세하는 자신을 회개하고 자숙하는 기회가 있다. 역사를 초월해서 일하시는 예수님의 공로가 우리의 구속사 의식과 만나면 인간의 죄가 드러나고, 그 죄를 사해주시는 은혜를 통해 하나님은 성도를 구원하신다. 그러므로 구속사의 역사 의식이 십자가에 못 박히는 순간 그리스도께서 완성하신 공로를 힘입게 된다.

팀 켈러 연구가로 알려져 있으며 CTC코리아 강사로 활동하고 있는 고상섭 목사는 그리스도 중심의 단일신론 평가 우려에 대하여 다음과 같이 칼럼을 기고했다.

『 최근 팀 켈러의 책들이 번역되면서 자연스럽게 그리스도 중심적 설교에 대한 관심이 높아졌다. 그만큼 팀 켈러의 그리스도 중심적 설교에 대한 몇 가지 오해도 생겨나고 있다. 일부 논문에서는 팀 켈러의 설교가 극단적 그리스도 중심적 설교라고 비판하며, 행동이 강조되지 않아 적용이 없는 설교라는 비판도 제기되는 상황이다. 필자(고상섭)는 팀 켈러를 좋아하는 한 사람으로 그 비판이 팀 켈러의 설교에 대한 오해에서 비롯된 것임을 이야기한다.

첫 번째 오해는 그리스도 중심이 아닌 삼위일체 중심적 설교를 해야 한다는 것이다. 그리스도 중심적 설교에 대한 가장 큰 오해가 성경에서 그리스도 중심적으로 설교할 때 그리스도 일원론으로 흐를 위험이 있다는 것이다. 그리스도 일원론 설교란 삼위 하나님 가운데 오직 그리스도만을 별도로 강조하는 설교를 말한다. 그렇게 되면 성부 하나님과 성자 예수 그리스도가 분리되어 청중은 그리스도에 대한 믿음이 하나님에 대한 믿음을 대체한다는 인상을 받을 수 있다.

물론 극단적 그리스도 일원론적 설교는 잘못된 것이다. 그러나 팀 켈러가 말하는 '그리스도 중심적 설교'에서 '그리스도 중심'이라는 말은 그리스도만을 따로 떼어서 설교한다는 의미가 아니다. 시드니 그레이다누스(Sidney Greidanus)는 그의 저서 「구약의 그리스도, 어떻게 설교할 것인가」(이레서원)에서 '그리스도 중심적 설교'에서 가장 많이 혼동하는 것이 '그리스도를 설교함'이라는 의미라고 말한다. 그리스도를 설교한다는 것은 단지 그리스도의 십자가 죽음과 부활만을 이야기하는 것이 아니다.

"간단하게 말해 신약에서 그리스도를 설교한다는 것은 성육신하신 그리스도를 구속사의 전 영역이라는 문맥에서 전파하는 것을 의미했다. …바울에게 있어 십자가에서 죽은 그리스도를 설교한다는 것은 모든 설교가 예수님의 십자가 고난만을 중심으로 삼아야 한다는 것 그 이상의 넓은 의미를 지니고 있다. …그리스도를 설교한다는 것은 하나님 나라의 복음을 전파하는 것만큼이나 광범위하다. …그리스도를 설교한다는 것은 나사렛 예수님의 인성과 사역, 그리고 그의 가르침의 여러 국면을 선포함으로써, 사람들이 그를 믿고 신뢰하고 사랑하며 순종할 수 있도록 하는 것이다."

팀 켈러의 그리스도 중심적 설교를 '그리스도 일원론'으로 말하는 것은 그리스도 중심이라는 말의 의미를 오해한 결과이다. 프레드 샌더스(Fred Sanders)는 「삼위일체 하나님이 복음이다」(부흥과개혁사)라는 책에서 그리스도 중심적 설교와 삼위일체 중심적 설교는 분리되지 않는다고 말한다.

"그리스도 중심적이고 동시에 삼위일체 중심적인 좋은 소식에 대한 단일한 선포가 존재한다. 삼위일체 교리를 그리스도 안에 있는 구원과 대립각을 세울 필요는 전혀 없다. 왜냐하면 삼위일체 교리와 그리스도 안에 있는 구원은 동일한 하나의 실제를 중심으로 한 것이기 때문이다. 우리는 삼위일체 중심적이 될수록 그만큼 그리스도 중심적이 된다. 그리고 그 반대의 경우도 마찬가지다. 그리스도 중심적이라는 것은 성부를 망각하는 것도, 성령을 무시하는 것도 아니다."

그리스도 중심적으로 설교할 때 성자와 성부 하나님과 분리된다는 말은 성경을 문맥에 맞게 제대로 보지 못했기 때문에 생기는 오류이다. 신약성경에서 사도들이 전한 복음에는 언제나 그리스도와 하나님이 연결되어 있다.

> "우리는 십자가에 못 박힌 그리스도를 전하니 유대인에게는 거리끼는 것이요 이방인에게는 미련한 것이로되 오직 부르심을 받은 자들에게는 유대인이나 헬라인이나 그리스도는 하나님의 능력이요 하나님의 지혜니라"(고전 1:23-24).

사도 바울은 "'십자가에 못 박힌 그리스도를 전한다"고 말하면서 "그리스도는 하나님의 능력이자 지혜"라고 마무리한다. 바울이 말한 그리스도 중심적 설교는 결코 하나님과 분리된 설교가 아니다. 삼위일체에 관한 이단들의 논란이 있었을 때 니사의 그레고리우스(Saint Gregorius of Nyssa)가 말한 것을 우리는 기억할 필요가 있다. "Opera Trinitatis ad extra sunt indivisa"(삼위일체의 바깥으로 사역은 나눠지지 않는다).

삼위일체를 공부할 때 성부, 성자, 성령으로 나누어서 내재적 삼위일체를 공부하는 이유는 인간의 이해를 돕기 위한 것일 뿐이다. 사실 삼위일체는 나누어지지 않는다. 예수님은 성령님에 대해 말씀하실 때도 독자적으로 일하시는 분이 아니라 그리스도와 하나님을 영화롭게 하시는 분이시라고 말씀하셨다.

"그러나 진리의 성령이 오시면 그가 너희를 모든 진리 가운데로 인도하시리니 그가 스스로 말하지 않고 오직 들은 것을 말하며 장래 일을 너희에게 알리시리라. 그가 내 영광을 나타내리니 내 것을 가지고 너희에게 알리시겠음이라. 무릇 아버지께 있는 것은 다 내 것이라. 그러므로 내가 말하기를 그가 내 것을 가지고 너희에게 알리시리라 하였노라"(요 16:13-15).

신구약의 주인공은 예수 그리스도이다. 우리는 그리스도를 통해서 하나님의 사랑을 이해하고 성령님께서 오늘도 우리와 함께하심을 깨달을 수 있다. 결국 팀 켈러의 그리스도 중심적 설교는 그리스도 일원론적 설교가 아니라 그리스도를 중심으로 한 삼위일체적 설교라고 말할 수 있을 것이다.

시드니 그레이다누스는 그리스도 중심적 설교를 반대하며 극단적으로 삼위일체적 설교를 해야 한다고 주장하는 사람들에게 이렇게 일침을 놓는다.

"모든 설교는 성부와 성자와 성령님에 대해 증거해야 한다고 주장함으로써 설교자들에게 불필요한 부담을 주지 말아야 한다. 신약의 서신들은 처음에 시작되는 인사말과 끝에 나오는 축도조차도 그렇게 하지 않는다."

11개의 신약 서신서는 "하나님 아버지와 주 예수 그리스도로부터 은혜와 평강이 너희에게 있을지어다"라고 언급한다. 이런 신약의 언급이 '성령님'을 뺀 잘못된 설교라고 할 수 있겠는가? 이렇게 성경을 기록하신 분이 성령님이시다.

두 번째 오해는 은혜를 적용함으로 실천과 행위를 소홀히 하는 경향이 있다는 것이다. 팀 켈러의 그리스도 중심적 설교는 사람의 행위가 아니라 마음에 초점을 맞추기 때문에 인간의 의지와 행위를 강조하지 못한다는 약점을 지니고 있다고 지적을 받곤 한다. 그러나 이런 지적은 율법주의와 반율법주의가 아닌 제3의 길인 복음을 제시해야 한다는 팀 켈러의 메시지를 잘못 이해할 때 생기는 오해들이다. 그리스도 중심적 설교를 하게 되면 '~을 하지 말라' 또는 '~을 하라'고 적용하지 못한다는 것이다. 이런 오해는 팀 켈러의 설교를 비평하는 사람들뿐 아니라 팀 켈러의 설교를 처음 배워서 적용하려는 사람들에게서도 많이 제기되는 의문이다.

팀 켈러는 그의 책 「설교」(두란노)에서 이렇게 말했다.

"설교의 마지막을 '이렇게 살라'는 문장으로 끝내지 말라, 대신 '우리는 이렇게 살 능력이 없습니다.' 그런데 '그렇게 사신 분이 계십니다! 그리고 그분을 믿음으로 우리도 이런 삶을 시작할 수 있습니다'로 마무리하라."

이 말은 인간의 의지를 말하지 말라는 의미가 아니다. '이렇게 살라'라는 말을 절대 해서는 안 된다는 말도 아니다. 그러나 이 말을 오해할 경우 의지적 행위를 촉구하지 않는 형태의 설교라고 생각할 수 있다. 박현신 교수는 '가스펠 프리칭'에서 팀 켈러 설교에 대해 비평하면서 "성화의 열매인 율법의 제 3용법과 언약적 충성의 차원에서 은혜언약에 근거한 윤리적 적용과 실천에 대한 강조가 약화된 측면은 없는가?"라고 물었다. 김창훈 교수는 위의 팀 켈러의 문장을 인용하면서 브라이언 채플과 마찬가지로 "기독교 신앙을 왜곡할 수도 있다"고 말했다. 팀 켈러와 브라이언 채플이 인간의 노력을 강조하면 비구속적 메시지가 된다고 이해했기 때문이다. 「팀 켈러의 변증설교」(CLC)의 저자인 박용기 목사도 팀 켈러 설교의 약점 중의 하나는 의지적 훈련을 약화시키는 설교라고 지적하면서, 은혜로 구원받는 것을 강조하기 때문에 자기 의지적 훈련이 결여되었다고 평가했다. 자기 부인이라는 의지적 결단이 약화되었다는 것이다.

과연 팀 켈러의 그리스도 중심적 설교는 행위와 의지를 약화시키는 잘못된 은혜 중심적 설교인가? 여기에 대한 답변은 팀 켈러가 「센터처치」(두란노)에서 제임스 스미스(James K. A. Smith)의 책을 언급한 것으로 대신하려고 한다. 제임스 스미스는 「습관이 영성이다」와 「하나님 나라를 욕망하라」라는 책 등을 통해 인간의 몸의 훈련을 강조하고 있다. 팀 켈러는 전반적으로 제임스 스미스의 주장을 인정한다고 고백했다. 그러나 한 가지 자기 생각과 다른 점은 지나치게 마음을 주장하거나, 지나치게 행동을 강조하는 모두를 경계해야 한다고 말한다. 팀 켈러는 제임스 스미스가 지나치게 몸과 습관을 강조한다고 본 것이다.

"플라톤은 '우리는 생각하는 대로 된다' 라고 말했고, 아리스토텔레스는 '우리는 행동하는 대로 된다' 고 말했다. 그러나 나는 그리스도인이 생각이나 행동을 열쇠로 숭상하는 것을 조심해야 한다고 생각한다. 플라톤적 견해는 강의나 설교가 삶을 바꾸는 주요 통로라고 본다. 반면 아리스토텔레스적 견해는 예전과 성찬을 주된 방법으로 본다. 그러나 열쇠는 마음에 있다. 마음의 헌신은 회개를 통해 바뀌게 된다. 토머스 크랜머(Thomas Cranmer)는 기도를 가르칠 때 '우리의 마음과 온몸이 세상적이고 육적인 모든 욕망에 대해 죽게 하시며, 그리하여 우리로 하여금 모든 일에서 주님의 복된 뜻에 순종하게 하소서' 라고 기도하였다."

팀 켈러는 은혜를 강조하면서 행위를 강조하지 않는 것을 플라톤적 견해라고 말한다. 또 행위를 먼저 강조하는 것을 아리스토텔레스적 견해라고 비판한다. 그럼 팀 켈러의 견해는 무엇인가? 토마스 크랜머의 기도처럼 마음의 회개가 일어난 뒤 하나님의 복된 뜻에 순종하는 것이다. 이것은 팀 켈러가 말하는 복음의 핵심과도 같은 부분인데 "복음과 복음의 결과가 혼동되어서는 안 된다"는 문장으로 요약될 수 있다. 즉 은혜만을 강조하는 것도 행위만을 강조하는 것도 아닌 순서가 중요하다는 것이다. 은혜만을 강조하면 반율법주의자가 된다. 또 행위만을 강조하면 율법주의자가 된다. 이 둘을 피하면서 복음을 제시하는 제3의 길은 바로 그리스도와 그리스도의 혜택을 분리하지 않는, 즉 칭의와 성화를 분리하지 않는 것이다.

결국 팀 켈러는 의지를 약화시키는 것이 아니다. '~하라, ~하지 말라'는 말을 해서는 안 된다고 말하는 것이 아니라 그리스도를 높이기 전에 그리스도가 하신 일을 선포하기 전에 바로 의지적 적용으로 가서는 안 된다고 말하는 것이다.

브라이언 채플(Bryan Chapell)은 그리스도 중심적 설교에서 중요한 것은 인간의 타락한 상황을 고스란히 드러내는 것(FCF, The Fallen condition focus)이라고 말했다. 인간은 율법을 지킬 수 없는 존재라는 자기 절망을 경험한 후 그리스도의 복음을 듣고 나서 그 은혜를 동기로 해서 순종해야 한다.

싱클레어 퍼거슨(Sinclair Buchanan Ferguson)은 「온전한 그리스도」(디모데)에서 팀 켈러가 말한 "복음과 복음의 결과가 혼동되어서는 안 된다"라는 말을 "그리스도와 그리스도께 받은 혜택을 분리하는 것"이라고 표현했다. 다시 말해 칭의와 성화를 분리하지 말라는 것이다.

칭의와 성화가 분리될 때 '~하라, ~하지 말라' 라는 메시지는 인간의 의지적 행위만을 강조하게 된다. 그러면 자연스럽게 율법주의로 흐를 수밖에 없다. 칭의와 성화가 분리되지 않을 때 '~하라, ~하지 말라' 는 말은 우리가 할 수 없는 일을 그리스도가 대신 행하셨다는 그 은혜의 동기가 되어 순종이 발생한다.

인간의 행위는 하나님 앞에서 공로가 될 수 없다. 인간의 선행은 하나님의 은혜에 대한 반응으로서의 감사일뿐이다. 만약 은혜와 선행이 분리된다면 그 선행은 결국 자기 의로 귀결될 수밖에 없다. 팀 켈러가 말하는 그리스도 중심적 설교는 성화를 강조하지 않는 설교가 아니다. 칭의의 은혜를 먼저 선포한 후에 성화를 강조해야 한나는 것이다.

팀 켈러는 좋은 설교자지만 완벽한 설교자는 아니다. 하지만 팀 켈러의 설교를 비평할 때 정확한 사실에 기초한 충분한 연구가 이루어져야 한다. 계몽주의 이후의 학문은 통합하기보다는 분석하고 나누는 방향으로 흘러갔다. 논문이나 서평을 쓸 때도 아쉬운 점을 쓰는 것이 더 비평적이라고 여기는 듯하다.

팀 켈러의 그리스도 중심적 설교가 삼위일체적이지 않으며 의지를 약화시킬 수 있다는 지적은 오해로 출발한 경우가 많아 팀 켈러의 설교를 배우려는 사람에게 잘못된 선입견을 줄 수 있다. 팀 켈러의 그리스도 중심적 설교는 삼위일체 중심적 설교를 반영하려고 노력하는 설교이다. 또한 팀 켈러의 그리스도 중심적 적용은 칭의와 성화를 연결하는 설교이기에 인간의 회개와 은혜의 반응으로서의 순종을 더욱 극대화시키는 설교라고 말할 수 있다. 」

결론적으로 나는 이렇게 묻고 싶다. "과연 인간의 의지적 결단으로 자기 부인이 가능한가?" 요즘 신학계에서 뜨거운 논쟁거리인 아담의 행위언약 이후에 은혜언약이 주어졌다는 '능동 순종론'이나 '회심준비론'은 은혜 앞에 행위가 먼저 주어지는 논리이다. 이런 논리는 행위의 주체가 자신이므로 비성경적이다. 은혜 아래에서만 회개가 될 때 은혜가 은혜답고 주님을 더 높일 수 있는 것이 아니겠는가?

아담은 말씀 안에 있어야 하는 존재인데 유혹 때문에 말씀 밖으로 나간 것이지, 선악과 계명을 자기 행위로 지켜내지 못했기 때문에, 즉 행위언약을 어겼기 때문에 타락한 것은 아니다. 은혜(용서)가 먼저 있고 그다음에 용서가 무엇인지를 가르쳐주시기 위하여 계명(~하라, 하지 말라)이 오는 것이다. 그러면 계명을 지킬 수 있으므로 명령하는 것인가? 우리는 명령에 도달할 수 없는(말씀을 지킬 수 없는) 무능력한 존재이다. 그래서 인간은 천국으로부터 단절된 존재이다.

이 부분을 분명히 하기 위해 계명이 주어졌다(인간의 책임은 쓸모없음을 증명, 인간은 조건적 언약을 깨뜨린 존재이다). 그러나 그리스도께서 말씀을 이루셔서(조건적 언약을 홀로 무조건적인 이루심의 언약으로 전환시켜) 영생에 이르도록 하셨다. 우리의 회개를 통해서 주님의 하신 일(십자가)를 증거하는 삶으로 엮어진 것이다. 그리스도인은 그리스도의 완성된 세계 속(은혜언약)에서 신앙생활을 하는 것이기 때문에 완성(그리스도 십자가)을 가지고 어떻게 완성하셨는지를 계속 경험하고 증거해야 한다(갈 2:20). 육체 가운데 살면서 언약의 말씀으로 인도되면 죄로 나오는 것을 십자가의 이루심을 적용하여 의로 규정해 주시는 긍휼에 더하여 풍성한 은혜 가운데 사는 것이라고 강조하고 싶다.

▶ 삼위일체적 주권 중심 논쟁

삼위일체론주의자들은 성부 중심의 삼위일체 신학을 주장한다. 삼위일체론이 무엇인가? 성경에서 삼위일체론을 확인하는 것은 용납된다. 그러나 성경을 삼위일체론으로만 해석하려고 해서는 안 된다. 왜냐하면 성경은 삼위일체론보다 더 크기 때문이다. 삼위일체론은 성경을 해석하는 기준이 아니다. 또한 성부 중심 신학은 '주권사상'을 내세운다. 육의 한계가 주권사상의 모습으로 나타난다. 모든 세상 종교가 주권사상으로 일관한다. 사도들이 순교한 것은 주권사상 때문이 아니라 '복음' 때문이었다. 예수님께서 십자가에 달려 죽으신 것도 주권사상을 사수하고자 함이 아니라 예수님 자신의 피를 드러내고자 하신 것이었다. 즉 예수님은 유대인들의 주권사상과 충돌해서 사형당하신 것이다. 신의 월등한 존재성에서부터 출발하는 종교는 예수님을 밀어내는 유대 신학자들처럼 사탄의 조종을 받게 된다. 이들은 십자가로만 나타나시는 '주'와 일반 종교의 '최고 신'의 존재를 구분하지 못한다. 그것은 '죽는 하나님'(요 10:18)을 인정하지 않기 때문이다.

왜 일부 개혁주의자들은 신의 주권에 최종적인 관심을 두고 있을까? '자기 존재 구원'에 최종적인 관심이 있기 때문이다. 신의 모든 것을 파악하게 된 주인공으로 자기 존재를 채우기 위함이다. 이들은 하나님의 주권사상을 경유하고 우회해서 최종적으로 자기 영광에 귀착하려고 한다. 그래서 그들은 십자가 피를 보고서도 곧장 시선을 돌리고 신의 최고 자리를 쳐다보려고 한다. 거기가 곧 그들의 숨겨진 욕망이 최종적으로 도달할 수 있는 지점이기 때문이다. 이들은 자신이 하나의 우상으로 살아가고 있음을 모른다. 이러한 신학을 신봉하는 자들은 말씀을 실천하는 데 집중한다. 그러나 성경 말씀 때문에 자신이 그토록 다듬어 보려는 존재가 순간적인 사건에 불과한 것으로 전환될 수 있다는 사실을 모른다. 인간은 한순간의 안개에 불과하다. 단지 사건으로만 족하다.

> "들으라. 너희 중에 말하기를 오늘이나 내일이나 우리가 어떤 도시에 가서 거기서 일 년을 머물며 장사하여 이익을 보리라 하는 자들아. 내일 일을 너희가 알지 못하는도다. 너희 생명이 무엇이냐. 너희는 잠깐 보이다가 없어지는 안개니라. 너희가 도리어 말하기를 주의 뜻이면 우리가 살기도 하고 이것이나 저것을 하리라 할 것이거늘 이제도 너희가 허탄한 자랑을 하니 그러한 자랑은 다 악한 것이라"(약 4:13-16).

그들은 천국이 사건화된 존재만을 필요로 한다는 것을 모른다. 마태복음 20장의 포도원을 통한 천국 비유에서 예수님은 4명의 사건화된 인물을 제시했다. 포도원에서 와서 단지 1시간만 일한 사람은 자기에게 돌아온 품삯의 의미가 은혜 사건임을 안다. 하지만 가장 일찍 와서 아침 10시부터 7시간 동안 일한 일꾼은 자신을 사건으로 간주하지 않고 '존재'라는 넓은 면적 속에 자신의 노동을 담아 두었다. 즉 자기 역사(歷史)를 따로 가진 것이다. 그러다가 막상 자기에게 돌아온 '은혜의 품삯' 때문에 기분 나빠한다. 그 '은혜의 품삯'은 실은 홀로 이루신 예수님의 십자가 노동으로만 제공된 것이다. 즉 타인의 노동이다. 예수님은 이런 결론을 통해 천국을 이 어두운 세상에서 드러내신다. "내 것을 가지고 내 뜻대로 할 것이 아니냐. 내가 선하므로 네가 악하게 보느냐. 이와 같이 나중 된 자로서 먼저 되고 먼저 된 자로서 나중 되리라"(마 20:15-16).

▶ 신론 중심 논쟁

조직신학자 고경태는 "예수 없는 기독교를 주장하는 신 중심의 신학을 주의"해야 한다면서 다음과 같이 주장하였다. 그리스도인은 하나님을 믿는 사람인가? 예수를 믿는 사람인가? 일반적으로 교회에서는 두 '믿음'이 서로 다르지 않다고 생각한다. 그렇지만 두 '믿음'은 다를 수도 있고 같을 수도 있다. 현대의 신학계에서는 두 믿음을 구별하는 것이 일반적이다. 종교다원주의 사상의 도입으로 말미암아 두 '믿음'은 언제부터인가 한 믿음이 아닌 두 개의 구별된 믿음이 되어버렸다. 즉 '예수 믿음'과 '하나님 믿음'을 구분해서 사용한다.

하나님 믿음에는 예수 믿음이 내포되었다. 그러나 하나님 믿음을 강조하는 종교다원주의 진영에서 예수 믿음이 아닌 절대자 하나님 믿음만을 강조하게 되어 부득이 분별하지 않을 수 없게 되었다. 이러한 배경의 이면에는 현대 기독교 신학에서 그리스도 없는 기독교의 시대가 시작된 것과 깊은 관련이 있다. 즉 신 중심의 신학에서는 예수 없는 기독교마저도 가능하게 된 것이다.

하나님 믿음이란 절대자의 은혜, 절대적인 사랑과 무한한 은혜가 조건 없이 수여됨이 강조되며, '오직 믿음으로'(sola fide)가 강하게 주장되면서 몰입과 집중이 강조된다. 반면에 예수 믿음은 믿는 자의 몰입과 집중이 아니라 믿음의 대상에 대한 명료화를 강조한다. 믿음으로 믿음의 대상인 예수의 인격과 실체를 더욱 명확하게 알아 가는 은혜를 받는다. 따라서 '오직 믿음으로'가 강하게 주장됨은 구주 예수를 더욱 붙들도록 훈련한다. 하나님 믿음은 믿는 자의 몰입과 집중으로 흐름이 강조되고, 예수 믿음은 믿음의 대상으로부터 믿는 자에게 오는 은혜와 지식이 강조된다. 전자의 믿음은 모든 종교에서 가능하기에 종교다원주의가 가능하고, 후자의 경우 믿음의 대상은 오직 예수이기 때문에 종교다원주의는 허용될 수 없다.

두 믿음에 차이가 없다는 것은 그리스도 중심의 신학과 신 중심의 신학 사이에 차이가 없다고 주장하는 것과 같다. 그러나 신 중심 신학에서는 그리스도 중심의 신학과 현격한 구별을 확정 짓고 있다. 그 때문에 우리는 더욱더 '하나님 믿음'과 '예수 믿음'을 구분해서 사용해야 한다.

두 가지 구별된 믿음의 시대에 사는 현대의 목회자와 성도들이라면 모두 구별된 이 두 '믿음'을 인식하고 있어야 한다. 교회의 지도자라면 자신이 말하는 믿음이 '하나님 믿음'인지 '예수 믿음'인지를 구별해서 인식하고 있어야 한다. 또한 교회의 지체들 역시 목사가 말하는 믿음이 하나님 믿음인지 예수 믿음인지를 구별할 수 있어야 비로소 바른 성도의 교제를 이룰 수 있다. 교회는 오로지 하나의 믿음을 기초로 해서 서로 다른 두 가지 믿음이 한 교회에 존재해서는 안 된다. 두 가지 서로 다른 믿음은 교회의 통일성을 해치기 때문이다. 한 교회에서는 오직 하나의 믿음만이 고백될 뿐이다.

이제 주 예수 그리스도의 교회에서는 머리이신 구주 예수 믿음의 체계를 더욱 확고히 해야 한다. '오직 믿음으로'를 외치는 것에서 '오직 예수 믿음으로'를 외쳐야 한다. 교회는 예수의 십자가와 그 구속의 제사로 말미암은 죄사함으로 아버지 하나님과 화목을 이루었으며, 예수 그리스도의 중보 없이는 그 누구도 아버지 하나님께 나아갈 사람이 없기 때문이다(행 4:12).

구주의 중보 사역은 영원한 사역이 되어 구원받은 백성에게 영원한 찬양을 받는다. '할렐루야'로 영원한 찬양을 드리는 백성이라면 자신이 드리는 영원한 찬양의 대상을 바르게 아는 것이야말로 믿음의 필수 사항 아니겠는가.

인간 중심적 관점에서 기독교 말씀의 성경을 보면 십자가, 즉 메시아적 고난과 희생은 전부가 아니라 지극히 높으신 하나님으로 나아가는 과정의 일부일 뿐으로 여기게 된다. 십자가의 성취에 의한 그 가치와 효력이 영원까지 이어가는 것이 아니라 중간에 멈추고 결국 최고의 하나님이라 불리는 아버지의 속성에 흡수되어 통합되는 버리는 것이다. 이 하나님 중심 사상은 자세히 살펴보면 인간 종교성의 궁극적인 절정을 보여준다. 이것은 유일신인 하나님 중심을 주장하는 유대교에 지나지 않는다. 예수님은 이 유대교적 우상 신관을 부수고 그리스도 중심으로 새롭게 바꾸어 주시기 위해 친히 이 땅에 오셨다. 즉 인간이 스스로 상상한 거짓 우상에 지나지 않는 신을 따르는 것이 자신을 십자가에 못 박는 일이 된다는 사실을 낱낱이 드러내시고 심판하신 것이다.

이런 점에서 유대교적 신관은 인간이 탐구할 수 있는 최고 수준의 신성을 보여주고자 하는 모든 인간 대표의 염원에 딱 맞는 종교다. 최고신을 향한 그런 인간의 종교성에 의하여 무자비하게 짓밟히는 십자가 사건은 참 하나님이 어떠한 방식으로 우리에게 드러내시는지를 알게 한다.

이처럼 최고 하나님 중심으로 한 신학 체계는 인간의 이성으로 이해하고 받아들이기 쉬우며, 오늘날 진리의 이름으로 설득력 있게 인간들에게 다가가는 최고의 종교로 행세하고 있다. 대적 사탄이 노리는 강력한 무기는 바로 십자가 복음의 광채를 가리면서 최고 신 중심을 추구하는 신념이다. 이런 종교성이 예수 그리스도의 사역을 헛되게 만드는 것이다. 예수 그리스도의 진리를 왜곡시키려고 하는 최고 신 중심으로 가장하여 나타나는 적그리스도는 없을 것이다. 무조건 하나님을 언급한다고 신앙이 아니다.

3) 전달 논쟁

▶ 강해 설교

해돈 로빈슨은 "강해 설교는 어떤 본문의 문맥에 맞는 역사적, 문법적, 문학적 연구를 통하여 얻어지고 전달되는 성경적 개념을 전달하는 것이다. 성령은 그것을 먼저 설교자의 인격과 경험에 적용시키고 그다음에 그를 통하여 그의 청중에게 적용시킨다. 성령은 먼저 설교자의 인격과 체험에 적용하시고 다음에 설교자를 통해서 청중에게 적용하시는 분"이라고 말했다.

강해 설교는 '성경에 관한' 설교가 아니고 '성경'을 설교하는 것이다. 또한 성경에서 시작하여 성경으로 끝맺으며 성경을 그 전체의 내용으로 삼는 성경 중심의 설교다. 강해 설교의 목적은 선택된 성경 본문을 밝게 설명해 주는 것이며, 그 의미를 오늘날의 청중에게 잘 전달해 주는 것이다. 우리는 복음을 설교해야지 복음에 관하여 설교해서는 안 된다. 로이드 존스는 "복음을 학문적으로 분석하여 제시하는 것이 아니라 복음 그 자체가 우리를 통해 직접적으로 청중에게 표현되고 전달되어야 하는 것이다"고 하였다.

① 중심사상 발견

문맥 안에서의 본문을 오랫동안 묵상한 후 본문의 석의와 그에 따른 연구, 해석 과정을 통하여 본문의 중심 사상(중심 주제, 명제, 중심 진술)을 추출하는 일이다.

② 설교의 기능

참된 성경적 설교는 본문의 메시지는 물론, 본문의 의도에도 신실하기를 원한다. '이 성경 구절이 무엇을 (말할 뿐만 아니라) 행하려고 하는가?' 라는 질문에 귀를 기울여야 한다.

강해 설교의 강점은 본문 내용을 그대로 전달하려는 것에 있다. 그러나 약점 역시 지적됐다. 전통적인 강해 설교는 성경 본문을 최우선으로 강조한 나머지 청중이 살아가는 시대와의 연관성을 소홀히 하는 경향이 있다. 또한 성경 본문의 메시지 전달 형식을 소홀히 하는 경향이 있으며, 적용이 부자연스럽거나 약하게 나타나는 약점을 보인다. 그러면서 본문이 이끄는 설교를 대안으로 제시했다. 본문 텍스트가 설교의 형식을 이끌고, 텍스트가 설교 적용을 이끈다는 것이다. 그러므로 본질만큼 중요한 방법론을 동시에 강조했다.

▶ 장르 설교

장르는 본문의 대지를 전달하기 위해 사용된 문학 형식이다. 하나님은 많은 문학 장르를 사용해 성경을 구성하셨다. 성경의 모든 문학 장르가 지닌 메시지는 성경에 나타난 특정한 사건의 실재성에 의존되어 있다. 그렇기에 성경에서 가장 큰 장르가 히브리 성경의 역사서, 복음서, 사도행전, 예언서, 시편, 서신서 등의 역사 이야기라는 사실은 우연이 아니다. 구약의 이스라엘과 신약의 기독교 신앙은 고

【표 3】 장르와 형식 사이의 연관성

범주	성경의 문학 형식						
성경 전체	선포						
장르	이야기	예언서	지혜서	시편	복음서	서신서	묵시문학
형식	율법	꿈	애가		비유	기적	권면
	자서전		소송			판결	
	보고	왕의 즉위		고난		기타	
	아래 형식들						

상한 사상이나 이념에 토대를 두는 것이 아니라 인간 역사에서 활동하신 하나님의 사역에 토대를 두고 있다.

장르는 문학 작품을 전체적으로 분류하기 위한 범주이다. 반면 형식은 자료 중에 비교적 작은 각각의 단위들을 분석하기 위한 범주이다. 즉 장르는 장르를 구성하는 서로 다른 형태의 수많은 개개의 단위들을 묶어서 취급하는 집합의 범주이다. 따라서 성경의 문학 형태를 구성하는 주요한 문학 형태인 장르들과 좀 더 작은 문학 형태인 형식들의 특징을 분명히 구분할 필요가 있다. 장르와 형식 사이의 연관성을 〈표 3〉과 같이 도표로 나타낼 수 있다.

주목해야 할 점은 율법, 비유, 기적 등과 같은 '형식'은 성경의 '장르'의 부분이라는 사실이다. 이 형식들이 생생하게 이해될 수 있는 것은 그것들이 속한 성경 장르의 맥락 안에서만 가능하다. 하나님께서는 다양한 장르를 통해 다양한 방법으로 말씀하셨는데 모든 본문을 천편일률적으로 접근해서 설교한다는 것은 본문을 해석하고 설교를 작성하는 과정에서 장르의 기본적인 특징을 전혀 반영하지 않았다는 방증이다. 그래서 설교가 지루해지고 청중의 마음을 움직이지 못하고 소통하지 못하는 원인이 되기도 한다.

그러므로 다양한 장르와 내용으로 구성된 성경을 장르별로 설교하는 것은 본문을 살리고 설교를 역동성 있게 만들 수 있다. 설교의 다양성과 신선함을 유지하기 위해서는 말씀 자체의 내용뿐 아니라 말씀이 전해지는 여러 가지 장르를 인식하고 그것을 적절히 활용할 때 설교가 다양해지고 새로움을 유지할 수 있다. 설교의 다양성은 장르의 전달 형식 외에 수사학과 커뮤니케이션 이론을 통해서도 가능하다. 여기서 주목할 것은 설교를 다양하게 하라는 것이 아니라 설교의 주인공인 그리스도를 다양하게 설교하라는 것이다.

▶ 본문이 이끄는 설교

본문이 이끄는 설교는 본문의 내용과 구조, 역동성을 다시 표현하는 설교이다. 권호 교수는 전통적 강해 설교의 약점인 청중과의 연관성, 전달 형식의 소홀, 약한 적용을 진단하고 이를 보완한 설교를 본문이 이끄는 설교로 소개했다. 본문이 이끄는 설교는 전통적인 강해 설교의 철학을 확고히 하면서 설교의 내용, 형식, 적용을 성경 본문 자체에서 도출하는 메시지 전단방식을 취한다. 설교의 형식과 적용 또한 성경 본문에 의해 결정되어야 한다는 것을 강조한다는 점에서 기존 강해 설교와 다른 점을 보인다.

권호 교수는 본문이 이끄는 설교의 세 요소로 본문(의미), 연관성(소통), 적용(변화)을 제시했다. 다시 말해 설교는 반드시 본문의 의미에서 시작해 연관을 통해 의미의 소통이 이루어지게 하고 적용을 통해 구체적인 삶의 변화를 일으키는 단계에까지 나아가야 한다고 주장했다.

여기서 나는 다음과 같이 강조하고 싶다. 그리스도(복음)를 설교하지 않은 채 본문을 설교하거나, 본문을 설교하지 않은 채 그리스도(복음)를 설교하는 것에 주의해야 한다.

▶ 신(新) 설교학 설교

가다머는 본문의 의미는 저자의 의도에 의해 고정된 것이 아니라 항상 본문과 독자의 상호작용을 통해서 드러난다고 보았다. 이런 관점에서 가다머는 '지평의 융합'(fusion of horizons)을 제안했다. 즉 본문의 지평과 독자의 지평이 녹아서 하나가 되어야 해석이 된다는 것이다. 이것은 본문의 지평이 독자의 지평을 변화시킨다는 의미에서 융합을 말한 것이 아니다. 오히려 독자의 지평이 본문의 지평을 변화시킨다는 면에서 본문의 지평과 독자의 지평 융합을 말한 것이다. 가다머에 의하면, 독자의 전제가 본문의 의미를 결정할 수 있다는 것이다.

이처럼 가다머가 독자의 전제를 강조했다면 신설교학도 청중의 전제를 인정하고 정당화한다. 신설교학이 가다머의 해석학적 노선과 맥을 같이하는 것이다. 이런 영향이 성경 해석에도 나타났다. 프랭크 케모드(Frank Kemode)는 구약을 해석할 때 신해석학의 영향을 받아 이렇게 말했다. "수 세기에 걸쳐 산출되어 고급 종교와 문화의 토대를 형성한 문헌이 있다. 그런 모든 문헌은 이제 후대 해석자들의 선이해에 맞을 때만 가치가 있다." 케모드는 '해석자의 선이해'가 모든 문헌의 가치를 결정한다고 주장한 것이다. 이러한 이해는 신설교학이 말하는 청중의 반응과 일맥상통하는 것이다.

신설교학은 청중이 설교의 의미를 나름대로 결정할 수 있다고 본다. 해석학 면에서 신설교학은 이렇게 신해석학(new hermeneutic)과 흐름을 같이하고 있다. 신설교학은 본문의 의미를 저자의 의도에서 찾는 해석 원리를 거부한다. 신설교학은 전달될 진리보다 청중의 반응을 강조한다. 그래서 설교자가 이야기하면 후 현대주의 시대의 청중이 이야기를 통해서 설교자와 자신을 연결하기가 쉽다.

신설교학이 '무엇은 무엇이다' 는 명제적 진리를 약화시키고 있지만 복음은 하나님의 구원자 예수 그리스도 안에서 자신을 제시하신 명제적 진리에 정초하고 있다. 상대성을 제아무리 강조하는 후(後) 현대주의 시대라 할지라도 설교자는 복음의 명제적 절대 진리를 전해야 한다.

① 신설교학 설교의 특징

명제적 설교는 아리스토텔레스에서부터 시작된다고 주장하는 신설교학자가 많다. 그러나 모세도 구설교학적인 설교를 했다. 예수님의 산상보훈 설교도 구설교학적 설교이다. 따라서 아리스토텔레스부터 시작되었다는 말은 잘못된 것이다. 신설교학자들은 "청중에게 초점을 맞추되 체험에 초점을 맞춰야 한다"고 말한다. 신설교학은 체험을 강조하되 스스로 체험할 것을 강조한다. 그래서 알아서 결론을 내리게 한다. 신설교학은 '어떻게 전달할 것인지' 의 장르에 초점을 맞춘다. 성경이 다양한 장르를 사용했는데 왜 우리는 다양한 장르를 사용하지 않느냐고 말한다. 이런 면에서 신설교학의 도전은 대단하다.

설교는 쉽고 재미있어야 하며 실제적이어야 한다. 포스트모던 시대에서는 재미있어야 들린다. 재미가 죄는 아니다. 우리 또한 이 점을 활용할 수 있다. 더불어 실제로 그 말씀이 나와 무슨 상관이 있는지를 밝혀야 한다.

설교에도 유형과 장르가 있다. 장르를 살리는 설교를 하려는 것은 옳은 도전이다. 특히 성경은 여러 장르가 있으므로 유진 로우리(Eugene Lowry)는 이것이야말로 설교 혁명이라고 말했다. 연역법적 설교의 특징은 3개의 대지를 아교로 붙여 놓은 것 같다. 그래서 신설교학자들은 전통적 설교에는 연결이나 흐름이 약하거나 없다고 주장한다. 전통적 설교의 약점에 대한 지적은 유념해둘 필요가 있다.

크래독은 설교에서 연결과 흐름을 주장하며 성육신이 귀납법적이라고 말한다. 이렇게 말하려면 플롯을 잘 짜야만 한다. 유진 로우리는 사람을 움직일 수 있는 5단계 방법을 다음과 같이 표현했다. "아이쿠"('큰일 났네' 뜻하지 않게 일이 터지는 경우) → "어허"('일이 점점 꼬이네' 안타깝고 애타게 만드는 것) → "아하"('실마리가 풀리네' 해결의 단서) → "와"('드디어 해결됐네' 복음) → "야"(기대). '갈등'과 '혼란', '급반전', '해소', '복음'은 어디에 위치해도 된다고 하였다.

깨달음과 함께 동반되는 것이 즐거움이다. 이야기 설교에서 '톤'(어조, 논조, 말투) 또한 중요하다. 어조에 따라 그 내용이 달라지기 때문이다. 말하는 사람의 태도가 어조다. 따라서 설교자의 어조는 매우 중요하다.

데이비드 버트릭(David Buttrick) 밴더빌트대학교 교수도 신설교학자로서 설교에서 중요한 것은 '흐름'이라고 말한다. 잘리지 않고 쭉 흘러가는 움직임을 강조하며, 설교가 흘러가게 만들어야 한다고 말했다. 전환을 통해서 끊어지게 하지 않고 자연스럽게 흘러가게 만드는 것이 중요하다.

루시 로오즈(Lucy Rose) 콜롬비아신학교 교수는 '대화 설교'를 제안했다. 설교자와 청중이 수석도 없고 말석도 없는 원형 테이블에 모여서 대화하듯 설교를 진행해 나가는 것이다.

② 구설교학과 신설교학의 차이

신설교학은 신해석학에서 왔다. 성경 해석이 설교로 나타난 것이다. 신해석학의 초점은 독자의 반응이다. 신설교학에서 청중이 중요한 것처럼 신해석학에서는 독자가 중요하다. 전통적인 성경 해석학은 저자의 의도에 초점을 맞추고 있다. 지금도 개혁주의 설교학에서는 저자의 의도에 초점을 둔다. 그런데 최근에 글의 의미, 문학적 분석, 문예적 분석, 독자 반응설에 관심이 집중되기 시작하였다. 마틴 하이데거(Martin Heidegger)는 "본문에 들어갈 때 반드시 전제를 가지고 들어간다"고 말한다. 하이데거는 전제 없는 해석은 없다고 하였다. 전제를 가지고 해석한다는 것은 굉장히 중요한 지적이다. 독자가 나름대로 전제를 가지고 본문으로 들어가 본문과 어울리다 보면 본문을 바로 이해하게 된다고 본 것이다. 누구나 전제를 가지고 성경을 해석하지만 그 전제 자체가 성경적으로 건전하면 문제가 없다.

하이데거의 노선에 서 있는 가다머(Hans-Georg Gadamer)는 "편견에 대한 편견을 거절해야 한다"고 말했다. 전제는 잘못되었다는 전제를 없애야 한다고 말한다. 이해라는 것은 어차피 편견(전제)을 포함할 수밖에 없기 때문에 각자의 편견을 가지고 글을 보는 것에 대한 정당성을 주장했다. 성경과 해석자 사이의 연결은 융합으로 가

【 표 4 】 구설교학과 신설교학 비교

구설교학	신설교학
진리	체험
고정 의미	유동 의미
설교자	청중
권위	민주
선포	대화
논증 (설명 예증)	서술
명시적 적용	모호한 적용, 무적용
합리적 설득	정서적 반응
본문 해석	본문 전개
본문의 의미	본문의 장르
명제적 설교	이야기 설교
연역	귀납
3단계 전개	기승전결
요점 (points)	움직임 (moves)
정적 설교 (고정성)	동적 설교 (유동성)
강단	원형 테이블

다머는 지평의 융합이라고 설명하였다. 이처럼 신해석학이 신설교학에 연결되어 나타난다. 또한 신해석학은 후 현대주의(포스트모던)와 맞물려 있다. 신해석학은 후 현대주의에서 왔으며, 후 현대주의 시대에서 신설교학이 등장한다.

「바울처럼 설교하기」(Preaching like Paul)의 저자 제임스 탐슨(James Thomson) 애빌린대학교 교수는 신설교학의 흐름을 논리적으로 막아주었다. 그는 후 현대주의의 물결을 타고 있는 신설교학의 약점을 간파하고 바울을 통해 신설교학의 흐름을 막아냈다. 바울은 편지로 분명히 진리를 전달했으며 구 설교의 모델을 따라서 설교했다. 바울의 많은 서신이 신약의 큰 비중을 차지하고 있으므로 전통적 설교의 권위를 무시할 수 없다.

③ 신설교학의 장단점

설교학자들이 말하는 신설교학의 장점은 첫째, 우리의 변화에 도전했다는 것이다. 지금은 High-Touch 목회가 필요하며 청중의 감동을 중요시한다. 따라서 사람을 움직이는 방법을 익혀야 한다. 찬양 역시 중요하다. 진심으로 애정 어린 접촉을 만들기 위해 다양한 방법을 연구해야 한다. 하나님은 다양한 방법으로 사람을 움직이셨지만 우리에게는 너무 많은 제한이 있다. 하나님께서 사람을 움직이기 위해 사용하신 것 중에는 감정의 접촉도 있다. 신설교학은 감성이 중요하다는 것을 지적해 주었다.

둘째, 이야기의 중요성이다. 에스베리 신학교 교수인 조엘 그린(Joel Green)은 인간생활에 해석학적 본질이 있으며 이야기적 특징이 있다는 것을 지적하였다. 인간은 무엇을 봐도 해석을 하고 이야기적 본질을 끄집어내고자 한다. 후 현대주의와 신학을 접목시킨 레오나르드 스위트(Leonard Sweet)는 설교자는 이야기를 통해서 사람을 치료하는 의사라는 말을 했다. 또한 문화가 교회를 비(非) 신화화하도록 만드는 대신 교회가 문화의 지배적인 신화들을 비신화화해야 한다고 주장했다. 세상이 교회를 신화로 보고 세상 문화의 시각으로 재해석하게 내버려 둬서는 안 된다. 오히려 교회가 세상 문화를 지배하는 신화들을 분석해서 성경적으로 해석하고 대처해야 한다.

신설교학의 단점에는 다음과 같은 것들이 있다. 첫째, 후 현대주의 사람들의 약점을 간과했다. 분명한 진리를 모르는 사람들에게 설교를 듣고 알아서 결론을 내리라는 말은 큰 오류다. 둘째, 설교의 목표를 제대로 파악하지 못하고 설교의 기교에 집중했다. 셋째, 설화체 설교를 주된 방식으로 제시하였다. 성경에는 다양한 많은 방식과 장르가 있다는 것을 무시한 결과 청중 전체를 하나로 묶어줄 수 있는 신학적 구심점이 부재하다,

CHAPTER 03

그리스도 완성 설교로
강단을 일으켜라

설교의 핵심은
언약완성자 그리스도이다

       설교 부흥은 설교의 양적, 질적 팽창을 뜻한다기보다는 설교에 대한 각성과 회복의 의미를 강조하는 것이다. 방향과 내용이 본질로부터 멀어질 때 위기가 나타나고 부작용이 있기 마련이다. 그럴 때는 본질로 돌아와 처음부터 다시 시작해야 한다.

    그리스도를 설교한다는 것이 무엇일까? 십자가의 메시지와 그 메시지가 함축하는 모든 것을 설교하는 것이다. 즉 그리스도를 선포하고 하나님께서 그리스도를 말씀하신 것을 설명하는 것이다. 설교의 출발점은 이미 완성된 그리스도 십자가이다. 복음 설교자라면 누구나 그리스도가 중요하다는 사실을 알고 있다. 그러나 그리스도를 설교하는 것이 얼마나 귀하고 엄청난 일인지를 아는 자는 생각보다 그리 많지 않다. 설교자는 성도들이 그리스도를 만나게 하고 그리스도 안에서 생명을 누리도록 해야 한다.

수많은 설교의 홍수 속에서 복음의 진수를 스스로 이해한다는 것은 매우 어려운 일이다. 이미 너무 많은 정보와 논리, 선지식을 갖고 있기 때문이다. 혼합물이 섞이지 않은 순수한 그리스도를 보기에는 우리 마음의 안경이 너무 오염되어 있다. 신학마저 우리가 그 자체를 고집하게 한다. 익숙함이 오히려 영적인 무감각을 동반한다. 예수 그리스도의 십자가에 대해서 다 아는 것처럼 굴며 진부해하는 것은 바람직하지 않다. 이러한 고집과 이론과 주장을 십자가에 못 박으려 다가오는 성령의 인도함을 받을 때 십자가의 능력이 깨어난다. 하나님의 능력은 바로 여기에 있다.

설교자는 그리스도를 설교하도록 부름 받았고 '기록된 말씀'(성경)을 통해서 '선포되는 말씀'(설교)이 '인격과 사역의 말씀'(예수 그리스도)을 만나도록 해야 한다. 그리스도를 설교하는 것은 자신을 십자가에 못 박음으로 다른 사람을 살리고 설교 사역에 대한 부르심에 응답하는 것이다. 이처럼 오직 그리스도만이 그들의 유일한 메시지였기 때문에 사도들은 단순하게 설교할 수 있었다.

이제 모든 혼돈과 잡념과 이론이 십자가의 능력으로 파괴되면 십자가에서 다시 출발해야 한다. 예수 그리스도의 성육신, 가르침, 기적 행함, 부활, 승천 등도 중요하지만 성경은 예수 그리스도의 십자가를 핵심에 놓아야 한다. 왜냐하면 구원의 능력은 여기에서 나오기 때문이다. 십자가의 공로로 나타난 결과들을 십자가에 달리신 그리스도보다 더 중요하게 여길 수는 없다. 그래서 사도 바울은 자신이 주 예수 그리스도께 받은 복음을 '십자가의 도' 라고 불렀다.

앞에서도 지적하였듯 바울이 복음을 '부활의 도' 나 '승천의 도' 혹은 '성육신의 도' 라 부르지 않고 있음에 주목해야 한다. 바울은 복음을 '십자가의 메시지' 라고 부른다. 그것은 복음의 핵심이 바로 예수님의 십자가라는 것을 천명한 것이다. 예수께서는 십자가로 구원의 근거를 만드셨다. 십자가 안에는 부활, 승천, 더 나아가 재림까지 포함된다. 십자가로 이루어진 완성된 세계에는 풍족한 모든 것이 존재한다. 십자가는 복음의 완성이다. 십자가 없이 부활이 없고 십자가 없이 재림이 존재하지 않는다. 우리는 부활이나 재림으로 구원받는 것이 아니다. 십자가와 부활은 그리스도 안에서 하나로 연결되어 있다. 부활은 십자가를 확증하는 역할을 한다.

우리는 성경 본문과 관계된 그리스도를 설교해야 한다. 성경 본문을 설명하지 않고 예수님을 설교하는 것은 다른 예수를 설교하는 것과 같다. 그러므로 그리스도에 대한 메시지는 그것이 성경 본문에 기록된 경우에만 의미가 있다. 그러나 성경 본문에서 예수를 설교하는 것과 예수 그리스도의 십자가를 설교하는 것에는 차이가 있다. 십자가의 능력은 자신의 가치가 십자가로 무너진 상태에서 오직 주님께 공로를 돌리고 십자가만 자랑하게 한다. 심지어 십자가를 전하는 설교자마저 십자가의 능력이 자기를 부인하도록 작용하는 복음의 효력에 영향을 받는다.

성경은 그리스도를 보여준다. 모든 성경에는 '구속사' 라고 부를 수 있는 줄거리가 있다. 구속사는 예수 그리스도의 사역에서 정점을 이루며 효과는 계시록까지 미친다. '오직 성경' 으로 그리스도를 설교해야 한다. 아울러 성경이 그리스도를 보여주기 때문에 '모든 성경'을 설교해야 한다.

설교단은 유희의 무대가 아니라 십자가다. 복음을 설교하는 것은 복음 그 자체이다. 그리스도 십자가를 설교할 때 설교자 또한 자아에 대하여 죽고 그리스도 안에서 생명을 얻어 살아나는 것이다. 십자가를 설교한다는 것은 십자가가 수단임과 동시에 목적이 되는 것이다. 설교의 핵심은 정보 전달이 아니라 그리스도의 십자가를 통해 성도가 새 생명으로 탄생하고 그리스도 안에서 사는 근본적인 변화를 일으키는 '사건'이다.

그리스도를 설교하려면 성경 저자의 뜻에 설교의 목표를 두어야 한다. 오늘날에는 성경을 자의적으로 해석하여 성경 저자이신 성령의 의도를 망각하고 임의대로 주관적인 메시지를 남발하는 경우가 많다. 이처럼 우화적이고 알레고리적인 해석을 신령한 것처럼 여기며 영적 지식을 뽐내고 그릇된 설교를 하는 경우를 주의해야 한다.

설교의 새로운 변화! 복음에 충실한 설교를 하고자 하는 많은 설교자의 고민과 함께 설교 부흥을 이루어 가려는 변화의 물결이 일고 있다. 수십 년 목회를 통해 이루어 낸 양적 성장이 제대로 된 설교의 결과라고 보아서는 안 된다. 제대로 된 복음 설교로 이루어진 변화의 결과에 따른 교회의 성장인지를 살펴야 한다. 설교자들은 양적으로 크게 성장한 교회 목회자들을 부러워하기보다는 하나님 앞에서 두렵고 떨리는 마음으로 진실한 목회자이기를 원해야 한다. 그리스도 완성 설교에 대한 재발견은 복음 설교를 원하는 모든 설교자에게 큰 희망과 용기를 주고 있다. 학자들은 설교의 문제를 진단하며 오늘날 한국교회 강단의 부정적인 경향을 크게 두 가지로 요약하였다. 하나는 성경을 '전체적으로, 유기적으로' 설교하고 있지 않다는 것이고, 다른 하나는 성경을 '제대로, 올바로' 설교하지 않고 있다는 것이다.

설교를 전체적이고 유기적으로 설교하고 있지 않다는 말은 구약 본문 설교의 빈약함을 말하는 것이다. 이는 단순히 구약을 설교하지 않는다는 문제를 언급한 것이 아니다. 구약 본문에 대해 설교하더라도 성경 계시의 유기적 점진성과 통일성을 배제한 채 단순한 도덕적 설교나 인물 중심 설교, 알레고리적 설교 등으로 변질되거나 구약 안에만 머무르면서 신약으로까지 나아가지 못하는 불완전한 설교의 문제를 말하는 것이다. 이로 인하여 도덕·윤리 설교가 팽배하게 되었고 역사의 완성과 성취의 최종 목적지인 예수 그리스도를 보지 못하게 되었다.

그러나 하나님의 창조 경륜과 구속사의 큰 맥락을 고려할 때 구약은 반드시 설교되어야 한다. 구약을 설교할 때는 구약에만 머물러서는 안 되고 반드시 그리스도의 빛 가운데로 나아가야 한다. 또한 구약의 말씀은 반드시 예수 그리스도 중심으로 재해석되어 그리스도의 프리즘을 통해서 설교해야 한다.

또한 성경을 제대로, 올바로 설교하고 있지 않다는 말은 신설교학의 영향으로 인하여 지나친 청중 위주의 인본주의적 해석설교가 팽배해진 것을 비판하는 것이다. 개인의 감정에 치우친 자의적 해석이나 풍유적 해석이 확장되었고 이로 인해 성경의 권위가 실추되었다. 본문에 상관없이 성경 신학적 해석의 과정을 생략한 채 계시적이고 언약적이며 구속적인 맥락을 벗어나 설교함으로써 설교의 중요한 관계적 고리를 놓치는 불완전한 설교를 하게 되었다. 그 결과 청중이 듣기에 당장은 감동적이고 은혜로운 설교가 될 수 있을지 몰라도 점차 인간의 노력과 열심만 남게 되어 그리스도가 없는 설교로 전락하게 된다. 오늘날 교회 안의 풍토를 볼 때 그리스도가 사라지는 설교가 점점 많아지고 있다.

그리스도 완성의 세계인 십자가 복음을 선포하여 완성의 복음을 전해야 한다. 미완성 복음이란 없기 때문이다. 예수 그리스도의 '다 이루심'이 없다면 행위주의 설교를 하게 된다. 모든 이단은 행위종교이다. 그러므로 그 풍부한 완성의 기쁨을 누리도록 제대로 설교해야 한다. 오직 진리의 편에 서서 온전한 그리스도 중심 설교를 함으로써 청중에게 그리스도를 안겨주어야 한다. 그리스도만이 우리의 길이요 진리요 생명이다. 그리스도를 통하지 않고 언급되는 설교는 지양해야 한다.

그리스도의 십자가 복음을
전파하라

설교의 최고 목적은 '오직 하나님께 영광'이다. 죄인의 구원과 주님의 교회 건설은 하나님의 영광을 위한 방편일 뿐 목적 자체는 아니다. 그러므로 하나님의 영광이 설교, 즉 말씀 봉사의 최고 목적이다. 사상누각(沙上樓閣)이라는 말이 있다. 원래 토대가 약하거나 토대가 없는 일과 사물 또는 근거 없는 생각을 가리키는 말이다. 올바른 신학 위에서만 올바른 설교관이 세워진다. 아무리 좋은 설교관이라 할지라도 올바른 신학의 바탕이 없다면 모래 위에 세운 집과 같다. 우리는 가장 성경적이라 고백하는 개혁주의 신학을 수용하고 그 바탕 위에서 우리 신앙을 삶으로 고백해야 한다. 특히 장차 하나님의 교회를 위한 하나님 말씀의 봉사자로서 우리는 개혁주의 신학을 굳게 붙들고 목숨처럼 지켜내야 한다. 그러므로 설교의 목적은 그리스도의 십자가 복음을 듣고 회개하여 하나님의 구원을 받은 성도들이 십자가를 증거하는 삶을 살게 되는 것에 있다. 일을 시작하신 분은 알파와 오메가가 되신 그리스도 예수이시다.

"이는 만물이 주에게서 나오고 주로 말미암고 주에게로 돌아감이라. 그에게 영광이 세세에 있을지어다. 아멘"(롬 11:36).

하나님께서 십자가를 통하여 구원하셨다면 우리도 십자가를 통하여 십자가 복음을 설교해야 한다. 설교의 목적은 말씀을 통해서 십자가를 지신 그리스도를 높이는 것이다. 만약 그리스도가 설교의 중심이 되지 못한다면 청중은 그리스도를 보지 않을 뿐만 아니라 보지 못할 것이다. 설교자는 그리스도의 전달 방식을 따라 하나님 앞에서 완전히 나를 버려야 한다. 자신의 특권을 내려놓아야 한다. 그리스도를 바라보는 것에 설교자가 걸림돌이 되지 않도록 해야 한다. 설교 내용은 그리스도가 중심이 되어야 한다. 내용보다 설교자가 중심이 되거나 설교 전달 스타일이 중심이 되어서는 안 된다.

언약이란 '결속'을 뜻한다. 한마디로 '엮이는 것'이다. 그리스도와의 연합이 언약의 성취로 일어난다. 하나님 언약의 관심사는 오직 예수 그리스도의 행하심이고 그 행하심은 십자가 사건으로 다가온다. 왜냐하면 십자가 사건 앞이 아니면 인간들이 자기 행함을 의지하는 죄와 교만이 드러나지 않기 때문이다. 사도 바울이 말한 '죽었다'는 표현은 하나님의 모든 일의 초점이 결코 우리를 '살려냄'에 우선이 있지 않다는 것을 보여준다. 오히려 그리스도의 위대함을 증거하기 위하여 우리를 죽음에서 구원하여 사용하심을 말씀한 것이다.

말씀은 성도 안에서 살아 원동력이 되는 동시에 늘 성도를 죽이시면서 예수님의 생명의 능력만이 증거되는 방식으로 일하신다. 하나님이 일하시니 예수님도 일하신다. 예수님이 일하시니 성령님도 일하신다. 성령님이 일하시니 설교자도 복음을 위하여 일한다. 주의 종은 먹든지 마시든지 모두 다 주님을 위하여 쉬지 않고 일하게 된다.

이제 십자가의 버려짐과 다 이루심을 보자! 십자가에서 무슨 일이 일어난 것일까? 예수님께서 십자가에 달리셨을 때 하셨던 말씀 중에 서로 모순되는 것처럼 들리는 말씀이 있다. 그것은 "나의 하나님, 나의 하나님 어찌하여 나를 버리시나이까!"와 "다 이루었다!"는 말씀이다. 예수님은 항상 아버지와 함께 계신다는 것을 말씀하셨다. 그 일치감은 "아버지가 내 안에 계시고 내가 아버지 안에 있다"고 말씀하실 정도였다. 이 말씀은 "하나님이 바로 나이고, 내가 곧 하나님이라"는 말씀이다. 그래서 예수님은 말씀조차 마음대로 하시지 않았다. 아버지로부터 받은 말씀만 하셨다. 말씀이 육신이 되어 오신 분께서 아버지의 말씀을 그대로 전하셨다는 것은 이상한 일이 아니다.

이처럼 아버지 하나님과의 일체감을 강조해 오셨던 예수님께서 십자가 위에서는 버려짐을 느끼고 계신다. 일체감과 버려짐은 서로를 인정하지 않는다. 버려졌다는 말씀은 아버지와 분리되었다는 것을 뜻하고 아버지와의 분리는 다 이루지 못했다는 것처럼 들린다. 하지만 예수님은 역설적으로 버려짐과 다 이루심을 모두 말씀하셨다.

이 세상에서 하나님 아버지로부터 버림받을 수 있는 분은 오직 예수 그리스도뿐이다. 왜냐하면 예수님 말고 아버지와 일치된 분이 없기 때문이다. 버려졌다는 것은 분명히 일체였다는 것을 전제로 하는 말이다. 인간 중에는 그 누구도 하나님과 일체였던 적이 없기에 인간은 하나님으로부터 버려진다는 것조차 불가능한 존재이다.

예수님께서 육체로 십자가 위에서 버려짐은 인간에게는 이해할 수 없는 사건이다. 하나님으로부터 버려지는 하나님은 있을 수 없다는 잘못된 하나님관을 가지고 있기 때문이다. 그러나 예수님의 버려짐은 예수님 자체가 본래 하나님이 아니라는 것을 논증하려는 것이 아니라 인간은 하나님을 전혀 알지 못한다는 것을 증거하는 것이다.

하나님에게서 버림받는다는 것을 아는 분만 하나님과 일체가 된다. 자신의 버려짐조차 하나님께 의존할 정도로 존재에 대한 자신의 주도권을 인정하지 않기에 가능한 일이다. 자기 생명조차 자신의 의지가 아닌 자신과 일치된 분에 의해 좌우될 수밖에 없다는 철저한 자기 부인이 벌어지는 장소가 바로 예수 그리스도의 십자가 사건이다.

결국 예수님은 아버지와 함께 있으면서 아버지로부터 버려졌다. 예수님을 버림으로써 이끄시는 분이 바로 아버지의 영이신 성령이시다. 성령이라는 처소에서 아버지와 예수님은 여전히 일체를 이루고 있고, 그 성령에 의해서 예수 그리스도는 자기 부인의 길로, 생명을 버리게 하시는 아버지 뜻에 순종하는 길로 가시는 것이다.

아버지 하나님의 뜻을 완전하게 이루심은 바로 아버지의 뜻으로 버려져도 자아가 등장하지 않는 분에 의해서만 가능하다. 온전한 순종으로만 이루어지는 것이다. 그러므로 예수님의 버려짐이 바로 다 이루심이다. 예수님의 버려짐이 아니고서는 아버지의 뜻은 결코 이루어질 수 없다.

성령은 아버지의 뜻을 다 이루기 위해 '자기 부인'을 발생시킨다.

자기 부인은 그냥 구호가 아니다. 성령에 의해서만 가능한 기적이다. 내가 버려진다고 해서 아버지와 분리되는 것이 아니다. 내가 부인된다고 해서 아버지로부터 부정당하는 것이 아니다. 성령에 의해서 여전히 한 몸을 이루고 있다. 성령은 성도가 육체 가운데 있는 동안 반드시 이러한 버려짐으로만 일하신다. 그 버려짐이 바로 예수 그리스도의 십자가다. 그러므로 성령은 예수 그리스도의 십자가만을 가지고 일하신다.

여기서 한 가지 아주 중요한 오해가 있다. 예수님께서 육체 가운데 있는 사람들을 대표해서 버려지셨다는 것을 모델(Model)화하는 것이다. 이것이 오해인 이유는 모델화는 자기 부인이 아닌 자기 긍정에서 출발하기 때문이다. 모델화라는 것은 모델이 있고 그 모델처럼 살고 싶은 '내'가 있어서, 나를 점점 그 모델 쪽으로 몰아가려는 의도를 말하기 때문에 자기부정이 되면 모델(모범)이 안 된다. 자기가 부정되면 모델을 따라잡는 주체가 없어지기 때문에 모델화하는 것이 처음부터 불가능하다.

예수님께서 육체 가운데 사람들을 대표해서 버려지셨다는 것은 인간의 부족분을 보충해 줌으로써 인간과 하나님과의 일체를 가능토록 배려하신 것이 아니다. 예수님께서 육체 가운데 사는 사람들을 대표해서 버려지셨다는 것은 예수님을 떠밀어 버린 장본인이 바로 인간이며, 그가 바로 죄의 종으로 사는 인간의 실체인 하나님의 원수라는 사실을 극명하게 보여준다.

그러므로 성도는 예수 그리스도를 모델화하여 따라잡기를 하는 자가 아니라 자기 부인의 길로 성령에 의해 쫓기는 자이다. 자신은 도저히 할 수도 없고 하기도 싫은 자기 부인이 삶의 현장(스데반 집

사처럼)에서까지 벌어진다. 성령에 의해 예수 그리스도의 다 이루심을 적용받는 것과 예수 그리스도의 다 이루심을 모델화하여 따라잡는 것은 서로 원수 관계에 있다.

예수 그리스도의 버려짐은 철저한 순종 때문에 아버지 하나님의 뜻을 다 이루신 것이다. 성령 안에서 예수님과 하나님은 여전히 하나다. 하나이기 때문에 버려질 수 있다. 그리스도의 머리로 한 몸을 이루는 성도 또한 성령으로 한 몸을 이루고 있기에 반드시 버려질 것이다. 그 버려짐은 우리가 흉내 내고 따라잡을 수 있는 것이 아니라 이미 온전히 버려짐에 순종하신 분에 의해 덧입혀질 뿐이나. 이것이 복음의 능력이다.

그리스도 완성 설교로
설교 부흥을 열라

십자가 복음이 전해지는 곳은 어디든지 말씀이 이루어진 내용으로 완성된 세계 속에서 해석된다. 말씀대로 이루려는 시도와 함께 인간의 죄악이 드러나면 배후의 실체가 십자가에 패배하면서 그리스도의 승리로 은혜가 주어지는 놀라운 성령의 역사가 진행된다. 이러한 관점에서 그리스도 안에서 완성된 십자가 복음이 선포되어야 하며, 그리스도 완성 설교가 이루어져야 한다.

사실 구속사적 성경 해석이 완전한 것은 아니다. 이것은 하나님의 말씀 성취라는 완성의 입장에서 해석하는 사도들과 차이가 있다. 그러므로 성령에 의해 구속사도 재해석되어야 한다. 그것이 그리스도 완성 해석 설교이다. 즉 그리스도 완성 해석으로 그리스도 중심 해석을 성령으로 비출 때 그리스도를 나타내는 그리스도 중심 설교가 그리스도가 이끄는 그리스도 완성 설교가 된다. 이 경우에만 온전한 그리스도 중심 설교라고 할 수 있으며, 다른 용어로 그리스도 완성 설교라고 할 수 있다. 이 완성 설교가 부흥 설교이다.

그리스도 완성 설교는 그리스도 안에서 하나님의 구속인 십자가가 이전에 가려진 모든 것을 벗겨내는 해석의 열쇠임이 더욱 분명해진다. 모든 것이 십자가로 통일되는 과정에서 인간의 죄와 욕망을 낱낱이 드러내고 그로 인해 피 흘리신 그리스도의 십자가를 바라보며 심판과 구원 완성의 자리인 십자가에서 재해석하여 부족함이 전혀 없는 그리스도의 완성 세계를 적용하는 설교이다.

설교자가 구약 본문의 경건한 이스라엘 사람에게서 곧장 오늘날의 청중들에게 진행하려는 유혹을 강하게 받지만 이렇게 되면 본문을 왜곡하여 이해하게 되는 것이다.

골즈워디는 그리스도를 사이에 두지 않은 채 직접 적용할 수 없다고 강조하였다. 〈그림 21〉은 성경과 청중을 잇는 두 길을 보여주는데, 본문(T)에서 청중으로 혹은 직관적으로 진행하는 부당한 방법(A)은 계시의 구조를 도외시한다. 본문(T)에서 그리스도에게 이르는 성경적인 길을 추적한 다음(B), 그 길을 그리스도 완성(십자가)에서 청중에게 이르는 성경적인 길(C)과 연결하는 것이 타당한 절차이다.

그는 성경 계시의 구속사 구조가 지닌 기독론적 의미를 무시하는 것은 유일한 중보자이신 그리스도께서 행하시는 역할을 부인하는 것이라고 주장한다. 이것은 그리스도가 성경의 해석자이자, 모든 실재에 대한 해석자라는 사실을 무시하는 것이기에 청중에게 가기 전에

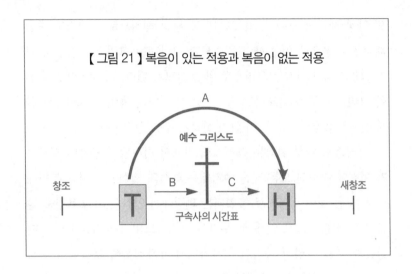

【 그림 21 】 복음이 있는 적용과 복음이 없는 적용

반드시 그리스도에게로 인도하는 성경적 구조를 통해 진행하는 것이 올바른 방법임을 강조하였다.

하나님의 구속 역사 속에서 인간의 죄악으로 점철된 다양한 속성들과 개념 및 존재들이 그리스도로 수렴(통일)된 십자가 사건을 경유(通)하면, 십자가 사건 전에는 몰랐던 인간의 죄악상이 성령에 의해 책망받고 알려지게 된다. 그리고 용서받은 죄인으로 구성된 온 교회가 그리스도 십자가를 증언하는 백성들로 충만하게 된다. 이로 인해 그리스도 안이라는 교회 탄생을 알게 된다.

그리스도 완성 설교는 그리스도의 십자가로 인한 이스라엘 구속 역사와 하나님의 목적이 완성된 입장에서의 설교를 특징으로 한다. 따라서 그리스도와 연합 차원에서 성경을 해석하고 설교한다. 그리스도 완성 및 교회 완성의 성경 이해가 필수적인 이유가 여기에 있다.

그리스도 완성 설교는 십자가를 통해 구속사 설교의 불완전한 설교를 완전한 자리로 이동시켜 주었다. 그동안의 추상적인 명제가 십자가의 완성을 통해 청중에게 실재가 되어 전달되게 해주었다. 그러므로 그리스도 십자가 완성의 빛에 의하지 않는 설교는 설교라기보다는 단지 좋은 강의에 지나지 않는다. 우리의 설교가 메마른 강의를 넘어 청중의 마음을 어루만지는 실재하는 진리의 선포로 그리스도 완성 복음을 설교해야 한다.

그래서 팀 켈러는 다음과 같이 이점을 부각하고 있다. "설교의 마지막을 '이렇게 살라' 라는 문장으로 끝내지 말라. 대신 '우리는 이렇게 살 능력이 없습니다. 그런데 그렇게 사신 분이 계십니다! 그리고 그분을 믿음으로 우리도 이런 삶을 시작할 수 있습니다' 로 마무리하라. 이렇게 설교의 메시지가 청중과 설교자와 그리스도가 동일시되는 지점까지 나아갈 때 실재가 된다."

이러한 과정에서 구속사 설교를 최고로 여기는 인간의 교만을 알려주고, 그리스도를 찾는 과정의 설교 자체가 설교자의 죄가 관여한 설교임을 알려준다. 또한 그리스도 완성 설교만이 그러한 설교를 십자가에 못 박는 성령세례를 통하여 그리스도의 완성인 십자가를 증거할 수 있다. 이는 그리스도 중심 설교가 재해석된 그리스도 완성 설교 속에서 구속사를 설교하는 죄인(설교자)이 십자가의 피라는 그리스도의 완성을 보면서 회개할 때 하나님께 영광이 되는 설교가 된다.

그러므로 그리스도 완성 설교는 두 가지 측면을 선포해야 한다. 그리스도의 공로를 높임과 동시에 자신은 '죄인 중의 괴수' 라는 고백의 자리로 나아가야 한다. 한마디로 설교자는 설교를 통하여 강단의 주인공인 그리스도를 높여야 하고, 자신은 '아니요' 라는 것을 적용해야 한다. 이것이 나는 죽고 그리스도(그리스도의 몸 된 교회, 성도)를 살리는 설교자다. 세례 요한은 예수님을 향해 "그는 흥해야 하고 나는 쇠해야 한다"고 하였다. 바울은 복음을 전하는 데 다른 사도보다 더 수고하였으나 "내가 아니요" 하나님의 은혜라고 하였다. 그러므로 설교자는 그리스도를 증거해야 한다. 온전한 그리스도 중심 설교, 즉 그리스도 완성 설교로 설교자의 임무를 다하여야 한다. 그리스도 완성의 십자가 외의 모든 것은 새 창조 사역에 의해 새롭게 될 대상에 불과하다. 설교자로서 십자가의 넉넉한 새 창조 사건의 객체가 된다면 이보다 더 큰 영광이 어디 있겠는가?

[특·별·부·록]

:
:

그리스도 완성
설교의
모델과 실제

[설교 준비 현장]

1. 본문 개요를 작성하라		
본문 선택	본문 묵상 연구	중심 메시지 발견
① 설교 본문을 정하라. - 본문은 한 문단이어야 하며 생생한 주제를 포함해야 한다.	① 본문을 문맥 속에서 읽으라. - 본문을 문맥 속에서 읽고 반복하며 묵상하고 읽으라. - 설교할 때 처음에 제시할 질문들을 기록하라. ② 본문 구조를 파악하라. - 절의 흐름, 줄거리, 장면, 문학적 구조들을 주목하라. - 주요 문단에 제목을 적고 관련 성경 구절을 표시하라. - 문맥, 단어, 문법, 배경, 신학을 파악하라. ③ 본문을 역사적 정황에서 해석하라. - 문학적 해석 - 역사적 해석 - 신학적 해석: 하나님 중심적 해석	① 본문의 주제를 저자가 원 청중에게 전했던 본문의 메시지를 요약하여 짧은 문장으로 적으라. - 주어와 술어에 주의하여 작성하라. - 본문이 무엇을 말하고 있는가? ② 저자가 자신의 원 청중에게 본문의 메시지를 전한 목적을 적어보라. - 본문이 말하는 그 무엇을 무엇이라고 말하는가? - 저자는 설득하려 하는가, 동기를 부여하려 하는가, 촉구하려 하는가, 경고하려 하는가, 위로하려 하는가? 등으로 구체적으로 적으라. ③ 저자가 다루려고 하는 문제가 무엇인가?

2. 진리 개요를 작성하라

그리스도 중심 해석	그리스도 완성 해석
① 메시지를 정경과 구속사의 문맥에서 이해하라. - 정경적 해석 : 메시지를 정경 전체의 문맥에서 해석하라. - 구속사적 해석 : 메시지를 창조에서 새로운 창조에 이르는 구속사 문맥에서 이해하라. ② 그리스도 중심 해석: 그리스도를 찾아내라.그리스도를 향하는 길을 찾는 해석을 하라. - 점진적 구속사의 길 - 약속과 성취의 길 - 모형론의 길 - 유비 - 통시적 주제 - 신약과 관련 구절 - 대조 ③ 그리스도를 나타내라.	① 본문을 그리스도 십자가의 이루심(십자가 렌즈)으로 해석하라. - 언약 성취 입장인 그리스도 완성의 빛 아래서 그리스도 중심 해석을 재해석하라. - 십자가 성취 관점으로 다시 과거로 소급하여 어떻게 이루었는지를 확인하라. - 신약에서 구약을 다시 2차적으로 읽어 이해하라. ② 그리스도 완성적 해석으로, 그리스도 중심적 해석과의 차이점을 비교하여 적어보라. - 인간의 한계 상황을 노출하고 그 이유를 밝히라(FCF). - 청중에게 '말씀대로' 살라고 해석(미완성)하는 것과 말씀이 '이루어진 대로' (성취) 살라고 해석하는 차이점을 제시하라. - 인간의 한계 상황 '오호라!' 와 그리스도의 무한한 은혜를 교차점인 십자가의 의미를 적어보라. ③ 그리스도 안에서 통일된 성취가 이미 온 우주에 충만해져서 청중이 완성 안에 들어와 있음을 알리는 내용을 적어보라.

3. 설교 개요를 작성하라

설교 개요 준비	설교문 작성
① 본문 개요를 옮겨적으라. - 본문 주해 요약 - 본문 중심 메시지 ② 진리 개요를 옮겨놓으라. - 그리스도를 나타내라. (그리스도 중심 해석) - 그리스도가 나타났다. (그리스도 완성 해석) ③ 연관성(소통, 적용)의 주인공을 명시하라. - 설교 본문 시대와 현대 시대가 연관성을 갖고 십자가(연합, 언약 완성)로 연결하여 어느 시대나 동일하게 죄와 한계 상황에 빠진 인간을 구원하시는 은혜를 베푸시는 십자가 복음을 적시하라. - 청중이 날마다 그리스도 안에서 출(出) 세상(십자가)을 경험하고 십자가를 증거하는 자로 적용하라. ④ 본문을 어떤 방식으로 풀어나가고 설명할 것인지 결정하라.	① 본문 개요 및 진리 개요를 명확히 기술하라. ② 연관성 준비 내용을 포함한 설교문을 작성하라. - 연관성(적용) 내용을 설교문의 핵심으로 삼으라. - 그리스도가 중보자이자 완성자임을 적시하라. ③ 설교 전달 형태와 방법을 결정하라. - 설교 본문의 역동적인 장르의 설교 스타일을 찾아라. - 강해 설교, 본문이 이끄는 설교, 이야기 설교, 그리스도가 이끄는 설교 등 본문의 구조형식이 반영된 다양한 방법 중에 선택하라. ④ 서론과 결론을 작성하라. - 서론에서 문제를 제시하라. - 결론에서 설교 목적을 분명히 제시하라. ⑤ 설교문을 구어체로 작성하라. - 짧은 문장으로, 생생한 단어로, 힘 있는 명사와 동사로, 능동태로, 현재시제로, 이미지로, 예화를 사용하여 작성하라. - 원고를 쓰면서 소리 내어 읽으라. ⑥ 설교 제목을 적으라.

[설교 적용 현장]

    본문이 청중의 상황과 일치하는 부분(중첩 ①)과 본문과 그리스도의 일치(중첩 ②)하는 부분, 그리고 그리스도와 청중이 일치되는 부분(중첩 ③)이 있다. 가장 효과적인 설교는 설교자와 청중이 모두가 중첩(연관성)되는 통일 지점에 위치한다. 이 부분이 강단의 키요, 주인공이신 그리스도께서 온 우주적이며 종말론적이며 충만한 복음의 세계를 경험하는 영역이다.

    그러므로 설교자는 본문 이해와 그리스도를 경험하고 청중의 상황을 이해하여 중첩 ③의 위치에서 본문과 그리스도와 청중을 통일

[강단의 그리스도]

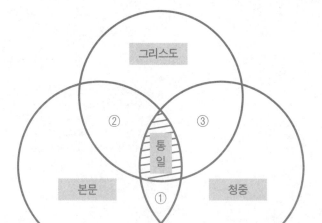

시키는 십자가의 통일(완성)을 선포해야 한다. 그리스도 복음의 영광을 설교자가 직접 경험하고 청중에게 전해야 연관성과 역동성이 강화된다. 그래서 설교자와 청중 모두가 시작도 과정도 마감도 그리스도 완성의 세계인 그리스도 십자가 안에서 언약 성취를 경험하고 누리는 완성의 영역 안으로 들어오게 된다. 그 안에서 생명과 은혜를 입은 그리스도인이라는 정체성(교회)으로서 예수님이 주와 그리스도임을 만방에 증언하는 삶을 살게 된다.

>>> 구약편 / 출 12:21-28

죽음도 넘어가는
표적인 피 자랑

우리의 해방의 자유는 무엇입니까? 구원이란 무엇입니까? 구원이란 장소 이동이 아니라 '죄에 대한 하나님의 진노와 저주와 심판으로부터 구출' 입니다. 심판의 사건을 경험한 이스라엘에 "유월절 어린양!" 속에는 하나님의 마음과 장차 오실 메시아 모습이 모두 담겨있습니다.

창세 전에 어린 양의 생명책에 새겨진 자들이 세상 역사 속에서는 죄와 사망 가운데 가두어져 있다가 어린 양 덕분에 구원을 받고 영생을 얻게 됩니다. 이것이 믿음의 조상인 아브라함 언약 속에 씨눈처럼 담겨있습니다.

그럼 이제 창조된 세계에서 구약 본문 이야기 안으로 들어가 볼까요? 이스라엘이 있기 전에 "아브라함 언약"이 먼저 있었습니다. 즉 약속의 말씀이 있었습니다. 아브라함 언약 속에서 이스라엘이 나온 것입니다. 말하자면, 아브라함 언약이 이스라엘을 이끄는 것입니다. 그러면 그 언약의 내용이 무엇이기에 아브라함을 이끈다는 말입니까? 아브라함 언약에 따라서 언약의 후손인 이스라엘은 먼저 이방 나라에서 객으로 살면서 종살이하다가 사 대만에 약속의 땅으로 돌아오는 것으로 약속이 되어 있습니다.

"여호와께서 아브람에게 이르시되 너는 반드시 알라. 네 자손이 이방에서 객이 되어 그들을 섬기겠고… 네 자손은 사대 만에 이 땅으로 돌아오리니… 그 날에 여호와께서 아브람과 더불어 언약을 세워"(창 15:13-18).

그런데 이제 하나님께서는 아브라함과 언약하신 것을 이루실 때가 되었습니다. 이스라엘을 애굽의 종에서 구출하기 위하여 모세를 바로 왕에게 보냅니다. 모세는 하나님의 명을 받고 애굽의 왕 바로에게 나아가서 이스라엘은 하나님의 아들이므로 내어놓으라고 합니다. 그러나 애굽의 왕 바로는 "여호와가 누구냐 나는 여호와를 모르니 놓아줄 수 없다"라고 하면서 내어놓기를 거절합니다. 이에 하나님은 모세의 손을 통하여서 "하나님이 어떤 분이신가"를 알려주면서 열가지 재앙을 애굽에 내려 징벌하셨습니다.

그 당시 애굽은 온 세상의 중심지였습니다. 만약 애굽이 징벌을 당한다는 것은 곧 온 세상이 심판을 받는다는 뜻입니다. 그리고 그 심판 속에서 이스라엘이 살아남는다는 것은 마지막 시대에 성도가 장차 올 멸망으로부터 살아남는다는 것이 될 것입니다. 과연 그렇게 될까요?

하나님의 계획은 어떻게 될까요? 하나님께서 애굽의 장자를 죽인다는 것은 죄인을 심판하고 세상을 정리하겠다는 뜻입니다. 그런데 이스라엘도 애굽에 있었기 때문에 심판에서 벗어날 수가 없었습니다. 하지만 이스라엘 백성도 함께 망한다면 하나님의 약속이 무효가 되어 버립니다. 어떤 다른 방책이라도 있을까요?

우리는 그 방법을 전혀 알 수 없으나 만약 알려주신다고 해도 그리고 이해할 수 없어도 하나님의 약속을 믿을 수밖에 다른 방도가 없습니다.

그래서 하나님은 온 애굽을 심판하기 전에 드디어 모세에게 이스라엘이 살길을 알려 주셨습니다. 그것은 흠 없는 어린 양의 피를 문에 바르는 것입니다. 이것이 표적이 될 것이라고 합니다. 흠 없는 어린 양의 생명과 이스라엘의 생명을 맞바꾸는 것입니다. 죽음을 집행하는 천사가 온 집을 다닐 때 어린 양의 피가 발라져 있는 집은 이미 심판으로 죽은 것으로 간주하여 그 집엔 들어가지 않고 넘어간 것입니다. "재앙이 넘어갔다(passover)"라고 하여서 유월절이라고 합니다.

그러면 이후에 이스라엘에 대대로 유월절을 지키라고 한 것은 무엇 때문입니까?

너희는 어린 양의 죽음으로 살아난 민족이라는 것을 상기시키기 위함입니다. 이스라엘은 어린 양의 피 때문에 살아났습니다. 그리고 어린 양 때문에 사는 것입니다. 이스라엘 자손은 애굽에 있을 때는 아브라함 언약의 후손이었습니다(엄마의 뱃속). 그러나 출애굽을 하면서 어린 양의 피 안에서 살아난 새로운 민족으로 생겨난 것입니다.

출애굽한 이스라엘은 인간의 혈통에서 끊어진 자들입니다. 아브라함의 후손이 아니고 어린 양의 후손인 것입니다. 그들은 여호와께 돌려진 존재들입니다(출 13:2). 그래서 하나님은 출애굽한 백성들에게 유월절을 기념하라고 하신 것입니다. 기념이란? 과거의 사건을 현재화시키는 것입니다. 성도들의 이 세상에서의 삶은 과거를 현재에서 살고 현재를 미래로 살아가는 것입니다. 이미 영생을 받은 자로서 사는 것입니다.

> "너희는 이 일을 규례로 삼아 너희와 너희 자손이 영원히 지킬 것이니 너희는 여호와께서 허락하신 대로 너희에게 주시는 땅에 이를 때에 이 예식을 지킬 것이라. 이 후에 너희 자녀가 묻기를 이 예식이 무슨 뜻이냐 하거든 너희는 이르기를 이는 여호와의 유월절 제사라. 여호와께서 애굽 사람을 치실 때에 애굽에 있는 이스라엘 자손의 집을 넘으사 우리의 집을 구원하셨느니라 하라"(출 12:24-27).

하나님은 유월절을 규례로 삼아서 너희 자손에게 가르치라고 합니다. 이는 부모의 경험을 자손의 몸에 새기려는 것입니다. 부모는 자식들에게 하나님의 계시를 전달하는 자입니다.

그러나 구약 이스라엘이 어린 양의 피로 죄와 사망의 권세에서 벗어나는 것은 그림자입니다. 구약의 실상(원형)은 예수 그리스도입니다. 그럼 유월절도 장차 예수 그리스도께서 실제로 이루시게 됩니다.

중요한 것은 유월절은 여호와를 위한 유월절이라는 것입니다. 즉 하나님 자신을 위하여 유월절을 행하셨다는 말입니다. 하나님을 위해서 우리를 죄에서 구원하신다는 것입니다.

왜 하나님이 어린 양을 희생시켜서 이스라엘을 구출하셔야만
했나요?

이는 하나님께서 아브라함에게 한 약속 때문입니다. 하나님께서
그 약속을 성취해 나가시는 것입니다. 유월절은 하나님이 스스로 하
신 약속을 지키기 위하여 벌리신 사건입니다. 우리가 예수를 믿고 구
원을 받는 것도 마찬가지입니다. 창세 전에 하나님께서 일방적으로
계획하신 것입니다. 우리는 창세 전 삼위 하나님 간에 맺은 협약에
이끌려가는 것뿐입니다. 하나님의 원함으로 이루어진 구원이기 때문
에 우리에게는 은혜이고 선물입니다.

그래서 구원의 최종 지점이 하나님 나라에서 하나님의 영광을 세
세토록 찬미하는 자리로 나아가는 것입니다.

그럼 구약성경의 유월절 내용을 예수님께서 어떻게 성취하셨
나요?

<u>첫째, 유월절 어린 양은 흠 없는 수컷이라야 합니다.</u>

"너희 어린 양은 흠 없고 일 년 된 수컷으로 하되"(출 12:5).
"오직 흠 없고 점 없는 어린 양 같은 그리스도의 보배로운 피로 한
것이니라"(벧전 1:19).

우리는 죄가 있지만 예수님은 죄가 없으십니다. 그래서 우리를 대신하는 희생 제물이 될 수가 있고 우리의 구원자가 될 수 있는 것입니다.

둘째, 예수님은 유월절에 죽어야 합니다.

"이 달 십사일까지 간직하였다가 해질 때에 이스라엘 회중이 그 양을 잡고"(출 12:6).
"정월 십사일 저녁은 여호와의 유월절이요"(레 23:5).

구약의 어린 양은 정월 14일 유월절 날에 죽었습니다. 그렇다면 예수님이 유월절 어린 양의 원형(실제)이라고 한다면 예수님도 유월절에 죽어야 합니다. 알다시피 구약의 이스라엘이 출애굽 할 때 유월절과 예수님의 십자가 사건은 약 1500년 간격이 있습니다.

"예수께서 대답하여 이르시되 인자의 영광을 얻을 때가 왔도다. 내가 진실로 진실로 너희에게 이르노니 한 알의 밀이 땅에 떨어져 죽지 아니하면 한 알 그대로 있고 죽으면 많은 열매를 맺느니라"(요 12:23-24).
"내가 땅에서 들리면 모든 사람을 내게로 이끌겠노라 하시니 이렇게 말씀하심은 자기가 어떠한 죽음으로 죽을 것을 보이심이러라"(요 12:32-33).

예수님께서 떠날 날이 가까워지자 제자들과 최후의 만찬을 하십니다. 그 만찬은 다름 아닌 새로운 유월절 만찬이었습니다. 다른 때는 어린 양을 잡아서 유월절을 기념하였는데 이번에는 어린 양 대신에 떡과 포도주를 가지고 하십니다. 예수님께서 떡을 가룟 유다에게 주면서 네가 하고자 하던 일을 하라고 합니다(요 13:27).

셋째, 유월절 어린 양은 해 질 때 잡았습니다.

"이 달 십사일까지 간직하였다가 해질 때에… 그 양을 잡고"(출 12:6).

해질 때라는 것은 '두 저녁 사이' 입니다. 두 저녁 사이는 정오부터 오후 6시 사이인 오후 3시를 가리킵니다. 유월절 양을 오후 3시에 잡았습니다.

"때가 육 시쯤 되어 해가 빛을 잃고 온 땅에 어두움이 임하여 제 구 시까지 계속하며"(눅 23:44).

예수님은 십자가에 6시간 달려 계시다가 죽으신 것입니다. 예수님은 십자가에서 6시간 동안 구속 역사를 완성하신 것입니다. 6시간은 6일 창조를 상징합니다. 6일 창조는 역사 전체를 함축하고 있습니다. 십자가상의 6시간은 창조 6일을 의미하고 역사 6,000년을 상징합니다. 역사는 예수 그리스도를 위하여 창조가 되었습니다. 그러므로 역사 전체 속에는 예수 그리스도가 계시가 되어 있습니다. 예수님은 역사 6,000년에 펼쳐질 일들을 십자가에서 6시간에 완성하신 것입니다. 역사 6,000년은 예수 그리스도의 구속 시간입니다. 그리고 말씀을 이루셨습니다. 십자가에서 '다 이루었다' 고 선언하신 것입니다.

넷째, 유월절 어린 양(예수님)의 뼈는 꺾이지 말아야 합니다.

"한 집에서 먹되 그 고기를 조금도 집 밖으로 내지 말고 뼈도 꺾지 말지며"(출 12:46).

하나님께서 유월절 양은 절대로 뼈를 꺾지 못하도록 하셨습니다. 유월절 어린 양 되신 예수 그리스도는 한 치의 오차도 없이 유월절 양으로서 예언된 그 모습대로 죽으신 것입니다.

다섯째, 유월절 어린 양의 피로 죽음에서 살아났습니다.

"그 피로 양을 먹을 집 문 좌우 설주와 인방에 바르고… 여호와께서 애굽 사람을 치실 때에 애굽에 있는 이스라엘 자손의 집을 넘으사 우리의 집을 구원하셨느니라"(출 12:7,27).

어린 양의 피가 죽음으로부터 지켜준 것입니다. 그럼 예수 그리스도의 피로 자기 백성들이 죽음에서 해방이 되어야 합니다.

"예수께서 다시 크게 소리 지르시고 영혼이 떠나시다 이에 성소 휘장이 위로부터 아래까지 찢어져 둘이 되고 땅이 진동하며 바위

가 터지고 무덤들이 열리며 자던 성도의 몸이 많이 일어나되 예
수의 부활 후에 저희가 무덤에서 나와서 거룩한 성에 들어가 많
은 사람에게 보이니라"(마 27:50-53).

예수님이 십자가에서 죽으시자 땅이 진동하고 바위가 터지고 무
덤이 열립니다. 그리고 자던 성도들이 살아납니다. 예수님의 피가 죽
음에서 살아나게 하신 것입니다. 이들은 구약의 성도들입니다. 예수
님이 부활하신 후에 이들을 데리고 하늘나라로 가셨습니다.

예수님은 십자가를 지시기 전에 유월절 만찬을 하시면서 피로서
새 언약을 세우신다고 하셨습니다. 언약이란 약속입니다. 구약의 성
도들은 유월절 어린 양으로 약속을 받았습니다. 신약의 성도들은 예
수님의 피로 약속을 받았습니다. 신약의 성도는 이 약속을 믿음으로
살아갑니다. 예수님의 피는 죄 사함을 얻게 하려고 흘리는 피라고 하
셨습니다. 성도가 의롭게 된 것은 오로지 예수 그리스도의 피 때문입
니다.

"그러면 이제 우리가 그 피를 인하여 의롭다 하심을 얻었은즉"
(롬 5:9).

하나님은 성도의 행실을 보고 구원한 것이 아니라 어린 양의 피
를 보고 구원해주셨습니다. 이스라엘은 어린 양의 피 안에서만 산 자
가 되었습니다. 너희는 스스로 의로운 자가 아니고 흠 없는 제물의
피 흘리심으로 의롭다 여김을 받은 자들이라는 것을 잊지 말라는 것
입니다.

이스라엘이 잊어선 안 되는 것은 어린 양의 피입니다. 예수 그리스도의 십자가에 죽으심의 의미를 모르는 자는 성도가 아닙니다. 예수 그리스도의 피는 우리를 살게 하는 생명입니다. 성도는 예수 그리스도의 피만 자랑하여야 합니다. 하나님께서 성도를 세상에 남겨 둔 것은 예수 그리스도의 피를 증거하게 하기 위함입니다. 교회에서 하나님의 말씀을 듣는 것은 예수 그리스도의 십자가 사건을 현재 속에서 기념하는 것입니다.

02
SERMON

무엇을 쳐다봤기에
죽음에서 살아난 겁니까?

인간에게는 누구나 자신의 이해와 상식을 가지고 세상을 살아갑니다. 상식에 맞지 않는 일이 있을 때 자연히 그것을 거부하게 되고 반감을 보입니다. 예를 들어서 옛날 사람들은 하늘을 나는 거대한 비행기를 볼 때 처음에는 그것을 도저히 이해하지 못할 것입니다. 그 무거운 쇳덩어리가 수백 명의 사람을 태우고 하늘을 난다는 것을 상식적으로 쉽게 이해할 수 없을 것입니다.

그런데 세상의 모든 사람이 공통으로 이해할 수 있는 기준이 있습니다. 그것은 본성입니다. 본성에서 벗어나면 세상의 모든 인간이 반감을 갖습니다. 그렇다면 인간의 본성의 특징이 무엇입니까? 타락한 본성입니다. 사람은 결국 이것을 뿌리로 해서 모든 행동을 하게 됩니다. 세상을 사는 데 필요한 것이 상식입니다. 이것 또한 인간의 본성입니다.

그런데 이 상식과 본성과 반대된 사람이 나타났습니다.
그분이 누굴까요?

"누구든지 제 목숨을 구원코자 하면 잃을 것이요. 누구든지 나를
위하여 제 목숨을 잃으면 찾으리라"(마 16:25).
"자기 생명을 사랑하는 자는 잃어버릴 것이요. 이 세상에서 자기
생명을 미워하는 자는 영생하도록 보존하리라"(요 12:25).

살기 위해서 살아가는 세상에 죽기 위해서 살아가는 사람이 나타
난 것입니다. 세상의 모든 사람은 자기를 위해서 살아갑니다. 또 자
기 생명을 사랑합니다. 그것이 세상의 정한 이치이고 상식입니다. 그
런데 누가 이것을 깨뜨릴 수 있단 말입니까? 만약 이것을 깨뜨리는
사람은 세상 모든 사람으로부터 집중적인 공격을 받게 될 것입니다.

인간의 본성은 자기가 살아가는 데 도움이 되는 하나님, 살려주
는 하나님을 찾으려고 합니다. 하나님은 우리에게 해를 입히지 않으
시고 우리를 사랑하시고 항상 좋은 길로 인도하신다는 생각을 가지
고 하나님을 찾습니다. '나를 죽이시는 하나님' '나를 심판하시는 하
나님'을 따르는 분은 별로 없을 것입니다. 이스라엘이 바로 이런 생
각을 하고 있었습니다.

그동안 이스라엘은 하나님 덕분에 고생스럽던 애굽의 노예로부
터 해방되었습니다. 또 홍해에서는 하나님의 능력으로 자기들만 살
고 애굽 군대는 죽었습니다. 그들은 이러한 일들을 바라보면서 하나
님은 우리를 살리시는 분이라고 믿었습니다. 우리를 좋은 길로 인도
하시고 좀 더 편한 삶을 만들어 주시기 위해서 애굽에서 나오게 하셨

다고 말입니다.

그런데 말입니다. 이제 하나님이 인도하시는 인생길이 전혀 다른 길이었습니다. 고통과 고생의 길이었습니다. 결국 하나님에 대한 원망이 터져 나오게 된 것입니다.

> "백성이 호르산에서 출발하여 홍해 길을 따라 에돔 땅을 우회하려 하였다가 길로 말미암아 백성의 마음이 상하니라. 백성이 하나님과 모세를 향하여 원망하되 어찌하여 우리를 애굽에서 인도해 내어 이 광야에서 죽게 하는가. 이 곳에는 먹을 것노 없고 물도 없도다. 우리 마음이 이 하찮은 음식을 싫어하노라 하매"(민 21:4-5).

이스라엘은 지금의 하나님이 도저히 이해가 안 됩니다. 그동안 자기들의 생각에 하나님은 살려주는 하나님이었습니다. 그런데 지금 하나님은 살려주기는커녕 식물도 없고 물도 없는 곳으로 몰아넣고 있습니다. 그래서 이스라엘은 살려주는 하나님이 왜 우리를 죽게 하느냐고 원망하고 있는 것입니다. 왜 원망하고 마음이 상했을까요? 가던 길로 말미암아 원망했습니다. 그 길이 어때서요?

하나님께서 이스라엘을 고생의 길로 인도하신 것은 무슨 이유인가요?

한마디로 그들에게 감춰져 있는 죄를 드러내기 위해서입니다. 우리는 죄가 드러나지 않아서 죄를 발견하지 못한 경우가 많습니다. 그러나 하나님은 때때로 우리를 죄가 드러날 수밖에 없는 상황으로 인도하십니다. 남보다 뒤처지게 해서 자존심이 상하기도 합니다. 자존심이 상하는 문제를 통해서 자신의 죄를 발견하도록 하시는 것입니다. 결국은 죄를 알고 죄의 해결을 통해서 안식을 주시고자 하시는 것입니다.

> "여호와께서 불뱀들을 백성 중에 보내어 백성을 물게 하시므로 이스라엘 백성 중에 죽은 자가 많은지라"(민 21:6).

하나님은 불평하는 이런 이스라엘에게 불뱀을 보내셔서 그들을 더 큰 고통과 죽음으로 몰고 갑니다. 불뱀이란 붉은 점이 있는 뱀으로서 한번 물리면 불에 덴 것처럼 심한 통증을 느끼다가 죽는다고 합니다. 그런 불뱀을 이스라엘에게 보내서 그들을 물게 하신 것입니다. 불뱀도 없애줘야 당연한 하나님인데 오히려 불뱀을 보내서 그들을 고통스럽게 하는 하나님! 어찌 이럴 수 있단 말입니까?

이스라엘 백성이 생각하기에 사는 길은 무엇일까요?

불뱀을 물러가게 하는 것입니다. 그들은 불뱀을 자기들의 원망에 대한 하나님의 징계라고 생각한 것입니다. 단순히 징계로만 생각했기 때문에 자신들의 죄를 뉘우치면 하나님은 불뱀을 없애줄 것으로 생각했던 것입니다. 이처럼 사람들의 상식과 이해에 맞는 하나님은 어떠한 하나님일까요? 고통의 길로 인도하지 않는 하나님입니다. 설령 뭔가 잘못이 있어서 고통으로 인도하셨다고 해도 잘못을 뉘우치고 회개하면 금방 좋은 환경으로 바꾸어주시는 하나님입니다. 그래서 어려움을 없게 해달라고 모세에게 기도 요청합니다.

"여호와께 기도하여 이 뱀들을 우리에게서 떠나게 하소서"
(민 21:7).

우리도 그러한 기도를 해보신 적이 없습니까? 사람들은 어떤 어려움이 발생하면 당장 자신의 죄를 생각하게 됩니다. 물론 어려움을 징계로 여기고 자신의 죄를 돌아본다는 것은 좋은 일입니다. 그러나 그들은 사실 죄를 찾으려고 하는 이유가 속히 죄를 찾아내서 회개함으로 지금의 어려움이 없도록 해달라는 것입니다. 이것도 자기가 살기 위한 회개가 되는 것입니다. 참된 회개가 아닙니다.

그러면 참된 회개가 무엇입니까?

회개라고 하는 것은 자기를 바라보던 시선이 하나님을 향하는 것입니다. 하나님을 바라보게 된 후로는 자신의 생명에 관해서는 관심을 두지 않게 되는 것입니다. 그런데 자신을 위해서 회개한다면 그것을 진정한 회개는 아닙니다. 지금 이스라엘이 꼭 그와 같았던 것입니다. 그들은 불뱀이 자신들 원망의 결과임을 알고 여전히 자기를 위해서 자기중심적 하나님을 찾았던 것입니다.

그러면 하나님은 어떻게 이스라엘을 살리십니까?

"여호와께서 모세에게 이르시되 불뱀을 만들어 장대 위에 매달아

라. 물린 자마다 그것을 보면 살리라. 모세가 놋뱀을 만들어 장대 위에 다니 뱀에게 물린 자가 놋뱀을 쳐다본즉 모두 살더라"(민 21:8-9).

하나님이 이스라엘을 살리는 방법은 놋뱀을 쳐다보는 것입니다. 불뱀을 그대로 두고 이스라엘을 살리시는 일을 하십니다. 그것이 모세가 만들어서 장대 위에 달아맨 놋뱀을 바라보는 자만 산다. 그러나 불뱀을 여전히 그대로 두고 있다는 것을 잊으면 안 됩니다. 결국 하나님은 좋은 환경을 만들어서 우리를 살리시는 분이 아닙니다.

놋뱀을 바라본 자는 누구입니까? 뱀에게 물린 자입니다. 자신이 죽은 자임을 아는 자입니다. 바라보지 못하는 자는 누구일까요? 자신은 살아있다고 생각하는 자입니다. 그래서 하나님은 그들을 죽여 놓고 살리시는 방법을 취하시는 것입니다.

혹자는 "놋뱀을 바라보는 것이 뭐 그리 어려운 일입니까?"라고 하겠지만 "지금 내가 죽겠는데 무슨 예수를 바라보라고 하냐"고 반항할 것입니다. 그런데 사실은 그때 바라보아야 합니다. 신약의 십자가 성취 속에서 보면, 놋뱀은 예수 그리스도를 의미합니다.

"모세가 광야에서 뱀을 든 것 같이 인자도 들려야 하리니 이는 저를 믿는 자마다 영생을 얻게 하려 하심이라"(요 3:14-15).

옛날 이스라엘이 놋뱀을 바라볼 때 살았던 것처럼 이제 우리는 십자가에 달리신 그리스도를 바라보므로 삽니다. '나는 죽은 자이고 주님의 은혜가 아니면 살 수 없다' 라는 것을 알고 주님만 바라보면

됩니다. "쳐다본즉" 살더라

우리는 그리스도만 바라보십니까? 죽은 자로서 바라보십니까? 자신이 살아있는 사람으로 바라보십니까? 죽은 자로 바라보신다면, 죽은 자에게는 오직 생명이 가장 귀한 것으로 여겨질 것입니다.

03
SERMON

구원의 감격으로
이루어지는 감사예배

  사람들 사이에 동상이몽! 하물며 하나님의 생각은 인간의 생각
과는 같지 않습니다. 이사야 55장 8-9절을 보면 "여호와의 말씀에
내 생각은 너희 생각과 다르며 내 길은 너희 길과 달라서 하늘이 땅
보다 높음같이 내 길은 너희 길보다 높으며 내 생각은 너희 생각보다
높으니라"고 말씀합니다.

  하나님은 인간이 가지고 있는 고정관념이나 노력이나 수양으로
하나님의 뜻을 알 수 없습니다. 인간으로 출발하는 모든 것은 하나님
과 다른 길을 갈 수밖에 없습니다. 이것은 하나님을 잊어버린 길입니
다. 멸망으로 끝나는 길임을 깊이 명심해야 합니다.

  "하나님을 잊어버린 너희여 이제 이를 생각하라 그렇지 않으면 내
  가 너희를 찢으리니 건질 자 없으리라"(시 50:22).

우리는 잘못된 길을 가면서도 자신이 잘못된 길을 가고 있음을 잘 알지 못합니다. 그 이유는 잘못된 길을 가면서도 하나님이 간섭하지 않는 것처럼 느끼기 때문이죠. 그래서 자신이 신앙의 길을 바르게 가기 때문에 하나님이 잠잠하신 것으로 착각합니다.

만약 우리가 길을 잘못 갈 때마다 즉각 책망하고 벌을 주신다면 어떤 일이 벌어질까요?

하나님은 우리를 말씀 앞으로 인도하셔서 우리의 잘못됨과 불신앙을 책망하고 계십니다. 그러므로 말씀을 멀리하면 책망하는 음성을 못 듣습니다. 못 들을 척한다고 됩니까? 못 들었기 때문에 책임이 없는 걸까요? 아버지 하나님은 사생자는 징계하지 않습니다. 그러나 아들이면 책망합니다. 여러분은 어느 쪽입니까?

"네가 이 일을 행하여도 내가 잠잠하였더니 네가 나를 너와 같은 줄로 생각하였도다. 그러나 내가 너를 책망하여 네 죄를 네 눈앞에 낱낱이 드러내리라 하시는 도다"(시 50:21).

오늘 본문 속의 하나님은 어떤 분이십니까?

첫째, 부르시는 분이십니다.

하나님은 누구를 부르십니까?

"전능하신 이 여호와 하나님께서 말씀하사 해 돋는 데서부터 지는 데까지 세상을 부르셨도다"(시 50:1).

부르셨도다! 시편 기자는 하나님에 대해 이렇게 고백합니다. 전능하신 하나님이 창조하신 세상으로부터 택하신 자기 백성을 부르시는 분이십니다.

둘째, 빛을 비추시는 분이십니다.

하나님은 하나님의 빛, 영광을 어디에서 발하시는 것입니까?

"온전히 아름다운 시온에서 하나님이 빛을 비추셨도다"(시 50:2).

비추셨도다! 세상에 사람들이 아름답다고 칭송하는 것이 주변에 많이 있습니다. 하지만 그 어떤 아름다움도 시온의 아름다움에 견줄 바가 못 됩니다. 어째서 시온이 이처럼 아름다운 것일까요? 경치가 좋은 것도 아닙니다. 건축물이 웅장하고 화려함을 말하는 것도 아닙니다. 그럼 시온의 아름다움은 무엇일까요?

시온은 하나님의 거룩한 하나님의 산! 성전을 가리킵니다. 중요한 것은 이 시온에서 행해지는 것이 있습니다. 거룩한 제물의 희생 제사입니다. 시온에는 거룩한 제물의 피가 있고, 그 피로 인한 용서의 은총이 있고, 용서로 인한 감사의 찬송이 터져 나오는 곳입니다. 이것이 바로 온전한 아름다움입니다.

구약에서 시행된 성전의 제사는 장차 오실 예수님께서 십자가에서 피 뿌려 이루실 그 대업을 두고 하신 예언의 말씀입니다. 하나님은 자기 백성을 부르셔서 온전히 아름다운 시온에서 빛을 발하십니다. 하나님은 택한 백성을 부르셔서 그들에게 하나님의 영광을 나타내신 것입니다.

그렇다면 하나님 영광은 누구에게(어디에) 나타날까요?

하나님의 영광은 하나님께 부르심을 입은 성도들에게만 나타납니다. 그러면 부르심을 입은 우리는 하나님의 영광으로 인해 감사하고 찬송할 수 있는 자가 된 것입니다.

셋째, 죄에 대하여 진노하시는 분이십니다.

그런데 아름다운 곳이 시온인데 이곳에서 진노는 또 웬 말입니까?

"우리 하나님이 오사 잠잠하지 아니하시니 그 앞에는 삼키는 불이 있고 그 사방에는 광풍이 불리로다"(시 50:3).

삼키는 불이 있고 광풍이 불리로다! 온전히 아름다운 곳에서 빛만 발하시면 그 광경을 보고 손뼉 치며 함께 기뻐하면 될 것 아닙니까? 그런데 "불이 삼키고 광풍이 분다"라고 하니 이게 무슨 말일까요?

하나님의 불이 삼켜야 할 사람이 바로 나 자신이고, 광풍이 쓸어버려야 할 사람도 바로 나라는 것을 잊지 말아야 한다는 것입니다. 이런 사람이 진노로부터 용서함을 받았음을 확인하게 됩니다. 그럴 때 우리는 시온의 은총의 아름다움을 노래할 수 있게 됩니다.

넷째, 하나님은 모으시는 분입니다.

누구를 모으십니까?

"하나님은 자기 백성을 판결하시려고 하늘과 땅에 선포하여 이르시되 나의 성도들을 내 앞에 모으라 그들은 제사로 나와 언약한 이들이니라 하시도다"(시 50:4-5).

나의 성도들을 내 앞에 모으라! 판결하실 때 언약 백성을 살리시는 분입니다. 언약한 자이기 때문입니다. 성전에서 제물의 피가 뿌려지는데 그 제물의 희생은 바로 죄인인 우리가 죽어야 할 자리요, 하나님의 진노가 쏟아지는 것입니다. 그곳이 불이 삼키고 광풍이 분다고 표현한 것입니다. 참으로 끔찍한 장면을 보여주고 있습니다. 그러나 그 진노는 진노로 끝나지 않았습니다. 진노 속에 사랑이 담겨있었고 용서의 은총이 숨겨져 있었습니다.

이것은 결국 십자가 사건을 놓고 생각해야 풀릴 수 있습니다. 언약이 십자가에서 완전히 성취되면 이러한 성전의 제사 내용이 십자가에서 못 박힌 그리스도로 언약 백성이 삽니다. 이 말씀은 아들(예수 그리스도)의 희생을 통해 용서받을 자가 있는데 그들이 바로 성도들이라는 것입니다.

성경은 바로 언약이 중요한 핵심입니다. 많은 내용의 말씀이 기록되어 있지만 결국은 언약을 보여주는 것입니다. 하나님은 언약의 하나님이며, 예수님은 새 언약의 완성으로 오신 분이십니다. 예수님이 지신 십자가는 모든 것을 다 이룬(언약의 완성) 사건입니다. 세상 만물은 예수 그리스도가 십자가를 통해 이루신 언약을 중심으로 돌아가고 있습니다. 그래서 십자가를 통하지 않고는 아무것도 성립될 수 없습니다. 하나님이 영광 받으시는 것도 오직 십자가를 통해서입니다. 죄인이 용서받는 것도 십자가를 통해서입니다. 주님과 더불어 영생 얻는 것도 십자가를 통해서입니다. 지옥 형벌에 떨어져 비명을 질러대는 자도 십자가 때문에 그렇게 할 수밖에 없습니다.

지금 우리는 어떤 자들입니까?

성도들은 언약 백성으로 하나님의 부르심을 받고 용서의 은총이 있는 시온으로 인도받았습니다. 그렇다고 해서 죄와 상관없는 자가 된 것이 아닙니다. 여전히 죄를 범하는 자가 곧 우리라는 것입니다. 그러므로 우리는 하나님의 진노를 피할 수가 없는 진노의 자식으로 시온으로 나와야 합니다. 그럴 때 하나님 용서의 은총이 진정으로 온전히 아름다운 것으로 우리의 심령에 머물게 됩니다.

오늘 말씀은 장차 구약의 제사를 완성하시는 분으로 인하여 성취가 됩니다. 이것이 곧 예수님의 십자가입니다. 십자가에는 하나님의 진노가 있습니다. 그런데 하나님의 진노가 삼킨 것은 내가 아니라 예수님이었던 것입니다. 그리고 그로 인해 우리가 나음을 입고 생명을 얻은 것입니다. 용서의 은총이며, 이러한 시온의 아름다움이 곧 십자가입니다.

그렇다면 성도가 할 일은 무엇입니까?

우리는 나 대신 하나님의 진노에 삼킴을 받은 그리스도의 십자가로 인도받은 자입니다. 예수님이 대신 흘리신 피 값을 갚을 길이 없습니다. 하나님은 세상의 주인이시고 만물이 모두 하나님의 것입니다. 우리가 하나님의 것을 가지고 선심을 쓰는 양 바쳐서 빚을 갚을 수는 없습니다. 그런데 이런 엄청난 아버지와 아들 간의 협약을 사람들은 알지 못했습니다. 제사를 드리면서도 그냥 짐승을 잡아 피 뿌려 죽이면 되는 것으로 여겼습니다. 절기가 되면 또 절차에 따라 거듭 짐승을 죽여 제사를 드렸습니다. 그러나 더 이상 하나님은 이런 것들을 원치 않으신다고 하셨습니다.

> "내가 네 집에서 수소나 네 우리에서 숫염소를 가져가지 아니하리니 이는 삼림의 짐승들과 뭇 산의 가축이 다 내 것이며 산의 모든 새들도 내가 아는 것이며 들의 짐승도 내 것임이로다. 내가 가령 주려도 네게 이르지 않을 것은 세계와 거기 충만한 것이 내 것임이로다. 내가 수소의 고기를 먹으며 염소의 피를 마시겠느냐"(시 50:9-13).

어떻게 해야 언약 백성이 하나님을 기쁘게 할 수 있나요?

이제 정말 하나님이 기뻐하시는 것이 무엇인지 알아야 합니다. 하나님은 자기 아들과 언약하신 내용만으로 만족하시고 영광 받으시는 분이십니다. 이제는 짐승의 피를 뿌림이 아니라 예수 그리스도의 피를 보고 기뻐하십니다. 감사로 하나님께 제사를 드리는 것(14절)은 십자가의 은혜를 믿는 것입니다.

이런 자들을 향해 주님은 "내가 너를 건지리니"(15절)라고 약속하셨습니다. 그 십자가 은혜를 감사하고 찬양하는 것이 하나님을 영화롭게 하는 예배입니다.

그런데 시편 50편에서 나타난 가장 큰 문제는 이 법을 선포하여야 할 지도자 계층이 타락했다는 사실에 있습니다(16~20절). 그래서 하나님이 왜 그들이 언약법을 선포하느냐고 비난하시는 것입니다. 그들은 언약법을 오직 입술에만 가지고 있으며(16절), 하나님의 법을 미워하고, 이 법을 자신들의 등 뒤로 던져버리는 것입니다(17절). 그 중에서 가장 중요한 타락은 언약법을 낭독하는 사람들 즉, 이스라엘의 종교 지도자들 자신의 타락입니다.

이러한 일은 하나님께서 다 아십니다. 모르고 잠잠히 계시는 분이 아닙니다. 곧 책망하고 죄를 드러내신다고 합니다.

그러나 감사로 제사드리는 언약 백성들은 짐승의 피를 가지고 제사드린다는 것은 장차 그리스도 십자가를 믿는 믿음으로 은혜에 감사드리는 것이기에 하나님을 영화롭게 하는 것입니다.

"감사로 제사를 드리는 자가 나를 영화롭게 하나니 그 행위를 옳게 하는 자에게 내가 하나님의 구원을 보이리라"(시 50:23).

감사로 제사를 드린다는 것은 감사가 제물이 된 제사만이 하나님을 영화롭게 할 수 있는 참된 제사라는 뜻입니다. 십자가에서 베풀어진 하나님의 온전한 아름다움이 무엇인가를 깨닫고, 깊은 감사로 하나님을 영화롭게 할 수 있기를 바랍니다. 구원의 감격으로 이루어지는 감사예배자들이 다 되시길 바랍니다.

〉〉〉 구약편 / 합 3:16-19

진노 중에 긍휼을
베푸시는 분

: 하나님의 심판은 멸망의 도구 가운데 구원의 관문이다

'하나님이 의로우시다면 어떻게 악이 횡행할 수 있는가?' 하박국 선지자는 한 가지 의문이 생겼습니다. "확실하게 살아 계시는 하나님 그분은 의로우신 분이신데, 왜 의롭지 않은 일, 고통스러운 일, 악이 이 세상에서 판을 치도록 내버려 두시고 계시는가" 하는 것입니다.

오늘 말씀은 하박국 선지자의 의문과 우리의 의문이 같은 점이 많을 것입니다. 그래서 하박국 1장은 하나님께 하박국의 항의 하는 질문으로 시작하고 있습니다.

그럼 하박국의 질문을 볼까요?

– **질문 1** : 율법과 공의가 시행되지 못하여 악인이 득세하고 의

인이 압제를 당하고 있는 것 아닙니까?((합 1:2-4).
- 하나님의 답변 : 한마디로 그런 세상의 악들, 악을 행하는 자들을 곧 심판하시겠다는 것입니다. 하박국 선지자 당시에 그렇게 횡행했던 죄악상들을 그저 내버려두신 것처럼 보였지만, 죄악이 가득할 때, 하나님은 결국 그들을 심판하신다는 것입니다. 그 방법은 여호와께서 사납고 성급한 점령군인 바벨론 군대를 들어 이 악한 백성들을 심판하시겠다고 하십니다(합 1:5-11).

- 질문 2 : "아니, 의인이 아닌 더 악한 바벨론을 몽둥이로 해서 이스라엘의 악을 심판하신다고요?" 하박국은 재차 의문이 생기는 것입니다(합 1:12-17).

우리의 상식(하박국의 생각)은 의인을 골라내고 악인들만 별도로 분리해서 심판하면 될 터인데 말입니다. 하나님의 방식은 의인과 악인 모두 다 심판하는 가운데 의인을 골라내시겠다는 것입니다.

그 방법은 이 세상에는 의인은 없나니 하나도 없으므로 다 멸망시키지만, 그중에 하나님의 언약을 믿는 자만 구원하시겠다는 것입니다. 이에 대해서 하나님께서는 이미 주님의 의로운 백성을 구원하시려 조처하셨다고 합니다.

"주께서 주의 백성을 구원하시려고, 기름 받은 자를 구원하시려고 나오사 악인의 집 머리를 치시며 그 기초를 끝까지 드러내셨나이다"(합 3:13). 이렇게 약속하셨습니다.

"의인은 믿음으로 말미암아 살리라"(합 2:4). 이 약속을 믿으면 삽니다. "의인은 믿음으로 말미암아 살리라"라는 약속이 이루진 완성 속에 있으면 삽니다.

앞으로 주어질 하나님의 심판 앞에서도 살아남을 자는 누구입니까?

믿음으로 말미암아 의롭게 된 자들입니다. 하나님은 언약으로만 일하시는 분이십니다. 하나님과 하박국과의 이 질문과 답변은 저 멀리 오래전, 소돔과 고모라에 임할 심판을 놓고 여호와께서 아브라함과 대화하신 내용(창 18:22-33)과 매우 흡사합니다. 유황불로 소돔과 고모라 성을 엎으시는 중에 내보내셨더라고 합니다(창 19:29).

하박국 선지자의 깨달음은 하나님의 심판은 단지 악인들에 대한 멸망의 도구만이 아니라 동시에 믿음으로 말미암은 의인들에 대한 구원의 관문이 된다는 사실을 알게 되었던 것입니다.

그래서 그는 이 사실을 알고서 이 심판의 날이 어서 빨리 오기를 소원합니다.

"여호와여 내가 주께 대한 소문을 듣고 놀랐나이다. 여호와여 주는 주의 일을 이 수년 내에 부흥하게 하옵소서. 이 수년 내에 나타내시옵소서. 진노 중에라도 긍휼을 잊지 마옵소서"(합 3:2).

이제 하박국은 주님의 말씀을 듣고 주님 방법, 주님의 심판이 임하는 것을 생각하니 두려움이 엄습해옵니다. 한마디로 마음이 찢어질 것 같습니다.

"내가 들었으므로 내 창자가 흔들렸고 그 목소리로 인하여 내 입술이 떨렸도다. 무리가 우리를 치러 올라오는 환난 날을 내가 기다리므로 썩이는 것이 내 뼈에 들어왔으며 내 몸은 내 처소에서 떨리는도다"(합 3:16).

언약을 성취하시기 위해, 율법을 어긴 이스라엘을 심판하시려고, 바벨론을 사용하시겠다는 말씀을 듣고서, 앞으로 닥치게 될 환난과 고통스러운 일을 생각하니 뼈가 썩는 것 같고, 몸이 사시나무 떨듯이 떨린다는 것입니다.

그런데 그러한 가운데 반전이 일어납니다.

"비록 무화과나무가 무성치 못하며, 포도나무에 열매가 없으며, 감람나무에 소출이 없으며, 밭에 먹을 것이 없으며, 우리에 양이 없으며, 외양간에 소가 없을지라도 나는 여호와를 인하여 즐거워하며 나의 구원의 하나님을 인하여 기뻐하리로다"(합 3:17-18).

'비록 ~지라도' 입니다. 앞으로 그런 일이 닥친다고 하더라도 어떻게 하겠다는 것입니까? 약속에 신실하신 하나님 덕분에 즐거워하며 기뻐하겠다고 합니다.

이제 바벨론의 침공으로 그들에게 주어진 이러한 모든 언약적 특권을 상실하게 될 것입니다. 왜냐하면 그들이 하나님과 맺은 언약을 저버렸기 때문입니다. 이는 신명기 28장과 레위기 26장에 예고된 언약의 심판, 즉 이스라엘이 여호와를 버릴 때 주어질 언약적 심판이 성취되는 것을 바로 보여주는 말씀입니다. 바벨론이 침략해 온다면 당연히 그들이 가꾸는 밭은 황폐해질 것이고, 가축들 또한 흩어질 수밖에 없을 것입니다. 그러나 진노 중에도 긍휼을 베푸시는 분이 여호와 하나님이기에 그는 찬송할 수 있었습니다.

대부분 사람은 자신에게 닥친 환경이나 자신의 소유 때문에 울고 웃습니다. 그러나 하박국은 하나님이 주신 언약의 말씀 때문에 두려워 떨기도 하고, 또 기뻐 찬송하기도 합니다. 선지자는 항상 말씀에 바탕을 두고 있습니다.

하박국은 어떻게 이러한 기쁨의 찬송을 부를 수 있었습니까?

여호와께서 이 무서운 심판 가운데서도 "오직 의인은 그 믿음으로 말미암아 살리라"고 약속하셨기 때문입니다. 하박국의 시대 이후 예수님이 이 땅에 오셨습니다. 하나님은 심판의 도구인 십자가를 구원의 도구로 사용하셨습니다. 만약 주님의 약속을 믿지 않는다면, 혹은 주님의 약속이 없다면 우리에게는 희망이 없습니다. 그러나 주님은 분명한 약속을 우리에게 주셨습니다.

"주 여호와는 나의 힘이시라 나의 발을 사슴과 같게 하사 나로 나의 높은 곳에 다니게 하시리로다"(합 3:19).

사슴이 튼튼한 발로 반석이나 언덕 높은 곳들을 경쾌한 모습으로 달려가는 것처럼 이제 힘찬 발걸음으로 휘파람 불면서 살아가는 것입니다. 그리스도의 몸 된 교회 부흥은 양적으로 커지는 것이 아니라 이같이 십자가를 경험하는 것입니다. 이제 더 이상 심판을 두려워할 것이 아니라 심판에서 우리를 구원하신 그리스도의 대속의 은혜를 감사하며 살아갑시다. 이처럼 교회 부흥은 심판 가운데 구원으로서의 부흥입니다.

(회초리로 자녀를 교육하고 회초리를 부러뜨리는 것과 같은 하나님의 마음) 위의 말씀이 십자가 완성 속에서 다 이루어졌습니다. 여호와는 예수님으로 새 언약을 이루어 그리스도 완성 가운데 이미 성취되었습니다.

>>> 신약편 / 마 9:1-13

05
SERMON

예수님은
누구를 부르러 오셨나요?

　우리가 낯선 인물이 갑자기 집을 방문하면 어떠하던가요? 때로는 당황하기도 하고 방문하신 분을 맞아들이기가 쉽지 않습니다. 그런데 다른 세계에서 이 땅을 방문하신 분이 계십니다. 그분은 예수님이십니다. 그런데 이 땅에서 예수님은 가는 곳마다 환영받지 못하고 세상의 저항을 받습니다. 왜일까요? 예수님이 하시는 일이 세상 사람들에게는 땅의 유익이 되지 않기 때문입니다. 그래서 예수님은 두루 다니시다가 동네로 돌아옵니다.

　본 동네로 돌아오신 예수님은 심한 중풍으로 침상에 누운 채 사람들에게 이끌려온 시체와 흡사한 환자를 대하게 됩니다. 주변엔 수군거리는 소리가 들립니다. "나병 환자를 치료하신 분이야. 귀신도 쫓아내셨다지?" 군중들은 새로운 기적과 이적을 기대하며 숨죽이고 예수님과 환자를 주시하고 있었겠지요.

그런데 뭔가 놀라운 사건이 벌어질 것을 기대하고 있는 무리 앞에 나타나서 예수님이 하신 말씀은 무엇입니까? 그것은 무리가 원하는 기대를 완전히 저버리고 전혀 엉뚱한 내용이었습니다.

"작은 자야 안심하라. 네 죄 사함을 받았느니라"(마 9:2).

군중들의 기대와는 전혀 다른 말씀을 하신 것입니다. 사람들은 수군거리기 시작했고, 어떤 서기관은 심히 불쾌히 생각했습니다. "하나님만 죄를 사하는 권세가 있거늘 신성을 모독해도 유분수지 이런 천벌을 받을 사람 같으니라고!" 이렇게 생각했을 것입니다.

예수님은 그들의 마음을 아시고 질문을 하십니다.

"네 죄 사함을 받았느니라 하는 말과 일어나 걸어가라 하는 말이 어느 것이 쉽겠느냐"(마 9:5).

여러분은 어느 것이 쉽다고 생각하십니까?

질병을 치료하기가 쉽다고 생각하는 분들이 있을지 모릅니다. 아니면, 죄를 용서하는 것이 더 쉬운 일이라고 말하는 이들도 있겠지요. 그러나 둘 다 인간의 능력으로는 불가능한 일들입니다. 여기서 예수님의 이러한 질문은 그들에게 해답을 요구하심이 아닙니다. 예수님의 사역에서 병 고침 사역과 죄 사함 사역을 따로 분리해서 생각하는 인간들의 마음을 지적해주는 말씀입니다.

그렇다면 왜 예수님이 그 많은 이적을 행하셨나요?

예수님이 행하신 모든 이적은 하나님 나라의 주인으로서 이 세상에서 죄를 사하는 권세가 있음을 보여주기 위한 것일 뿐입니다. 이적을 통해 표적인 십자가의 은혜를 보도록 하는 데 목적이 있습니다. 그러나 무리는 진정한 표적은 안 보이고 이적만 바라는 그들의 요구는 예수님의 일이 결국 땅의 일에 멈추도록 하는 것입니다.

"인자가 세상에서 죄를 사하는 권능이 있는 줄을 너희로 알게 하려 하노라"(마 9:6).

예수님의 병 고침은 인간의 죄를 지적하기 위함입니다. 말하자면 "어떤 일이 있었길래 이 지경이냐? 도대체 인간들이 어찌하였길래?"

하나님의 형상대로 지음 받은 인간은 생육하고 번성하여 땅에 충만하고, 땅을 정복하고, 모든 생물을 다스리게 하셨는데(창 1:26-28), 인간이 죄로 말미암아 에덴동산에서 쫓겨나고, 질병과 죽음이 찾아온 것입니다. 따라서 병을 고친다는 것은 폐허에 이르기까지 세상이 망가졌다는 것을 고발하는 의미가 담겨있습니다. 망가졌기에 고치는 것이죠. 그래서 죄에 물든 상태에서 벗어난다는 것은 하나님의 백성만이 가질 수 있는 소망입니다. 그것은 바로 새 시대가 왔다는 좋은 징조이기도 합니다.

중풍 병자는 육신의 질병에서 치유되었지만 언젠가는 또다시 병들고 죽을 몸입니다. 중풍의 치료는 현재의 불편하고 병든 육신이 잠시나마 자유롭고 평안한 삶을 연장하는 것에 지나지 않습니다. 그러기에 죄로 말미암아 영원한 형벌 속에 놓여있는 우리에게는 병든 육신이 치료받는 것이 중요한 것이 아니라, 그 멸망 받을 지옥에서 건짐 받는 죄 용서가 얼마냐 크냐는 것입니다.

그러므로 모든 이적은 참된 표적인 십자가를 지향하기 위한 중간 과정에 불과합니다. 천 번 만 번 죽어도 마땅한 내가 십자가 피로 용서받았다는 이 놀라운 사실이 내게는 가장 큰 궁극적인 이적이 아닙니까? 더는 이적을 기대하기보다 표적 자체인 '예수님이 누구신가'를 아는 데 관심을 가집니다. 인간의 죄에는 '십자가만이 능력'이 될 뿐 그 어떤 것도 죄를 이길 수 없습니다. 그리고 저 용서받고 새사람이 되는 것은 새로운 창조를 해야 할 만큼 엄청난 일입니다.

다음 단락 본문 9절에 보시면 예수님이 어떤 사람을 부르는 모습이 나옵니다. 마태입니다. 예수님께서 마태를 보시고 나를 따르라고 하시자 그대로 따라나섭니다. 그 마태가 주님을 따라나서게 된 것이 바로 말씀의 능력입니다. 아담의 타락 이후로 모든 인간은 허물과 죄로 죽은 상태에 있습니다. 그러므로 스스로는 생명이며 빛이신 예수님을 선택하여 따라나설 수가 없습니다. "예수님께서 너희가 나를 택한 것이 아니라 내가 너희를 택하여 세웠다"(요 15:16).

예수님께서 오늘도 우리를 부르십니다.
그런데 어떤 자를 부르실까요?

"예수께서 마태의 집에서 앉아 음식을 잡수실 때에 많은 세리와 죄인들이 와서 예수와 그의 제자들과 함께 앉았더니"(마 9:10).

예수님께서 마태의 집에서 식사하시자 많은 세리와 죄인들이 예수님과 제자들과 함께 식사합니다. 이들이 어찌 식사 잔치에 부름을 받았을까요? 죄인들이기 때문에 살과 피가 필요한 것을 암시하는 식사입니다.

그런데 이때 이 장면을 본 자칭 의인들인 바리새인들이 예수님의 제자들에게 트집을 잡아 따지며 묻습니다.

"너희 선생은 어찌하여 세리와 죄인들과 함께 잡수시느냐."

예수님께서 들으시고 이들에게 말씀하십니다.

"예수께서 들으시고 이르시되 건강한 자에게는 의사가 쓸데없고 병든 자에게라야 쓸 데 있느니라. 너희는 가서 내가 긍휼을 원하고 제사를 원하지 아니하노라 하신 뜻이 무엇인지 배우라. 나는 의인을 부르러 온 것이 아니요. 죄인을 부르러 왔노라 하시니라"(마 9:12-13).

문제는 죄인이 자신의 죄를 모른다는 것입니다.
그렇다면 어떤 방법이 있을까요?

그러므로 하나님은 선택자를 찾아서 자신이 죄인임을 알게 해서 날마다 부르십니다. 그러므로 자신의 죄를 스스로 어떻게 할 수 없다는 것을 아는 사람이 상한 심령을 가지고 예수님께 나아갑니다. 그것은 예수님께서 세상에서 죄를 사하는 권능을 가지고 "죄인이라고 고백하는 자들"을 불러 죄를 사하는 긍휼을 베풀기 위함입니다. 이것이 하나님의 뜻임을 배우라 하십니다.

예수님께서 세리와 죄인들과 함께 식탁에 앉으셨습니다. 천지를 창조하신 하나님께서 "죄인들과 함께 식사"를 하십니다. 예수님 자신의 '살과 피를 죄인들에게 나누듯'이 즐겁게 먹고 마시는 것입니다. '용서받은 죄인과 주님이 함께하는 곳'이 천국입니다.

>>> 신약편 / 요 3:1-15

난 다시 태어난 사람인가?

바리새인이자 유대인의 관원인 니고데모가 밤에 예수님을 찾아 왔습니다. 그는 그동안 예수님의 행적을 계속 보아오면서 판단하기를, 예수님은 틀림없이 '하나님께서 보내신 선생'이라 생각했지요. 그래서 주님 앞에 찾아가 "당신은 하나님께로서 오신 선생인 줄 압니다. 왜냐하면 하나님이 함께하시지 아니하시면 당신의 행하시는 이 표적을 아무라도 할 수 없으니까요"라고 자기 신앙을 고백한 것입니다.

이러한 니고데모에게 예수님은 뭐라고 대답하십니까?

"그래 네가 옳게 보았다." 이렇게 나오셔야 할 것 같은데, 한 마디로 니고데고의 말을 무시하는 듯한 말씀을 하십니다. 그 대답이 어떠한 것입니까? 우리 상식에도 맞지 않는 좀 엉뚱한 대답을 하셨습니다.

> "예수께서 대답하여 이르시되 진실로 진실로 네게 이르노니 사람이 거듭나지 아니하면 하나님의 나라를 볼 수 없느니라"(요 3:3).

이렇게 말씀하신 그 이유는 무엇일까요?

니고데모는 예수님께서 행하신 표적을 보면서 예수님을 알았다고 했습니다. 그러나 그는 예수님이 의도하신 그 표적을 본 것이 아니라, 그냥 놀랍고 엄청난 기적을 본 것뿐입니다. 기적이라고 하면 인간들이 할 수 없는 초자연적인 현상을 일으키는 것을 말합니다. 반면 진정한 표적이란 어떤 사건을 통해서 뭔가 의도하는 바를 가르쳐 주기 위해 행하는 일을 두고 말합니다. 그래서 예수님은 "니고데모야, 네가 본 기적으로는 나를 바로 알 수 없다"라는 뜻으로 "거듭나야 하나님 나라를 볼 수 있다"라고 말씀하셨던 것입니다.

오늘 본문에 앞서서 요한복음 2장에서 물로 포도주를 만드신 사건은 분명히 니고데모의 시각으로 보면 '엄청난 기적' 입니다. 그러나 예수님은 진정한 표적을 보이시기 위해 그런 일을 행하신 것입니다. 이어서 성전 청결 사건이 이어집니다.

그러면 예수님께서 가리키려는 표적이 무엇입니까?

인간의 정결 예식으로 깨끗게 될 수 없고, 주님의 능력으로 정결하게 된다는 사실입니다. 성전에서 소란을 일으키시면서 보여주신 행동의 표적은 무엇입니까? 성전에서 제사를 드린다고 해서 너희 죄가 용서받는 것이 아니라는 것입니다. 제사 제도 등은 장차 예수님께서 십자가에서 죽어야 죄 문제가 해결된다는 것을 보이시기 위함입니다. 그래서 성전 제사를 외면하시는 행동을 취하신 것입니다. 구약 그림자를 붕괴시키면서 새로운 통일로 완성 작업을 하시겠다는 것입니다.

니고데모의 처지를 생각해봅시다. '거듭나야 한다' 는 예수님의 말씀을 도저히 알아들을 수 없었습니다. 사람이 어떻게 다시 태어날 수 있단 말인가? 두 번째 모태에 들어갔다가 날 수 있다는 말인가? 사실 거듭난다는 말은 세상의 개념으로는 이해 불가능한 표현입니다. 그런데도 주님의 계속되는 말씀에서 "육으로 난 것은 육이요 성령으로 난 것은 영이니"라고 하셨습니다. 이는 인간 차원에서 거듭난다는 것은 전적으로 불가능함을 말씀하신 것입니다.

니고데모는 유대인의 지도자로서 다른 사람들보다 더 많은 것을 알고 있다고 생각했습니다. 그래서 더 정확히 알기 위해 주님을 찾아와 확인하는 차원에서 질문했던 것입니다. 그런데 예수님의 대답은 "아니다"(No) 입니다.

그렇다면 어떻게 해야 할까요?

우리 상식에도 맞지 않는 좀 엉뚱한 대답을 하셨습니다. 예수님의 대답으로는 너희들의 힘으로는 안 된다는 것입니다.

"예수께서 대답하시되 진실로 진실로 네게 이르노니 사람이 물과 성령으로 나지 아니하면 하나님의 나라에 들어갈 수 없느니라" (요 3:5).

물과 성령으로 나야 한다는 것은 무슨 말입니까?

인간들의 손에서 떠나있는 이야기라는 것입니다. 마치 바람이 임의로 불 듯 성령으로 거듭나는 자도 이와 같은 것이라고 설명하십니다. 주께서 원하는 자(임의로)를 예수님이 직접 바꾸셔서 새롭게 하실 것이라는 말씀입니다.

유대인들은 자기 스스로 율법을 지키고 선행을 하고, 하나님을 향한 열성으로 복도 받고 영생을 얻는 것으로 믿고 있었습니다. 지금도 유대교와 랍비 종교와 토라를 숭상하는 자들은 한결같이 육신의 왕국을 마치 하나님 나라인 것처럼 믿고 있습니다. 악인의 형통함을 자랑합니다(유대인의 지혜, 노벨상 수상자들이 많습니다).

그런데 예수님 말씀은 그들이 알고 있는 방법과 전혀 달랐습니다. 거듭나야 하나님 나라를 볼 수 있다고 합니다. 사람은 스스로 거듭날 수 없는데 말입니다. 그러면 우리는 스스로 좌절하게 됩니다. 단 0.1%의 희망도 없습니다. 완전한 절망입니다. 인간으로서는 할 수 없음이 분명히 확인되었기 때문입니다.

그러면 우리는 어찌해야 좋단 말입니까?
그럼 어쩌란 말입니까?

이제 예수님은 모든 관심을 자신에게 돌리게 하셨습니다.

"하늘에서 내려온 자 곧 인자 외에는 하늘에 올라간 자가 없느니라"(요 3:13).

자신이 하늘에서 내려온 메시이자, 또다시 아버지 품으로 갈 자란 사실을 나타내셨습니다. 그러기 위해서 자신은 십자가에 달려야 한다는 것입니다. 그리하여 별세하여 아버지 우편에 계십니다. 마찬가지로 죄인이 하늘나라 갈 수 있는 유일한 방법은 십자가에 달린 자를 믿는 것이란 사실을 밝혀주시는 것입니다. 이것이 진정한 표적이라는 것입니다. 달리 표현하자면 십자가에 흘리신 피를 믿는 그것이 곧 영생을 얻는 방법이란 것입니다. 여기서 성령에 의한 그리스도 완성의 복음을 받은 자는 천국입니다. 그리스도 이끄시는 자이기 때문입니다.

너무나 쉽고 뻔한 이야기 같지만, 이것이 복음의 비밀이자 신비입니다. 그런데 이러한 단순하고 간단한 복음을 사람들이 믿는 데 어려움이 있습니다. 그것은 혼미한 영이 사람들의 생각에 예수님한테서, 그리고 십자가로부터 관심을 다른 곳으로 돌리게 합니다. 왜 그럴까요? 그 십자가가 사단 마귀의 머리통이 깨지고 날아가는 곳이기 때문입니다. 우리 속에도 마귀의 본성을 가지고 하나님을 믿으려고 할 때 나타나는 현상은 십자가를 싫어합니다. 사람들은 직접 싫어한다고 말하지는 않습니다. 이런 식의 말을 합니다. "그 십자가는 기본이니 이제는 어떻게 살 것이냐가 중요한 것이다"라고 말입니다.

뒤집어 생각해보십시오. 신앙인의 삶이 무엇입니까? 믿음의 주요 온전하게 하신 주님을 바라보는 것입니다. 그러니 주님의 십자가를 바라보자는 것이 아닙니까?

주님께서 행하신 일을 통하여 우리에게 주신 은혜를 감사하는 것이 신앙인데, 주님보다도 주님이 주신 그 어떤 것을 찾게 됩니다. 내가 어떻게 해서 그 결과로 복을 받아보려는 시도로써 삶을 말하려는 것입니다. 이것이 불신앙입니다. 관심이 다른 곳에 있는 자들입니다. 성령으로 난 자는 자신을 포기하고 예수께서 행하실 것을 믿습니다. 그분을 바라봅니다. 이것이 믿음이요, 거듭난 자입니다. 당신은 다시 태어나셨습니까?

07
SERMON

>>> 신약편 / 엡 4:6-10

우리는 출세한 사람입니다

: 불러내어 하나 되게 하셨다

성도는 하나님으로부터 부름 받은 거룩한 무리를 말합니다.
그러면 왜 부르셨을까요?

"주 안에서 갇힌 내가… 너희가 부르심에 합당하게 하나되게 하신
것을… 한 소망 안에서 부르심을 받았느니라"(엡 4:1).

아브라함은 갈대아 우르(우상, 힘)에서 부르심을 받았습니다. 이
스라엘 백성은 애굽(세상, 권력)에서 부르심을 받았습니다. 이스라엘
민족은 바벨론 포로(억압과 흑암)에서 부르심을 받았습니다. 한마디
로 출세(出世)한 것입니다. 우리는 출세(상) 하셨습니까?

"땅이 혼돈하고 공허하며 흑암이 깊음 위에 있고 하나님의 영은

수면에 운행하시니라. 하나님이 이르시되 빛이 있으라 하시니 빛이 있었고"(창 1:2).

말씀이신 하나님이 흑암이 깊음 중에 있고 혼돈과 공허한 세상 속에서 어떤 일을 하시는데요, 빛과 어둠을 갈라내는 일을 하십니다. 어둠 속에서 빛을 불러냅니다. 이상하지 않습니까? 우리의 상식으로는 빛이 어둠을 삼키는 것으로 되어 있습니다. 빛을 비추면 어둠이 사라지게 되어 있습니다.

그런데 창세기 1장 2절에서는 어둠이 빛을 품고 있습니다. 사망이 생명을 삼키고 있는 형국입니다. 역설입니다. 이름하여 죄입니다. 죄가 뭘까요? 역리(逆理)입니다. 사망이 생명을 삼키는 것입니다. 그래서 말씀이신 하나님이 역리를 순리로 바꾸는 일을 하십니다. 죄를 없애는 일을 하십니다. 사망에서 생명으로 나아가는 일을 하십니다. 어둠 속에서 빛을 찾아내시는 것입니다. 그래서 예수님이 죽은 자 속에서 산 자를 찾아내는 일을 하시는 것입니다.

이것은 마치 예수님이 죄 아래 있는 자기 백성들을 찾아내는 것을 예표하고 있습니다. 죄는 어둠입니다. 그 어둠이라는 죄 아래 자기 백성들이 있습니다. 이건 마치 애굽이라는 어둠의 나라에 빛의 후손들이 종살이하는 것과 같습니다. 애굽은 어둠이고 죽은 나라입니다. 죽은 나라 속에 산 자들이 갇혀 있습니다. 왜 그런가요? 이는 창세 전 삼위 하나님의 협약에 보면 자기 백성들이 예수님에 의해서 빼내심을 입는 것으로 되어 있기 때문입니다. 그래서 구원이 죄에서 건짐 받는 것으로 주어지는 것입니다.

"올라가셨다 하였은즉 땅 아래 낮은 곳으로 내리셨던 것이 아니면 무엇이냐"(엡 4:9).

인자되신 그리스도는 말씀이 육신이 되어 이 땅(세상, 어둠)에 오신 분입니다. 말씀대로 오셨고 말씀대로 하시고 말씀대로 다 이루시고 승천하십니다. 만유 위에 계시고 만유 가운데 계신 하나님이 십자가로 말씀을 이루셔서 통일하시고 위로 올라가실 때 사로잡혔던 자들을 사로잡으시고 우리 각 사람에게 그리스도의 선물을 주셨습니다(6-8절).

예수 그리스도는 이 땅에 오셔서 하실 일을 다 이루시고(십자가 성취) 성령을 선물로 주셔서 만물을 그리스도 공로로 충만하게 하셨습니다(10절).

구약 이스라엘을 애굽에서 구출(부르셔서)하셔서 광야 기업의 산에 심어놓으셨습니다(출 15:17). 이는 주의 처소로 삼으시려고 주의 손으로 세우신 성소입니다. 그리고 성막을 세웠다(출 25장). 또한 이스라엘은 블레셋에게서 벗어나서 법궤가 돌아온 후에는 솔로몬 성전을 지었습니다. 마찬가지로 바벨론에 포로로 잡혀간 70년 후에 귀환하여 에스라, 느헤미야의 인도로 출(出) 바벨론 후에는 제2성전을 건축합니다. 이후 헤롯 성전에 이루어졌습니다.

이후 예수님께서 말씀이 육신이 되어 장막 집을 치면서 우리 가운데 거하셨습니다(요 1:14). 그러나 예수님은 "이 성전(눈에 보이는)을 헐라" 하시면서 자신 몸을 성전과 동일시 하셨습니다. 보이는 성전이 세상의 힘이 모이는 종교적이고 정치적인 힘의 왕국으로 변해 버렸기 때문에, 그곳에서 죄인으로 살아가는 자를 구원하시기 위하여 몸소 대가를 치르셨습니다. 변화산 상에서 이미 예수님께서 별세하실 것을 암시하셨습니다(눅 9:31). 이후 십자가에서 몸이 부서지고 으깨어졌습니다. 휘장이 위로부터 아래로 무자비하게 찢어졌습니다(마 27:51). 하나님의 뜻을 완전히 이루어졌습니다. 하나님이 목적하신바 주님의 뜻을 성취하셨습니다(요 19:30).

이렇게 최종적으로 예수님은 예루살렘에서 출(出) 예루살렘을 하셨습니다. 사망과 죽음과 죄악을 깨뜨리시고 죽음으로 승리한 것입니다. 예수님은 십자가에서 약속의 말씀을 다 이루신 후에 오순절 성령을 보내어 우리가 성령 안에 있게 하셨습니다(요 14:20). 새로운 교회의 탄생입니다(고전 3:16). 우리는 피 값으로 산 교회(행 20:28)이며 주님은 교회의 머리가 되셨습니다. 우리는 한 성령으로 주님과 연합하여 교회의 지체가 되었습니다. 우리는 신령한 공동체로서 참되게 예배하는 교회의 일원입니다(요 4:23). 으뜸 되시는 주님을 높여드리는 기쁨이 있습니다.

본문의 문맥 속에서 보면 1절에서 이 예수님이 바울을 '그리스도 안'에 있게 하셨음을 알 수 있습니다. 그런데 사실 가택 연금 상태의 간힌 바 되었음에도 그리스도 완성의 세계 안에 있으므로 주변의 물리적 환경적 제약에 매이지 않고 자유로운 상태에서 서신서를 써 내려갑니다. 그리하여 사도 바울은 오늘 "주안에 간힌 내가" 너희를 권하겠다고 합니다.

바울은 이미 출세한 사람입니다. 그리하여 한 성령으로 세례받은 우리가 하나가 되어 장성한 분량에 이르기까지 그리스도 십자가로 충만하기를 바라는 것입니다. 이를 위하여 우리가 부르심(구원)을 받았고 그리스도 증인으로서 그리스도의 충만한 수효가 차도록 예수 그리스도(머리)를 으뜸으로 그리스도 몸을 이루어 지체로서 결합해 나가자는 것입니다.

그리하여 하나님은 우리를 불러내어 한 몸으로 하나 되게 하셨습니다. 십자가의 증인으로 우리를 부르셔서 출세를 알리고 죽음의 권세 아래 있었던 우리를 예수님께서 피를 흘려 구원해주신 그 사랑을 전하는 자들로 삼아주신 것입니다.

주님께서 완벽하게 이루신 그리스도 안에서 우리는 하나가 될 수 있습니다. 그분이 흩어져 유리 방황하는 인생을 보시면서 만유를 십자가로 통일하셨기 때문입니다. 우리가 여러 가지 어려움으로 방황하고 있다면 주님의 이루심 속에서 하나가 되어 서로를 위하고 사랑으로 하나로 결합하는 가운데 영생 사귐의 기쁨이 있기를 바랍니다.

| 에필로그 | 설교는 그리스도의 십자가를 증거하는 것

성령의 인도를 받은 설교자는 반드시 그리스도께 집중하여 그리스도를 드러내고 그분만을 존귀하게 한다(빌 1:20). 성령의 나타남과 능력으로 설교 사역을 감당할 때 항상 그리스도를 설교해야 한다.

우리의 설교는 그동안 어떠했는가?
지금은 어떠한가?
설교 사역자로서 본분을 지켰는가?

이 책은 "왜 설교하려는 거죠?" "설교를 잘하고 싶으세요?" "설교를 잘해야 할 이유가 무엇입니까?"와 같은 질문에 대한 답을 제시하기 위해 집필하였다. 설교는 복음인 그리스도를 전파하여 생명을 살리는 것이다. 그리고 더 중요한 것은 복음으로 새로운 피조물이 된 그리스도의 몸 된 교회로서 자기를 살리신 그리스도 십자가를 증언하기 위하여 설교하는 것이다. 이렇게 하기 원한다면 "복음을 설교하세요! 주님의 능력! 복음 자체인 그리스도 십자가 복음을 설교하세요!"라고 답하고 싶다. 따라서 이 책에서는 간단하면서도 간과하기 쉽지만 아주 중요하고 핵심적인 설교의 본질을 다루었다.

이 책은 단지 서재에 꽂아두기 위한 장식용이 아니다. 목회의 현장에서 그리고 설교 강단에서 바로 적용해야 할 필수적인 내용을 담고 있다.

성령의 인도하심을 따라 많은 한국 강단의 설교자들이 그리스도의 십자가 메시지를 전할 수 있도록 협력해 주셨다. 목회 현장에서 분주한 일정을 멈추고 매주 〈언약복음설교연구원〉에 모여서 복음과 설교에 대하여 고민하고 토론하는 과정에서 집필한 것임을 밝혀두며, 함께해 주신 설교 연구위원들께 감사드린다.

| 주요 참고문헌 |

[단행본]

고상섭. 『팀 켈러의 유산』. 서울: 다함, 2023.

권성수. 『성령설교』. 서울: 국제제자훈련원, 2009.

권 호. 『본문이 살아있는 설교』. 서울: 아가페북스, 2018.

권호덕. 『종교개혁신학의 내포적 원리』. 서울: 솔로몬, 1998.

김운용. 『다음 세대를 세우는 설교』. 서울: 장로회신학대학교출판부, 2007.

김창훈. 『하나님의 선물 율법』. 서울: 호밀리아 출판사, 2012.

류응렬. 『열 단계 설교 작성법에 따른 에베소서 설교하기』. 서울: 두란노아카데미, 2010.

박형용. 『성경해석의 원리』. 수원: 합동신학대학원출판부, 2002.

서철원. 『그리스도론』. 서울: 쿰란출판사, 2018.

송영재. 『더 뉴커버넌트 신학』. 서울: 기독교문서선교회, 2017.

송지섭. 『그리스도를 그려내는 설교』. 대전: 한국침례신학대학교출판부, 2022.

이승구. 『전환기의 개혁신학』. 서울: 도서출판 이레서원, 2008.

이승진. 『설교를 위한 성경해석』. 서울: 기독교문서선교회, 2008.

이심주. 『십자가를 설교하라』. 서울: 부흥과개혁사, 2009.

이중표 외 8인. 『교회발전을 위한 목회 개발』. 서울: 쿰란출판사, 1999.

──────. 『교회성장과 케리그마 설교』. 서울: 쿰란출판사, 1992.

이홍찬. 『예수 그리스도 중심의 설교, 어떻게 할 것인가?』. 경기: 지민, 2012.

정성구. 『개혁주의 설교학』. 서울: 총신대 출판부, 1993.

정이철. 『능동적 순종에 빠진 교회』. 서울: 도서출판다움, 2022.

한광수. 『언약복음』. 서울: 복음을 사모하는 사람들, 2020.

──────. 『그리스도 중심 언약』. 서울: 도서출판 브니엘, 2023.

허순길. 『개혁주의 설교』. 서울: 기독교문서선교회, 1996.

홍순우. 『교회성장과 설교』. 서울: 대한기독교출판사, 1985.

황창기. 『예수님, 만유 그리고 나』. 서울: 생명의양식, 2010.

──────. 『그리스도 중심의 성경 이해』. 서울: 이레서원, 2011.

──────. 『성경의 구원, 어떻게 설교할 것인가?』. 서울: 도서출판 그리심, 2012.

[논문 및 기사]

김대혁. "Timothy Keller의 설교를 위한 그리스도 중심적, 삼중적 해석학 연구."
　　　『복음과 실천신학』 vol.34. 한국복음주의실천신학회, (2015).

김창훈. "설교학." 총신대학교 신학대학원 강의안 (2009): 1-132.

──────. "포스트모더니즘의 설교." 『신학지남』 제289권 (2006: 겨울): 272-294.

노시정. "구속사적 설교의 구성적 움직임에 관한 연구." 총신대학교목회신학전문대학원,
　　　2020.

류웅렬. "구속사적 설교." 『신학지남』 제296권 (2008: 가을): 60-91.

──────. "구약을 완성하신 예수 그리스도의 발자취를 따라 설교하라 – 목회자의 구약성서
　　　해석 이것이 문제다." 『월간목회』 (2007:10): 64-69.

──────. "새설교학: 최근 설교학에 대한 개혁 주의적 평가." 『신학지남』 제282권
　　　(2005: 봄): 183-207.

──────. "예수 그리스도 중심의 설교, 어떻게 할 것인가?" 『3인 3색 설교학 특강』
　　　서울: 두란노 아카데미, (2010): 182-191.

──────. "한국교회 설교의 역사적 흐름과 성경적 설교를 위한 제언." 『신학지남』 제309권
　　　(2011: 겨울): 231-260.

박삼열. "한국교회 목회자들의 설교에 관한 의식 연구." 『목회와 신학』 통권 제166호
　　　(2003: 4): 157-167.

변종길. "구속사적 설교의 의미와 한계." 「설교자를 위한 신학」 서울: 두란노 아카데미,
　　　　(2010): 76-89.

오성춘. "설교, 왜 그리스도 중심인가 - 한국교회. 그리스도를 이야기하자." 「월간목회」
　　　　(2010. 3): 44-51.

이광주. "예표론적 설교에 관한 연구 - 교부들을 중심으로." 박사학위논문.
　　　　호서대학교대학원, 2001.

──── . "예표론 설교에 대한 연구." 「논문집–목원대학교」 제42권 (2003): 31-53.

정성구. "설교, 왜 그리스도 중심인가 - 성경에서 그리스도가 왜 중요한가."
　　　　「월간목회」 (2010: 3): 31-43.

정창균. "구속사적 설교의 근거와 제기되는 문제들." 「그 말씀」 (1998: 11), 14-23.

한광수. "요한 크리소스톰의 설교 연구." 신학석사학위논문.
　　　　총신대학교목회신학전문대학원, 2005.

──── . "모형론을 통한 그리스도 중심 설교." 신학박사학위논문.
　　　　총신대학교목회신학전문대학원, 2014.

황창기. "올바른 기독론적 예표론을 향하여." 「고신대학」 Vol.10 (2008. 9): 54-70.

황철암. "성경의 모형론 연구." 「인문학지-충북대학교 연구논문」 Vol.36 (2008): 131-151.

형람서원 블로그 http://blog.naver.com/lucalcollge

리폼드뉴스 www.reformednews.co.kr/구속사해설

[번역서]

Achtemeier, Elizabeth. Preaching from the Old Testament; 이우제 역.
　　　　「구약, 어떻게 설교할 것인가」. 서울: 이레서원, 2004.

Allen, David L. et al. 「본문이 이끄는 설교」. 김대혁 · 임도균 역.
　　　　서울: 아가페출판사, 2020.

Beale, Gregory K. 「신약성경신학」. 김귀탁 역. 서울: 부흥과개혁사, 2013.

Chapell, Bryan.「그리스도 중심의 설교」. 김기제 역. 서울: 은성, 2007.

Christopher, J. H. Wright.「구약을 어떻게 설교할 것인가」. 전의우 역.

　　　서울: 한국성서유니온선교회, 2016.

Chrysostom, John.「에베소서 강해」. 송영의 역. 서울: 지평서원, 2012.

Clowney, Edmund P.「설교자 지침서」. 서창원 · 이길상 역.

　　　서울: 크리스챤다이제스트, 1999.

───.「성경 신학과 설교」. 김정훈 역. 서울: 한국기독교교육연구원, 1982.

───.「설교와 성경신학」. 류근상 역. 서울: 크리스챤출판사, 2003.

Cornelis, Trimp.「구속사와 설교」. 박태현 역. 서울: 도서출판 솔로몬, 2018.

C. S. Lewis.「순전한 기독교」. 장경철 · 이종태 역. 서울: 홍성사, 2021.

Doriani, Daniel M.「적용, 성경과 삶의 통합을 말하다」. 정옥배 역.

　　　서울: 성서유니온선교회, 2009.

Goldsworthy, Graeme.「복음과 하나님의 나라」. 김영철 역.

　　　서울: 한국성서유니온선교회, 2010.

───.「성경 신학적 설교 어떻게 할 것인가」. 김재영 역.

　　　서울: 한국성서유니온선교회, 2002.

───.「복음중심해석학」. 배종열 역. 서울: 기독교문서선교회, 2010.

───.「성경 신학적 설교 어떻게 할 것인가」. 김재영 역.

　　　서울: 한국성서유니온선교회, 2002

───.「그리스도 중심 성경신학」. 윤석인 역. 서울:부흥과 개혁사, 2013.

───.「하나님의 아들과 새창조」. 강대훈 역. 서울: 부흥과개혁사, 2016.

Goppelt, Leonard.「모형론」. 최종태 역. 서울: 새순출판사, 1987.

Greidanus, Sideny.「성경 해석과 성격적 설교」. 김영철 역. 서울: 여수룬, 2012.

───.「창세기 프리칭 예수」. 김정주 · 조호진 역, 서울: CLC, 2002.

───.「구약의 그리스도, 어떻게 설교할 것인가」. 김진섭 · 류호영 · 류호준 역.

　　　서울: 이레서원, 2003.

───.「구속사적 설교의 원리」. 권수경 역. 서울: SFC, 2003.

──────. 『전도서의 그리스도 어떻개 설교할 것인가』. 서울: 포이에마, 2012.

Hans Frhr von, C. 『라틴교부연구』. 김광식 역. 서울: 대한기독교출판사, 1979.

Heisler, Greg. 『성령이 이끄는 설교』. 홍성철 · 오태용 역. 서울: 베다니출판사, 2009.

Horton, Michael. 『그리스도 없는 기독교』. 김성웅 역. 서울: 부흥과개혁사, 2008.

Lloyed-Jones, D. Martyn. 『설교와 설교자』. 정근두 역. 서울: 복있는사람, 2012.

Piper, John. 『복음과 하나님의 의』. 주지현 역. 서울: 좋은씨앗, 2014.

Ramm, Bernard. 『성경해석학』. 정득실 역. 서울: 생명의말씀사, 2009.

Robinson, Haddon W. 『강해설교』. 박용호 역. 서울: 기독교문서선교회, 2007.

──────. 『강해설교의 원리와 실제』. 정장복 역. 대한기독교출판사, 1987.

Schreiner, Thomas R. 『언약으로 성경 읽기』. 임요한 역. 서울: 기독문서선교회, 2020.

Sproul, R. C. 『언약』. 김태곤 역. 서울: 생명이말씀시, 2013.

Steven, W. Smith. 『나는 죽고 성도를 살리는 설교자』. 김대혁 역.

      서울: 베다니출판사, 2011.

Terry, G. Carter. 『성령설교』. 김창훈 역. 서울: 한국성서유니온선교회, 2009.

Timothy, Keller. 『팀 켈러의 설교』. 채경락 역. 서울: 두란노, 2016.

[원서]

Baker, David L. *Two Testament. One Bible*. Grand Rapids:Eerdmans, 2010.

Barth, Karl. *The Word of God and the Word of Man*. trans. Douglas Horton.

      New York: Harper & Brothers Pubishers, 1957.

Berkhof, Louis. *Principles of Biblical Interpretation*. Grand Rapids:

      Baker Book House, 1950.

Buttrick, David G. *Homiletics: Moves and Structures*,

      Philadelphia: Fortresspress, 1989.

Carson, D. A. "Challenges for the Twenty-first-century Pulpit." *Preaching the*

Word: Essays on Expository Preaching In Honor of R. Kent Hughes. ed.

Leland Ryken and Todd Wilson. Wheaton: Crossway, 2007.

Chinlds, Brevard S. Biblical Theology in Crisis. Philadelphia: Westminster, 1970.

Clements, Ronald E. One Hundred Years of Old Testanet Interpretation.

Philadelphia: The Westminster Press, 1976.

Clowney, Edmund P. The Unfolding Mystery: Discovering Christ In the

Old Testament. Philipsburg. NJ: Presbyterian & Reformed, 1988.

Dohmen, C. Hermeneutik der Judischen Bibel und des Alten Testaments.

Koln: W. Kohlhammer, 1996.

Ebeling, Gerhard. "Die Religion in Geschichte und Gegenwart." Rgg. Bb Ⅲ.

J. C. B. Mohr, 1960.

Edwards, Jonadan. The Words of Jonadan Edwords. New Haven and London:

Yale University Press, 1993.

―――, Images or Shadows of Divine Things. ed. with introduction

by Perry Miller. New Haven: Conn., 1948.

Eichrodt, Walther. "Is Typological Exegesisan Appropriate Method?" In Essays on

Old Testament Hermeneutics. ed. Claus Westermann. Richmond,

VA: John Knox, 1963.

Enns, Peter. "Apostolic Hermeneutics and an Evangelical Doctrine of Scripture:

Moving beond a Modernist Impasse." 「West Minster Theological Seminary

Journal」 65, 2003.

Fairbairn, Patrick. The Typology of Scripture: Viewed in Connection with

the Whole Series of the Divine Dispensations. 6th ed. Edinburgh:

T & T Clark, 1876.

Fant, Clyde E. 20 centurice of Great Preaching. Texas: Word Book, 1971.

vol.1: Chrysostom

Fesko, J. V. "Preaching as a means of Grace and the Doctrine of Sanctification A

Reformed Perspective," American Theological Inquiry vol.3, no.1, 2010.

Goldsworthy, Graeme. "The Gospel." *In The New Dictionary of Biblical Theology*.
    ed. B. Rosner and T. D. Alexander. Leicester: IVP, 2000

————. *Trilogy*. Carlisle: Paternoster, 2000. and *Acoording to Plan*.
    Leicester: IVP, 1991.

Greidanus, Sidney. *The Modern Preacher and the Ancient Text*.
    William B. Eerdmans Publishing Co., 1988.

Hoekstra, H. *Gereformeerde Homiletick*. Wageningen: Zomer & Keuning, 1926.

Joel, B. Green. *"The Tum to Narative.*" Narative Reading Narative Preaching:
    Reuniting New Testment Interpretation and Proclamation:
    Grand Rapids: Baker, 2003.

Jones, Thomas F. *Preaching the Cross of Christ*; Bryan Chapell. Christ-centered
    Preaching: Grand Rapids: Baker Book House, 2005.

Jordan, J. B. *Through New Eyes: Developing a Biblical View of The World*.
    Eugene: Wipf and Stock Publishers, 1988.

Knox, John. *Chapters in a life of Paul*. Rev.ed. Macon.
    GA: MercerUniversity Press, 1987.

Larson, David L. *The Anatomy of Preaching: Identifying the Issues in Preaching
    Today*. Grand Rapids: Baker.

Lloyd-Jones, D. Martyn. *Preaching and Preachers*. Grand Rapids:
    Zondervan, 1971.

Longenecker, Richard N. *Biblical Exegesis in the Apostolic Period*. Grand Rapids:
    Eerdmans, 1975.

Miller, Donald G. *The Tabernacle*. Nashville: Abingdon, 1957.

Parker, James I. "The Preacher as Theologian." In *When God's Voice Is Heard:
    Essays on Preaching Presented to Dick Lucas. ed. C. Green and D.
    Jackman*. Leicester: IVP, 1995.

Perkins, Austin. *Men and Books of Lectures Introductory for the Theory of*

Preaching. Dickison, 1982.

Pinson, William M. *20centurice of Great Preaching: Chrysostom*.
  Texas: WordBook, 1971.

Piper, John. *The Supremacy of God in Preaching*. Grand Rapids: Baker, 2004.

Ramm, Bernard. *A Handbook of Contemporary Theology*. Michigan: william B.
  Eedmans Publishing Company, 1966.

Reu, M. *Homiletics: A Manual of the Theology and Practice of Preaching*. trans.
  Steinhaeuser. Minneapolis: Fortresspress, 1993.

Sunukjian, Donald. *Invitation to Biblical Preaching*. Grand Rapids: Kregel, 2007.

Vos, Geerhardus. *Biblical Theology: Old and New Testament*. Grand Rapids:
  Eerdmans, 1975.

Wolters, Albert M. *Creation Regained: Biblical Basics for a Reformational World
  view*. Grand Rapids: Eerdamans, 1985.